AF556602

Unterwegs in Kroatien

Zu diesem Buch

Kroatien verzeichnet eine touristische Erfolgsgeschichte ohnegleichen. Stand das Land an der Adria nach Ende des Balkankrieges und im Zuge seiner Eigenstaatlichkeit ganz am Neuanfang, so gehört es inzwischen zu den beliebtesten Reisezielen in Europa. Kein Wunder – ein Kroatienurlaub lässt sich facettenreich gestalten.
Da locken eine zerklüftete Küste mit unzähligen vorgelagerten Inseln, glasklares Wasser, spektakuläre Naturparks, schöne alte Hafenstädte und hochkarätige Kunst- und Kulturschätze. Auch das weniger touristische Binnenland mit Slawonien, Zentralkroatien und der Hauptstadt Zagreb ist unbedingt eine Reise wert.

Inhalt

DIE SCHÖNSTEN REISEZIELE

Bild oben: Altstadt und Hafen von Trogir.

Bilder auf den vorherigen Seiten: S. 2/3: Strandrestaurant in Bol auf der Insel Brač, S. 4/5: Wasserfälle im Nationalpark Plitvicer Seen, S. 6/7: Gasse in Korčula-Stadt, S. 8/9: Bucht bei Jagodna auf der Insel Hvar.

HIGHLIGHTS *

1 Schloss Trakošćan
Als buntes Ensemble unterschiedlichster Baustile präsentiert sich Schloss Trakošćan. Umgeben wird es von einer prächtigen Parklandschaft.

2 Samobor
In der barocken Stadt unweit von Zagreb sollte man unbedingt Kremšnita kosten und traditionelles Handwerk bewundern.

3 Opatija
Als Seebad mit ganzjährig mildem Klima zieht Opatija bereits seit dem 19. Jahrhundert viele Besucher an.

4 Rovinj
Die engen Gässchen der Altstadt, das bunte Treiben am Hafen und das allgegenwärtige Meer machen den Charme Rovinjs aus.

5 Naturpark Kap Kamenjak
Über 30 Buchten zieren die Südspitze Istriens – ein Eldorado für Sonnenhungrige und Wassersportler.

6 Rab-Stadt
Die Hauptstadt der gleichnamigen Insel gilt mit ihrer Altstadt und den vielen Kirchtürmen als eine der schönsten Städte Kroatiens.

7 Nationalpark Plitvicer Seen
Bohlenwege führen durch diese weltberühmte Landschaft aus smaragdgrünen Seen und imposanten Wasserfällen.

8 Dugi Otok
Statt Touristenrummel und Partymeilen findet man Olivenhaine, dichte Wälder, verschlafene Dörfer und Buchten mit türkisfarbenem Wasser.

9 Nationalpark Kornaten
Ganze 89 Inselchen umfasst der Nationalpark, der sich gut per Boot erkunden lässt.

10 Dubrovnik
Mit historischen Sehenswürdigkeiten, einem malerischen Stadtbild und romantischem Flair wird Dubrovnik zu Recht »Perle der Adria« genannt.

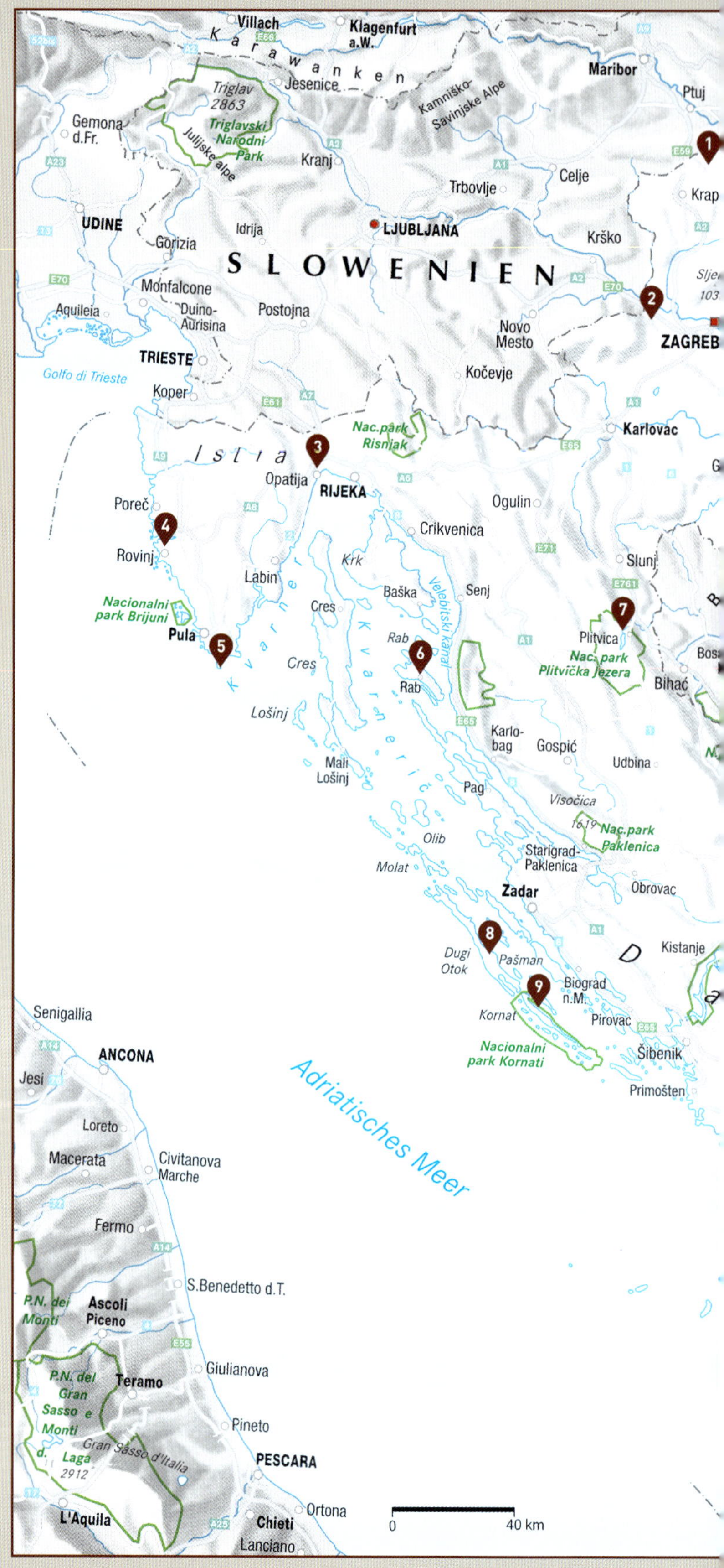

UNGARN
KROATIEN
BOSNIEN-HERZEGOWINA
SERBIEN
MONTENEGRO
KOSOVO
Dalmatien
Vojvodina
Dilj
Nagykanizsa
Kaposvár
Pécs
Szeged
Subotica
Osijek
Novi Sad
Beograd (Belgrad)
Banja Luka
Sarajevo
Tuzla
Zenica
Mostar
Dubrovnik
Podgorica
Nikšić
Split
Duna-Dráva N.P.
Park pirode Kopački rit
Fruška Gora N.P.
Nac.park Kozara
Tara N.P.
Nac.park Durmitor
N.p. Mljet
N.P. Prokletije
N.P. Kopaonik
Jahorina
10

Die schönsten Reiseziele

Wer im Urlaub am liebsten alles haben möchte – von ganz viel Sonne und blendend weißen Kieselstränden mit glasklarem Wasser über unberührte Natur bis hin zu historischen Städten mit einem reichen architektonischen Erbe – der ist in Kroatien richtig. Auch Gourmets kommen auf ihre Kosten: Die Wein- und Olivenöl-Produzenten des Landes sind zu Recht stolz auf ihre Erzeugnisse. Region für Region wird in diesem bebilderten Nachschlagewerk vorgestellt – mit Stadtplänen der wichtigsten Orte. Interessante Aspekte werden in Themenartikeln vertieft. Zusätzlich erhöht ein Klassifizierungssystem mit Sternchen (*** = »unbedingt eine eigene Reise wert«, ** = »einen Abstecher wert«, * = »sehenswert«) den praktischen Nutzen. Bild: Altstadt von Rovinj mit Campanile.

Istrien

Kristallklares türkisblaues Wasser, einsame Buchten, malerische Hafenstädte, grüne Weingärten und Olivenhaine: Istrien ist die größte Halbinsel der nördlichen Adria. Schon die Römer und Venezianer fühlten sich hier wohl. Ob Rovinj, die Brijuni-Inseln oder Kap Kamenjak – der westlichste Zipfel Kroatiens hat sowohl Erholungsuchenden als auch Kunstinteressierten viel zu bieten. Bild: Gasse im Künstlerdorf Grožnjan.

Unterwegs in Istrien

Ob an der Adria-Küste oder im hügeligen Landesinneren – in Istrien gibt es zahllose hübsche Städtchen und Bergdörfer. Die zerklüftete Küste erfreut sich bei Sonnenanbetern größter Beliebtheit. Kulinarischer Trumpf der Region sind die edlen Trüffel.

Auf einer schmalen Landzunge ragt die mittelalterliche Altstadt von Umag ins Meer hinein.

**** Savudrija** Im äußersten Nordwesten Istriens, gleich hinter der Grenze zu Slowenien, liegt der kleine Badeort Savudrija mit mehreren Fels- und kleinen Kieselstränden. Auf der Halbinsel Sipar können die Reste eines römischen Kastells erkundet werden. Das Wahrzeichen von Savudrija ist der Leuchtturm – der nördlichste und zugleich der älteste noch funktionierende des Landes. Erbaut wurde er bereits im Jahr 1818. Man kann ihn nicht besteigen, im ehemaligen Leuchtturmwärterhaus werden aber Ferienapartments vermietet. Der Legende nach ließ der österreichische Graf Metternich das Leuchtfeuer und ein kleines Haus für eine kroatische Dame erbauen, in die er verliebt war – er wurde jedoch nicht erhört. Ein schönes Fotomotiv sind die schwebenden Boote von Savudrija. Weil es keinen Hafen gibt, hängen die Fischer ihre Boote zum Schutz vor den Wellen an Gerüsten über dem Wasser auf.

*** Umag** Das Ferienzentrum gab der Riviera von Umag ihren Namen. Es besitzt eine hübsche mittelalterliche Altstadt, die vom Glockenturm der Maria-Himmelfahrtskirche dominiert wird. An der Spitze der Halbinsel residiert im alten Bischofsturm aus dem 14. Jh. das Stadtmuseum. Abends wird die Hafenpromenade romantisch illuminiert, Restaurants und Cafés säumen die schmalen Gassen. In Altstadtnähe gibt es nur kleine Felsbuchten, betonierte Wege führen an

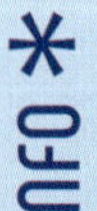

ISTRIEN
Fläche:
2813 km²
Bevölkerung:
195 794 Einwohner
Bevölkerungsdichte:
70 Einwohner/km²
Sprache:
Kroatisch
Verwaltungssitz:
Pazin
Spezialität:
Wein, Trüffel

Rebgärten und Olivenhaine umgeben das Hügelstädtchen Buje, die »Wacht von Istrien«.

der Küste entlang und bieten schöne Ausblicke auf weiße Boote, die im tiefblauen Wasser dümpeln. Umag bietet seinen Besuchern vor allem Sport. Es punktet mit zwei Häfen, zahlreichen Tennisplätzen – seit 1990 wird hier das ATP-Turnier Croatia Open ausgetragen –, Wassersport- und Reitmöglichkeiten. Jedes Jahr Anfang Juni treffen sich Studenten und Party People zur Spring Break Europe.

**** Buje** Grün ist die dominante Farbe im Inneren der Halbinsel Istrien. Mit einer Hügellandschaft aus zum Teil dichten Wäldern, Wiesen, Weinbergen und Olivenhainen prägt es ebenso das Gesamtbild wie das tiefe Blau des Meeres an der Küste. Buje ist ein kleiner Ort, der aus diesem satten Grün mit hellen Natursteinhäusern und deren roten Dächern herausragt. Vom Trubel der Küstenorte ist in dem alten Städtchen nichts zu spüren. Ein Spaziergang durch die engen Gassen zeigt den Verfall der Häuser – viele Einwohner sind auf der Suche nach Arbeit in die Ferienorte an der Küste umgezogen. Putz bröckelt von den Wänden, einige Gebäude scheinen vom Einsturz bedroht. Dennoch lohnt ein Abstecher: In der Ölmühle des Ortes können Besucher feinstes kaltgepresstes Olivenöl verkosten und natürlich auch erwerben.

**** Momjan** Die Stadt ist bekannt für zwei Spezialitäten: Unterirdisch gedeihen im Umland edle istrische Trüffel und oberirdisch die Trauben für einen einzigartigen Wein – den weißen Momjaner Muskat (»Momjanski Muškat«), den schon Kaiser Franz Joseph I. und König Vittorio Emanuele III. schätzten. Der süße Dessertwein wird nur in diesem begrenzten Gebiet hergestellt. Wer beides probieren möchte, sollte den Konobas und Weingütern des Ortes einen Besuch abstatten – Momjan gilt als Paradies für Weinliebhaber und Gourmets. Die kleine befestigte Siedlung im Hinterland von Buje existierte schon zur Römerzeit, sie hieß damals Castrum Mammilianum. Noch heute prägt eine Befestigungsanlage das Bild: Die Ruinen des venezianischen Kastells thronen auf einem Felssporn über dem Ort und darunter ziehen sich wie Perlenschnüre Weinpflanzungen durch die sanft gewellte Landschaft. Neben der Burg zeugen auch das wappenverzierte Patrizierhaus der Familie Rota und die Martinskirche aus dem 16. Jahrhundert von der Blütezeit Momjans.

Savudrija – hier steht der älteste Leuchtturm Kroatiens.

Enge kopfsteingepflasterte Gassen durchziehen Buje.

Von Momjan schweift der Blick ungehindert bis zur Bucht von Piran.

In Grožnjan wurden bröckelnde historische Gemäuer zu Werkstätten und Ateliers umfunktioniert.

Der Glockenturm der Hieronymus-Kirche dominiert die Altstadt von Vižinada.

**** Grožnjan** Kroatisch und venezianisches Italienisch: Istrien hat zwei Sprachen. Doch viele, deren Muttersprache Italienisch war, sind mittlerweile ausgewandert. Sie verließen nach der Rückgabe der besetzten Gebiete an Jugoslawien das Land. So auch in Grožnjan: 1954 kehrten die meisten Bewohner der kleinen Stadt den Rücken, der Ort drohte zu veröden. Bis ein paar Künstler das schöne Fleckchen mit seiner inspirierenden Lage auf einem Hügel und dem fantastischen Blick über die umliegenden Orte entdeckten. In die alten Steinhäuser mit ihren Adelswappen und blumengeschmückten Innenhöfen zog wieder Leben ein. Die einstige Bischofskirche aus dem Jahr 1577 wurde restauriert, Werkstätten und Galerien eröffnet. Heute ist Grožnjan wegen seiner zahlreichen Ateliers und der Sommer-Musikschule mit Kursen für Orchester, Ballett und Gesang ein lebendiges Künstlerdorf wie aus dem Bilderbuch.

*** Vižinada** An der Südseite des Flusses Mirna liegen die Hügel des Weinanbaugebiets von Vižinada. Alljährlich an Maria Himmelfahrt präsentieren während eines großen Festes die örtlichen Winzer und Olivenölhersteller ihre Produkte. Insgesamt 27

Auferstanden aus Ruinen: Das Künstlerdorf Grožnjan zählt heute zu den schönsten Ausflugszielen Istriens.

Die auf einem Hügel thronende Burg von Motovun ist Veranstaltungsort des örtlichen Filmfestivals.

Siedlungen gehören zur Gemeinde, darunter die Kleinstadt Vižinada selbst mit ihrem Mix von Baustilen aus unterschiedlichen Epochen: Da ist die Kirche des hl. Barnabas, die nach dem Schutzpatron der Stadt benannt ist. Das romanische Gebäude stammt aus dem 13. Jahrhundert und beherbergt wertvolle Fresken. Die Kirche des hl. Hieronymus beherrscht den Hauptplatz und ist ein klassizistischer Bau aus dem Jahr 1837, ihr frei stehender Glockenturm im Stil der Renaissance stammt allerdings noch vom Vorgängerbau aus dem 16. Jahrhundert.

***** Motovun** Nebelschwaden hängen wie Schleier über den dunkelgrünen Wipfeln der Bäume, aus ihnen ragt ein Hügel empor. Auf seinem höchsten Punkt thront das mittelalterliche Städtchen Motovun, besser gesagt: sein Kastell. Eine durch und durch filmreife Kulisse – deshalb findet hier jeden Sommer ein Filmfestival mit Konzerten und Partys statt. Mauerringe umgeben Burg, Ober- und Unterstadt, die die Besucher durch imposante Tore betreten. Sie entstanden vor allem in venezianischer Zeit, nachdem der Ort sich 1278 der Herrschaft der Serenissima gebeugt hatte. Den besten Blick auf die Stadt und das ihr zu Füßen liegende Mirna-Tal mit Wäldern und Weinbaugebieten hat man bei einem Spaziergang rund um die Oberstadt auf den alten Festungsmauern. Motovun ist Istriens Trüffelhauptstadt: Die Knollen, die das Herz jedes Gourmets höherschlagen lassen, stöbern abgerichtete Hunde in den Wäldern des Mirna-Tals auf. Viele Geschäfte in der Altstadt verkaufen die Kostbarkeiten grammweise; in den Restaurants stehen Trüffelgerichte zuoberst auf der Speisekarte.

Završje

Završje gilt als Geheimtipp im Hinterland Istriens. Lange war der malerisch gelegene Ort unbewohnt und nur als Geisterstadt ein beliebtes Motiv bei Fotografen. Heute leben hier wieder über 300 Menschen. Besucher genießen schöne Ausblicke auf das Mirna-Tal; neben der Pfarrkirche mit ihrem schiefen Turm ist eine alte Römerstraße zu bewundern.

**** Sovinjak** Sovinjak wäre nur eine mittelalterliche Stadt auf einem Hügel, wie es sie in Istrien so viele gibt, gäbe es nicht den sagenumwobenen Wein: Dem Geschichtsschreiber Plinius d. Ä. zufolge schwärmte die Frau des römischen Kaisers Augustus, Julia Augusta, von einem istrischen Wein, dem Vinum Pucinum. Sie trank nur diesen Rebensaft und war davon überzeugt, dass sie ihm ihre ausgezeichnete Gesundheit verdankte. Immerhin erreichte die Kaiserin das für jene Zeit stattliche Alter von 86 Jahren. Da sich auf dem Gebiet von Sovinjak eine Festung namens Pucinum befand, glaubt man heute, dass hier der antike Wunderwein der römischen Kaiserin angebaut wurde. Bis heute ist das Städtchen Mittelpunkt einer fruchtbaren Agrarlandschaft mit zahlreichen Dörfern. Allerdings entwickelt es sich auch immer mehr zum touristischen Zentrum Inneristriens. Viele

Die Hauptstraße von Roč führt an schön gemauerten Steinhäusern vorbei. Immer im Blick: die Kirche des hl. Anton.

Roč besticht durch seine befestigte Altstadt mittelalterlichen Ursprungs.

Bauernhöfe wurden zu Luxusvillen mit Pool umgebaut; zahlungskräftige Gäste können sie mieten. Sehenswert ist die kleine Rochus-Kapelle aus dem 16. Jahrhundert am östlichen Ortseingang.

***Vrh** Es gibt wohl nur wenige Orte in Istrien, von denen man wie hier rund einhundert Glockentürme der benachbarten Siedlungen sehen kann – und natürlich die grünen Weinberge. Deren Südhänge sind es, an denen die Trauben für den Schaumwein Pjenušac gedeihen. Dass ausgerechnet hier die älteste Schaumweintradition Kroatiens zu Hause ist, erklärt eine Legende: Angeblich war ein französischer Straßenbauingenieur, der zur Zeit Napoleons in der Gegend arbeitete, schwer erkrankt. Ein Mädchen aus Vrh pflegte ihn gesund – und zum Dank verriet der junge Franzose ihr das Geheimnis der Champagnerherstellung. Die meisten Familien produzieren das perlende Getränk jedoch nur für den Hausgebrauch. Einzig die Winzerfamilie Grbac hält die Tradition in größerem Stil aufrecht und bietet ihre Schaumweine auch zum Verkauf an. Vrh wurde im 12. Jahrhundert erstmals urkundlich erwähnt. In der hübschen Pfarrkirche aus dem 14. Jahrhundert entdeckte man glagolitische Inschriften. Für den Aufstieg zum Glockenturm nebenan belohnt ein herrlicher Ausblick.

**** Roč** Auch Roč ist mit seinen 180 Einwohnern nur ein kleiner Ort. Trotzdem lohnt sich der Abstecher: Mit seiner dicken Stadtmauer, den trutzigen Wehrtürmen und Stadttoren hat der mittelalterliche Ort fast musealen Charakter. Ein Spaziergang durch die engen Gassen gleicht einer Zeitreise. In der Kirche des hl. Anton aus dem 12. Jahrhundert wird das Abecedarium von Roč aufbewahrt, ein wertvolles Zeugnis der glagolitischen Schriftkultur. Es wurde um das Jahr 1200 auf drei Votivkreuzen eingeritzt. Roč ist eines der istrischen Zentren der Glagoliza, einer alten kirchenslawischen Schrift, die mit dem Kyrillischen verwandt ist. Sie geht auf den Missionar Kyrill zurück, der die Glagoliza im 9. Jahrhundert entwickelte, um den Slawen religiöse Texte und Predigten näherzubringen. In der Druckerei des Örtchens wurde auch das erste in Glagoliza geschriebene Buch gedruckt. Sehenswert ist die kleine romanische Kirche des hl. Rochus, deren Wände Fresken eines italienischen Meisters aus dem 14. Jahrhundert schmücken.

Das Städtchen Sovinjak thront auf einem Hügel über dem Mirna-Tal.

Im milden Klima von Vrh gedeihen die Trauben für den Schaumwein Pjenušac.

Buzet

Buzet liegt auf einem Hügel über der Mirna, nahe der Quelle von Istriens berühmtestem Fluss. Sehenswert ist neben den alten Stadtmauern und -toren der Hauptplatz mit seiner Zisterne im Rokokostil. Unter der Herrschaft der Venezianer entstanden viele Kirchen und Patrizierhäuser – der prächtige Bigatto-Palast beherbergt heute das Heimatmuseum mit Ausgrabungsfunden, Trachten und landwirtschaftlichen Arbeitsgeräten. Hinter Buzet beginnt das Ćićarija-Gebirge, ein beliebtes Wanderrevier. Ein lohnendes Ziel ist auch das Kastell Petrapilosa, das westlich von Buzet auf einem hohen Felsen über der Mirna thront. Heute nur noch eine Ruine, lässt die einst mächtige Festung noch ihre frühere Größe erahnen.

Hum, die kleinste Stadt der Welt, besitzt zwei Gässchen, 30 Einwohner, elf Haushalte, zwei Kirchen und eine Konoba.

**** Draguć** Wie so viele inneristrische Siedlungen war auch das einen Hügelgrat besetzende Draguć ein beständiger Zankapfel zwischen den Mächten, die Istrien beanspruchten. Es gehörte im Lauf der Zeit Aquileia, dem Osmanischen Reich, den Venezianern, den Habsburgern und den Italienern. Ein eigenwilliges Zeugnis der venezianischen Herrschaft ist als Relief an der Stadtmauer erhalten: Der Markuslöwe hält hier zwar eine geschlossene Bibel – das Symbol für Friedenszeiten – in der Pranke, fletscht aber so bösartig die Zähne, dass man ihm lieber nicht zu nahe kommt. Das Rochus-Kirchlein am Ortsrand wurde Anfang des 16. Jahrhunderts anlässlich einer Pestplage erbaut und birgt einen wunderbaren Freskenzyklus. An den Wänden und im Tonnengewölbe erzählen bunte Bilder das Leben Jesu von der Geburt bis zum Tod. Auch den Pestheiligen Rochus, kroatisch Rok, sowie Bischöfe und den Papst hat der Künstler Anton von Padova porträtiert.

**** Hum** 100 Meter lang, 30 Meter breit und nur etwa 30 Einwohner: Das ist Hum, die selbsternannte »kleinste Stadt der Welt«. Aus Hum stammt das Rezept für den berühmten Biska, den istrischen Mistelgrappa. Keltische Druiden sollen das Rezept vor 2000 Jahren in dieses Gebiet mitgebracht haben. Jedes Jahr im Oktober findet hier ein Schnapsfestival statt, auf dem Hersteller aus ganz Istrien ihre Tresterbrände präsentieren. Bekannt ist Hum auch für seine originelle Bürgermeisterwahl: Jedes

Kroatienidyll pur: blumengeschmückte Gasse in Hum.

In exponierter Lage thront Dragué in 358 Meter Höhe auf einem Hügel.

Jahr Mitte Juni kommen die Bürger auf dem Hauptplatz zusammen, um ihren Ortsvorstand für die nächsten zwölf Monate zu bestimmen. Das Instrument hierfür ist ein Vierkantholz, dessen Kanten jeweils für einen Kandidaten stehen. Die Wähler tun ihren Willen kund, indem sie eine Kerbe in die Kante ihres Wunschbürgermeisters schnitzen. Wer am meisten »auf dem Kerbholz« hat, hat gewonnen. Auch dieses Ereignis wird ausgiebig mit Biska und deftigen Grillgerichten gefeiert. Zwischen Hum und dem benachbarten Roč verläuft die sechs Kilometer lange »Glagolitische Allee«, die Künstler in den 1970er-Jahren mit Skulpturen gestaltet haben. Sie erinnert an die Bedeutung der Glagoliza für das kroatische Nationalbewusstsein.

Weil in seinen Gassen schon viele Filme aufgenommen wurden, nennt man Draguć auch das »Hollywood Kroatiens«.

Totentanz – Vinzent von Kastav schuf 1474 den berühmten Freskenzyklus in der Friedhofskirche »Maria im Fels« in Beram.

Pazin war jahrhundertelang das habsburgische Verwaltungszentrum von Istrien.

**** Beram** Ein Skelett deutet auf den Menschen neben ihm, andere spielen Blasinstrumente oder Harfe. Ein weiteres Knochengerüst trägt grinsend eine Sense, eins hält ein Kind an der Hand. Alles endet am offenen Grab, über dem ein Gerippe Dudelsack spielt: Totentanz. Wo wären diese berühmten Fresken besser platziert als in einer Friedhofskirche? »Maria im Fels« heißt sie und steht auf dem Friedhof von Beram. Vinzent von Kastav schuf im Jahr 1474 den Freskenzyklus, der die Wände in alle vier Himmelsrichtungen einnimmt. Die Westseite ist ganz dem Totentanz gewidmet – ein beliebtes Motiv des Spätmittelalters. Tanzende Menschen aller Stände, zwischen ihnen die hohnlachenden Skelette. Vermutlich sind die Gesichter der Porträtierten sogar Originalen nachempfunden: Der Maler verewigte seine Zeitgenossen in ihnen mit der Botschaft, dass im Tod alle Menschen wieder gleich sind. Auch sehenswert: die glagolitische Inschrift auf dem Taufstein der gotischen Pfarrkirche St. Martin.

**** Pazin** Istriens Verwaltungshauptstadt liegt buchstäblich in der geografischen Mitte der Halbinsel und wurde deshalb in der Habsburger Ära Mitterburg genannt. Die mächtige Burg, die hoch über dem tief eingeschnittenen Flussbett der Pazinčica thront, macht einen wehrhaften Eindruck. Als Kerker für den edlen Grafen Mathias Sandorf spielt sie eine unrühmliche Rolle in Jule Vernes gleichnamigem Roman. Doch dem Grafen gelingt die Flucht, und zwar ausgerechnet auf dem Fluss, der in einer Höhle unterhalb des Kastells in der Unterwelt verschwindet und viele Kilometer entfernt wieder an der Oberfläche erscheint. Nach Anmeldung bei der Touristeninformation kann man die Höhle mit einem Guide erkunden. Ein 1,3 Kilometer langer Wanderweg mit sanfter Steigung führt durch die Schlucht. Adrenalin-Junkies nutzen den Canyon stattdessen für einen besonderen Sport: An Seilrutschen rasen sie in schwindelerregender Höhe von Rand zu Rand.

**** Svetvinčenat** Ein Hauch von High Noon liegt über der südistrischen Kleinstadt mit ihrem riesengroßen Renaissanceplatz, den einige stolze, jedoch deutlich vom Zahn der Zeit gezeichnete Palazzi säumen. Zwischen den Häusern und dem dominanten Bau des Kastells der venezianischen Statthalterfamilie Grimani-Morosini liegt das Areal meist menschenleer im flirrenden Sonnenlicht. Die Fassade der Pfarrkirche Maria Verkündigung ziert eine hübsche Rosette, die Licht ins Innere fallen lässt – hier sind venezianische Marmoraltäre und kostbare Gemälde, u. a. von Jacopo Palma dem Jüngeren, zu bewundern. Die steinerne Kulisse erwacht in den Sommermonaten zum Leben, wenn bei den Mittelalternächten edle Ritter und feurige Marketenderinnen den Platz und das Kastell mit Schaukämpfen, Musik und Tanz erfüllen.

Die Pfarrkirche Mariä Verkündigung am Hauptplatz von Svetvinčenat.

Berams Umgebung ist von ländlichem Idyll geprägt.

**** Novigrad** Novigrad mit seinem markanten, 45 Meter hohen Glockenturm und den gut erhaltenen Resten der Stadtmauer liegt auf halber Strecke zwischen Umag und Poreč. Die hübsche, von einer Promenade umgebene Altstadt erstreckt sich auf einer Landzunge zwischen dem offenen Meer und der Bucht von Tar. Durch ein Tor in der Befestigungsmauer erreicht man den Stadtstrand mit betonierten oder gepflasterten Liegeflächen, an den der Rivarela-Strand mit Rasenflächen und der feinkieselige Maestral-Strand angrenzen. In der Umgebung von Novigrad gibt es weitere schöne Strände und Badebuchten. An der modernen Marina und am alten Fischerhafen laden gute Meeresfrüchterestaurants zur Einkehr, wenige Schritte vom Hafen Mandrac entfernt informiert das Museum der k.-u.-k.Marine Gallerion mit Schiffsmodellen und anderen Exponaten über die kroatische Seefahrtsgeschichte. Im Lapidarium sind Architekturfragmente aus der Zeit vom 1. bis zum 18. Jahrhundert ausgestellt.

***** Poreč** Poreč ist die Perle unter Istriens Küstenstädten. Hier stören keine Hotelburgen das Bild, man bewahrt Altes oder baut im historischen Stil. Ein Spaziergang durch den Ort ist wie eine Zeitreise: in die Antike, ins Mittelalter und in die venezianische Ära. Die byzantinische Euphrasius-Basilika zählt zum Weltkulturerbe der UNESCO. Aber auch der Massentourismus ist mit Discos, Bars und FKK-Stränden vertreten – Nightlife statt Nachtruhe. Es gibt Unterkünfte für jeden Geldbeutel und Anspruch. Und in

Novigrad ist ein schmuckes kleines Fischerstädtchen, das auch kulinarisch einiges zu bieten hat.

Poreč gilt als Partyhochburg, besitzt aber mit der Euphrasius-Basilika auch eine UNESCO-Welterbestätte.

jeder Lage: So haben Besucher aus den Fenstern der Stadthotels zwar wunderschöne Ausblicke aufs Meer und den Jachthafen, sind aber auch bei den Partys bis zum frühen Morgen live an Bord. Doch es gibt sie noch, die romantischen, eher ruhigen Ecken: in den Innenhöfen der venezianischen Stadthäuser, in denen kleine Restaurants zum Candle-Light-Dinner einladen.

**** Baredine-Grotte** Die Tropfsteinhöhle liegt in der Nähe von Poreč. Sie zählt zu den typischen Erscheinungsformen dieser Karstlandschaft, bei der an der Erdoberfläche wenig darauf hinweist, dass sich im Untergrund riesige Hohlräume verbergen. Ein Einsturztrichter führt hinunter in das Reich der Stalaktiten und Stalagmiten. Solche Dolinen – ein weiteres Karstphänomen– entstehen, wenn ein Teil der Höhlendecke einstürzt. Auf einer Wendeltreppe steigt man in dem Erdspalt hinunter und wird im Inneren überwältigt von der Vielfalt und Schönheit der Tropfsteine. Im Laufe der Jahrtausende hat das Wasser bizarre Formationen hervorgebracht, darunter die zehn Meter langen »Vorhänge« oder den »Schneemann«. Wer sich näher informieren will, kann dies im Rahmen von Führungen, Höhlenklettertouren und wechselnden Ausstellungen in der Galerie der Höhle tun.

Im unterirdischen See der Baredine-Höhle haust ein Grottenolm.

Poreč: Euphrasius-Basilika

Wer in Porečs Vergangenheit eintauchen möchte, sollte die frühbyzantinische Euphrasius-Basilika besuchen. Sie gehört seit 1997 zum Weltkulturerbe der UNESCO. Man betritt das Gotteshaus von der Gasse Sv. Eleuterija aus. Die dreischiffige Basilika aus dem 6. Jahrhundert ist der ganze Stolz der Stadt, nicht nur wegen ihrer

imposanten Fassade. Vielmehr sind es die Schätze im Inneren, die begeistern: Die reiche Ausstattung umfasst teuren importierten Marmor, Stuckaturen und Einlegearbeiten aus Stein und Perlmutt. Eindrucksvolle Mosaiken auf goldenem Grund leuchten dem Besucher schon beim Eintreten entgegen. Über dem mit Silber verkleideten Hauptaltar wölbt sich ein verzierter Baldachin auf vier gedrehten Marmorsäulen. Durch das achteckige Baptisterium gelangt man zum Glockenturm, von dem man die Altstadt überblickt. Vom Atrium aus führt ein Gang zum früheren Bischofspalast, der heute ein Museum für sakrale Kunst beherbergt.

Vrsar beeindruckte Casanova einst so sehr, dass er den Ort nach diversen Aufenthalten in seinen Memoiren festhielt.

**** Vrsar** Die Ruinen des Sommerpalastes der Bischöfe von Poreč sind noch immer sehr beeindruckend. Bis 1772 nutzten die Kirchenmänner diese Residenz in Vrsar, deren Überreste neben der Pfarrkirche des Ortes zu finden sind. Die Hauptattraktion für Touristen ist jedoch eine andere: der große FKK-Campingplatz Koversada. Auf rund 120 Hektar können bis zu 5000 Besucher zelten. Auch das kulinarische Angebot mit Köstlichkeiten aus dem Meer ist verlockend. Genauer: aus dem Limski-Kanal, der zwölf Kilometer weit von der Küste ins Land ragt. Wer von Poreč nach Rovinj unterwegs ist, muss ihn auf seiner gesamten Länge umfahren, denn über den bis zu 30 Meter tiefen Meeresarm führt keine Brücke. Und er hat es im wahrsten Sinne des Wortes in sich: Hier werden Austern gezüchtet und es kommen Hummer und Fische aller Art fangfrisch auf den Tisch der Restaurants am Ufer.

Die Ruinenstadt Dvigrad umfasst rund 200 verfallene Häuser und Kirchen.

**** Sv. Lovreč** Durch ein Tor in Spitzbogenform passieren Besucher die Stadtmauer und gelangen in die Altstadt. Sv. Lovreč kann mit einer der besterhaltenen mittelalterlichen Stadtbefestigungen Istriens aufwarten. Seinen Namen verdankt der Ort seinem Schutzheiligen Sankt Laurentius. Südlich der Stadt, auf halbem Weg in Richtung Limski-Kanal, befinden sich die Weinberge von Ivica Matošević, der zu den renommiertesten Winzern Istriens gehört. Die Pfarrkirche des Ortes ist dem hl. Martin geweiht. Sie stammt aus dem 11. Jahrhundert und zählt damit zu den ältesten Gotteshäusern Istriens. Aus der Bauzeit sind im Inneren romanische Fresken erhalten, eine Seltenheit in dieser Region, in der Kirchen und Ausstattung immer wieder umgestaltet wurden. Weitere Schätze sind die älteste Orgel Istriens und Reste originaler steinerner Kirchenmöbel. Und mit noch einer Besonderheit wartet der Ort auf: In der Weihnachtszeit verwandelt sich die Altstadt in eine lebende Krippe mit Esel, Ochs und Schaf. An Ständen werden Selbstgebranntes oder -gekeltertes sowie Kuchen und Plätzchen verkauft.

*** Dvigrad** Die Ruinen der Doppelstadt, die aus zwei nebeneinander errichteten Kastellen zusammenwuchs, träumen zwischen wucherndem Efeu, Ginster, Brombeeren und Zistrosen von ehemals stolzen Zeiten. Due Castelli, so der italienische Name, war einst eine mächtige Verteidigungsanlage von strategischer Bedeutung und entsprechend heftig umkämpft. Doch nicht die Kriege machten den Bewohnern den Garaus, sondern Malaria und Pest. Dvigrad lag so nahe an den sumpfigen Küstenebenen, dass es immer wieder von Malaria-Epidemien heimgesucht wurde. Als 1631 auch noch die Pest hinzukam, hatten die Bewohner genug von ihrer Heimat und gründeten weiter bergauf in gesünderer Umgebung das heutige Kanfanar. So bröckeln die Mauern Dvigrads seit dem 17. Jahrhundert vor sich hin und sind inzwischen überwuchert von viel Grün. Der Ort ist ein malerisch-unheimliches Fleckchen, in dem, so heißt es, nachts die Geister der Verstorbenen umherspuken. Wer frühmorgens oder abends kommt, kann weitgehend ungestört das Steinlabyrinth erkunden, in dem ein Seeräuberschatz vergraben sein soll.

Hervorragend erhalten: die mittelalterliche Festungsstadt Sv. Lovreč.

In der Altstadt von Labin trifft man auf herrschaftliche Villen wie den Battiala-Lazzarini-Palast, der heute das Volksmuseum beherbergt.

*** Pićan** Als der österreichische Erzherzog Ferdinand auf der Durchreise im Ort Pićan nächtigte, lobte er den hiesigen Wein und die herrliche Aussicht vom Platz vor der barocken Pfarrkirche Mariä Verkündigung. Er wollte wiederkommen, um diesen Ort seiner Frau Sophie zu zeigen, einer begeisterten Hobbymalerin. Damals konnte noch niemand ahnen, dass die beiden wenig später Opfer des schicksalhaften Attentats von Sarajevo wurden. Doch die fruchtbaren Böden rund um Pićan gibt es noch immer: Auf ihnen gedeihen heute nicht nur Weinreben, sondern auch Kürbisse, Tomaten und anderes regionales Gemüse.

*** Kršan** Auf einer Anhöhe, zwischen Feldern und Weinbergen, erhob sich einst ein mittelalterliches Kastell namens Castrum Carsach. Heute sind davon nur noch der viereckige Turm und das gotische Portal aus dem 15. Jahrhundert übrig geblieben, um die sich der Ort mit seinen Wohnhäusern und der Kirche schart. In dem Städtchen wurde ein Schriftstück aus dem 13. Jahrhundert gefunden, das als ältestes Rechtsdokument in glagolitischer Schrift gilt.

**** Labin** Die Fassaden der kleinen Häuser sind zitronengelb, orange und hellrosa gestrichen. Sie stehen eng und verwinkelt in Labin, das auf einem Hügel thront. Zu seinen Füßen liegt die Neustadt, Podlabin. Während die Altstadt mit ihren Kopfsteinpflastergassen und den steinernen Verzierungen an den Hauswänden ein lohnendes Ausflugsziel an der Ostküste ist, bietet die Neustadt in erster Linie Geschäfte und Restaurants. Der Untergrund der ehemaligen Bergbaustadt wurde so lange ausgehöhlt, bis alles einzustürzen drohte. Man stellte daraufhin den Steinkohleabbau ein und sanierte die Gebäude Ende der 1990er-Jahre aufwendig. Doch die Sehenswürdigkeiten konzentrieren sich im oberen Teil Labins: Hier stehen das Alte Rathaus, die

Pićan liegt in der fruchtbaren Region Čepićko Polje, in der Wein angebaut wird.

Kršan entstand aus einer mittelalterlichen Burg, die noch in Teilen erhalten ist.

Der Ferienort Rabac schmiegt sich unterhalb von Labin in eine Hafenbucht.

Loggia und die gotische Pfarrkirche. Der Blick vom Campanile reicht bis zu den Inseln der Kvarner Bucht.

**** Rabac** Die beiden Orte Rabac und Labin werden oft in einem Atemzug genannt, weil sie so dicht beieinanderliegen. Dabei könnten sie kaum unterschiedlicher sein: Während Labin 300 Meter über dem Meeresspiegel auf dem Berg thront, zieht sich der Badeort Rabac am Fuße des Berges an der Küste entlang. Er ist geprägt von großen Hotels und dem Rummel, den der Tourismus an der Ostküste Istriens mit sich bringt. Wer auf seiner Reise an der Weinroute jedoch einen Strandtag einlegen oder einfach nur Meeresluft schnuppern möchte, für den empfiehlt sich der Abstecher auf jeden Fall. Denn die Küste hier ist abwechslungsreich gegliedert, Halbinseln und fjordähnliche Meeresarme bilden ein wahres Labyrinth aus Festland und Meer. Scharfkantiger Kalkfels prägt die Ufer, doch immer wieder tun sich dazwischen Kiesbuchten auf, die das Schwimmen im glasklaren Wasser erleichtern. Man sieht metertief bis zum Grund. Eingerahmt von schattenspendenden Pinienwäldern, bildet die Küste um Rabac eine perfekte Ferienlandschaft.

In der Altstadt von Rovinj mit ihren zahlreichen Restaurants geht es stets quirlig zu.

Über dem Dächergewirr der Altstadt von Rovinj ragt der Glockenturm der Euphemia-Kirche in den Himmel.

***** Rovinj** Vom Boot aus betrachtet, scheint Rovinj mitten im Meer zu stehen. Von drei Seiten umgibt Wasser die Stadt, ihre Gebäude sind fast überall direkt ans Ufer gebaut. Einige Bars stellen Sofas mit bunten Kissen auf die umspülten Felsen. Wer hier sitzt, kann bei einem Gläschen fast mit den Füßen in den Wellen planschen, und am Abend einen perfekten Sonnenuntergang genießen. Am frühen Morgen beginnt im Hafen für Besucher eine Zeitreise: Denn Rovinj besitzt einen der ältesten Fischereihafen des gesamten Mittelmeerraums. Hier machen Fischer bei Tagesanbruch mit ihrem Fang fest, Möwen begleiten kreischend ihre schaukelnden Boote. Mittags kann man ihnen dann beim Reparieren der Netze zuschauen.

***** Altstadt** Die Steine am Boden sind uneben, die Gassen eng und holprig. Kleine Häuser, von deren steinernen Fassaden der Putz bröckelt, schief getretene Stufen, über die Jahrhunderte hinweg abgenutzt. Wäsche hängt an den Leinen, die einfach zwischen zwei Häusern gespannt sind. Die kopfsteingepflasterte Grisia führt durch die Altstadt zum Stadthügel hinauf, vorbei an Galerien und Souvenirgeschäften. Sie endet an der Euphemia-Kirche, dem wohl attraktivsten Ziel dieser Entdeckungstour: Die imposante Barockkirche wurde im 18. Jahrhundert auf der Hügelspitze errichtet. Von Weitem sichtbar überragt ihr 61 Meter hoher Glockenturm die Dächer, für den der Campanile auf dem Markusplatz Pate stand. Der Sage nach soll der Marmorsarkophag der hl. Euphemia, einer frühchristlichen Märtyrerin, im 5. Jahrhundert mitsamt ihren sterblichen Überresten übers Meer geschwommen und hier gelandet sein. Er steht heute neben dem Altar.

**** Bale** Wer Bale besucht, dem bleibt sicher der beeindruckende Palast Soardo-Bembo in Erinnerung. Das größte Gebäude der Stadt zieht mit seiner prächtigen Fassade im Übergangsstil zwischen Gotik und Renaissance am Hauptplatz sofort die Blicke auf sich. Gegenüber beherbergt ein Stadtpalast aus dem 14. Jahrhundert das Rathaus. Der gesamte Stadtkern mit seinen Steinhäusern und engen Gassen steht unter Denkmalschutz. Weinreben ranken sich an Fassaden empor, schaffen schattige Veranden und Hauseingänge, davor laden steinerne Bänke zum Verweilen ein. Man sieht es dem romantischen Ort nicht an, dass sich hinter seinen Mauern eines der besten Restaurants Istriens verbirgt. Es gehört zum Hotel La Grisa und serviert eine besondere Spezialität: Fleisch vom autochthonen Boškarin-Rind. Südwestlich von Bale befindet sich mit Meneghetti eines der bekanntesten Weingüter Istriens.

Kirche des Heiligen Geistes in Bale.

Die kleine mittelalterliche Stadt Bale liegt auf einem von Weinbergen und Olivenhainen umgebenen Karsthügel.

**** Fažana** Das bezaubernde Hafenstädtchen steht ganz im Schatten der vorgelagerten und viel berühmteren Brijuni-Inseln. So gut wie jeder, der nach Fažana kommt, hat die Inseln zum Ziel und verbringt hier nur die Zeit bis zur Abfahrt der Fähre. Etwas Besseres konnte Fažana nicht passieren, denn es verdient ganz gut an den Durchreisenden, hat sich aber den Charakter eines verträumten Fischerorts bewahrt. Abends, wenn die Tagesgäste verschwunden sind, werfen die Wirte der gemütlichen Konobas am Hafen den Grill an und bereiten die große Spezialität zu, Sardinen. Dem immer seltener werdenden Fisch ist in Fažana sogar ein eigenes Fest gewidmet,

Rund um Vodnjan gibt es noch viele Kažuni, runde Steinhütten aus Trockenmauerwerk.

Himmelblau, zitronengelb, zartrosa – die Fassaden der Häuser in Fažana bringen Farbe in den kleinen Hafen.

Die Brijuni-Inseln sind ein kleines Naturparadies mit üppiger Vegetation und römischen Ruinen.

das die Fangsaison einläutet. Sehenswert ist auch die Pfarrkirche St. Kosmas und Damian mit dem berühmten Gemälde des heiligen Abendmahls. Hübsche Strände, nette Restaurants und Weinkneipen sowie ein dicht bewaldetes Hinterland machen Fažana zu einem der attraktivsten Küstenorte Istriens. Mit dem Fahrrad kann man idyllische Robinsonbuchten erreichen und sogar bis nach Pula strampeln.

***** Brijuni-Inseln** Etwa eine Viertelstunde dauert die Überfahrt mit dem Schiff vom Küstenstädtchen Fažana zu den Brijuni-Inseln. Es legt in Veli Brijun an, wo einst illustre Gäste an Land gingen. Denn Jugoslawiens Staatschef Tito hatte die Inseln, die aus zwei Haupt- und zwölf kleineren Eilanden bestehen, zu seinem persönlichen Sommersitz erklärt. Kein Zutritt für normale Bürger – nur geladene Gäste, Prominente und Staatsoberhäupter, wie Sophia Loren oder Fidel Castro, waren willkommen. Nach Titos Tod wurden die Inseln 1983 zum Nationalpark erklärt, Veli Brijun und Mali Brijun können seitdem besucht werden. Ein Höhepunkt sind die Ausgrabungen einer antiken Siedlung sowie einer römischen Villa. Eine Ausstellung informiert über Tito und Brijuni. Aber auch der Safari-Park, der Zebras, Antilopen und Lamas beherbergt, ist sehenswert. Die dort lebenden Tiere waren allesamt Staatsgeschenke.

**** Vodnjan** Das Bild der Gassen und steinernen Häuser von Vodnjan wurde vor allem in der gotisch-venezianischen Epoche geprägt. Grundlage des Reichtums der Stadt war seit jeher der Oliven- und Weinanbau in der Umgebung. Eine skurrile Besonderheit wartet in der Kirche des hl. Blasius auf Besucher: Sie birgt die zweitgrößte Reliquiensammlung Europas mit den sterblichen Überresten von 250 christlichen Heiligen. Zu diesen gehören auch die rätselhaften Mumien von Vodnjan. Die Körper dieser Heiligen sind nicht verwest, obwohl sie nicht einbalsamiert wurden – ein Phänomen, das sonst nur aus Wüstengegenden oder dem ewigen Eis bekannt ist. Das kleine Städtchen kam zu diesem Besitz wie die Jungfrau zum Kinde. 1817 brachte der Veroneser Maler Gaetano Gresler einen riesigen Reliquienschatz, der in Venedigs Palazzo Lezze alla Misericordia aufbewahrt wurde, nach Istrien, um ihn vor der Plünderung durch Napoleons Truppen zu retten. Und hier blieb er dann.

27 Meter hoch ist der Glockenturm der Kirche St. Kosmas und Damian in Fažana.

An der Raša-Riviera wechselt sich schroffe Felsküste mit idyllischen Buchten ab.

**** Rakalj** Das Städtchen liegt in einer touristisch noch kaum erschlossenen Ecke Istriens, an der tief eingeschnittenen Raša-Bucht an der Ostküste. Während sich um das nahe Rabac Hotels und Ferienwohnungen drängen, geht das Leben hier noch einen gemächlichen Gang. Dies mag auch daran liegen, dass das Hinterland lange durch Kohlebergbau und Industrie geprägt war, deren Zeugnisse noch heute zu sehen sind. Der Küste hat dies aber nicht geschadet – sie wirkt davon völlig unberührt. Noch reicher gegliedert als die Bucht von Vrsar, lädt die Raša-Bucht mit ihren einsamen Stränden und hübschen Städtchen wie Rakalj zu Entdeckungen per Rad oder Boot ein. In der Altstadt stehen noch die Ruine des mittelalterlichen Kastells und die Pfarrkirche der hl. Agnes aus dem 15. Jahrhundert. Interessant ist auch ein Abstecher nach Raša: Die Stadt wurde in den 1930er-Jahren als Bergbausiedlung angelegt und der Glockenturm ihrer Kirche ist einer Bergwerkslampe nachempfunden.

Rakalj steht für Sonne, Strand und Meer fernab der Touristen-Hotspots.

***** Pula** Die Stadt liegt auf sieben Hügeln – wie Rom. Und sie hat etwas Magisches – genau wie Italiens Hauptstadt. Pula blickt auf eine mehr als 3000-jährige, bewegte Geschichte zurück. So tauschte einst ein ungarischer König auf einem der Hügel sein prachtvolles Gewand gegen ein einfaches Ordenskleid, Dante schrieb vom Ausblick inspiriert die Verse seiner »Göttlichen Komödie«. An die römische Vergangenheit erinnert vor allem das Amphitheater, die wichtigste Sehenswürdigkeit der Stadt. Das einst 20 000 Besucher fassende Oval, in dem Gladiatoren gegen Löwen kämpften, ist aus istrischem Kalk errichtet und dient heute als Konzert- und Festivalbühne. Die unterirdischen Gänge sind zu einem Museum für antiken Wein- und Olivenanbau umfunktioniert. Außerdem sehenswert: die Altstadt mit dem Triumphbogen der Sergier und dem Augustus-Tempel.

Jeder Rundgang durch Pula beginnt und endet beim römischen Amphitheater, dem Wahrzeichen der Hafenstadt.

***** Naturpark Kap Kamenjak** Die weit nach Süden ausgreifende Halbinsel Kamenjak windet sich wie ein immer schmäler werdender Lindwurm ins tiefe Blau der Adria. Mit ihren vielen verschwiegenen Buchten ist sie ein Eldorado für Wasserratten; ein Netz von Wegen und Schotterstraßen gibt Wanderern und Radfahrern Gelegenheit für Entdeckungen. Günstige Winde und Strömungen bieten Windsurfern optimale Bedingungen. Botanisch Interessierte erfreuen sich im Frühjahr an der Vielzahl seltener geschützter Orchideenarten, die auf Kamenjak blühen. Wer die Küste aufmerksam erforscht, kann hier und da Spuren von Dinosauriern erkennen: Ihre dreiklauigen Abdrücke sind im Stein der Küstenfelsen für die Ewigkeit erhalten. An der südlichsten Spitze Kamenjaks pflegt die lokale Jugend den Sport des Klippenspringens – die Felsen sind nicht so hoch wie in Acapulco, aber durchaus eindrucksvoll. Nach Sonne und Meer erfrischt ein Drink in der rustikalen Safari-Bar – durch ihre aus Treibgut zusammengebastelten Spielgeräte besonders für Kinder ein wahres Eldorado.

Rakalj liegt an einem Meeresarm mit fjordähnlichem Charakter.

Pula: Römisches Amphitheater

Hier kämpften in der Antike Gladiatoren gegen wilde Tiere, auch Seeschlachten wurden nachgestellt: Das römische Amphitheater von Pula gehört zu den größten und besterhaltenen Bauwerken seiner Art. Kaiser Vespasian ließ es im 1. Jahrhundert n. Chr. zur Belustigung des Volkes errichten. In der elliptisch angelegten Arena fanden mehr als 20 000 Zuschauer Platz.

Kvarner Bucht

Eingebettet im Norden durch die Halbinsel Istrien und im Süden durch Dalmatien, zählt die Kvarner Bucht zu den beliebtesten Urlaubsregionen Kroatiens. Neben den hübschen Küstenstädten Opatija, Crikvenica und Novi Vinodolski sind insbesondere die dem Festland vorgelagerten Inseln Cres, Losinj, Krk und Rab, die sich aus dem tiefen Blau der Adria erheben, eine Reise wert. Bild: Strand Vela plaža bei Baška auf Krk.

Unterwegs in Primorje-Gorski kotar

Neben den Inseln Krk, Rab, Lošinj und Cres umfasst die Region auch Küstenstädte wie Rijeka und Opatija, in denen die K.-u.-k.-Ära ein reiches architektonisches Erbe hinterlassen hat. Von hier starten Ausflüge in den Naturpark Učka und den Risnjak-Nationalpark.

Am Lungomare von Mošćenička Draga begleitet Meeresrauschen den Abendspaziergang.

**** Mošćenička Draga** Als die Zeiten noch unruhig und kriegerisch waren, lebten die Küstenbewohner nicht direkt am Meer, sondern sicher vor Angriffen an den Hängen des Učka-Massivs. Auch Mošćenice hoch über der Küste ist eine solche alte Bergsiedlung. Ihr Fischerhafen Mošćenička Draga entstand erst Ende des 19. Jahrhunderts, als keine Piraten mehr zu fürchten waren. Es ist ein freundlicher Hafenort mit großem touristischen Potenzial, denn er besitzt einen weiten Kiesstrand, eine Seltenheit an der Kvarner Bucht. Diese Besonderheit zog Anfang des 20. Jahrhunderts auch den österreichisch-ungarischen Adel an, der sich an der hübschen Bucht elegante Villen errichtete. Viele dieser Schlösschen der Jahrhundertwende sind erhalten und prägen den kleinen Ort mit ihrem nostalgischen Charme. Nach wie vor fahren die Männer aus Mošćenička Draga zum Fischen und bringen reichen Fang heim. In den Restaurants an der Promenade landet dieser fangfrisch auf dem Teller.

***** Naturpark Učka** Wild und ursprünglich ist die Landschaft im Naturpark Učka, dem Gebirgsmassiv zwischen Istrien und der Kvarner Bucht. Das Gebiet ist ein ideales Ziel für Wanderer, die Natur abseits der ausgetretenen Pfade erleben wollen. Hier gibt es noch bedrohte Tierarten wie Steinadler, Siebenschläfer und Braunbären. Vom Aussichtsturm auf dem höchsten Gipfel, dem 1400 Meter hohen Vojak, kann man Istrien und die Inseln der Kvarner Bucht überblicken. Am besten bucht man eine

INFO

PRIMORJE-GORSKI KOTAR
Fläche:
3590 km²
Bevölkerung:
269 508 Einwohner
Bevölkerungsdichte:
75 Einwohner/km²
Sprache:
Kroatisch
Verwaltungssitz:
Rijeka
Spezialität:
Olivenöl, Pager Käse

Mošćenička Draga ist ein beliebter Ferienort in der Kvarner Bucht.

Mošćenička Draga besitzt einen schönen Kieselstrand, der flach ins türkis schimmernde Meer abfällt.

geführte Tour mit Ranger. Der Weg zum Gipfel ist allerdings ziemlich schweißtreibend, steigt das Gebirge von der Küste doch sehr steil auf. Man durchwandert dichte Waldlandschaften, passiert die zu wilden Zacken erodierten Felsen der Vela Draga und erreicht nach etwa drei Stunden den Gipfel. Wer es bequemer mag, fährt mit dem Auto bis zum Poklon-Sattel und steigt von dort in einer halben Stunde zum Gipfelkreuz auf. Eine weitere reizvolle Wanderung führt von Brgudac zur Korita-Quelle.

Die Vela-Draga-Schlucht im Naturpark Učka ist ein beliebtes Kletterrevier.

Bis zu 100 Meter hohe, einzeln stehende Kalksteinsäulen sind typisch für die Vela Draga.

Naturpark Učka

Der Naturpark Učka setzt einen Kontrapunkt zum Trubel an der Küste: Hier erwarten den Wanderer einsame Wälder, verlassene Häuser, idyllische Natur und immer wieder spektakuläre Ausblicke auf die Kvarner Bucht, insbesondere auf die nahe gelegene Insel Cres sowie die Halbinsel Istrien. Ein Highlight ist eine Wanderung auf den Vojak, den mit 1400 Metern höchsten Gipfel.

Ein Wahrzeichen von Opatija ist die Bronzestatue des »Mädchens mit der Möwe« von Zvonko Car.

**** Lovran** »Lovor«, Lorbeer – von dieser Pflanze leitet sich der Name der kleinen Stadt an der Küste ab. Weil die Lorbeerpflanze die Vegetation der Umgebung bestimmte, ist sie auch Teil des Stadtwappens. Doch heute zeichnet den einstigen Fischerort etwas anderes aus: sein Heilklima. Seit 1905 ist Lovran Luftkurort und wegen seiner milden Temperaturen ein beliebtes Touristenziel. Vor allem Urlauber, die einen schicken, sauberen und aufgeräumten Ort mit liebevoll restaurierten Villen aus Gründerzeit und Jugendstil zu schätzen wissen, zieht es hierher, und Gäste, die Erholung suchen. Denn Wellness und Gesundheit stehen in diesem Nobelvorort von Opatija, neben der Behandlung von Gelenkerkrankungen, ganz oben auf dem Urlaubsprogramm. Viele Hotels haben sich in den ehemaligen Villen eingerichtet und bieten neben höchstem Komfort auch das nostalgische Flair vergangener Zeiten.

**** Ičići** Der ehemalige Fischerort bildet den Mittelpunkt der Franz-Joseph-Promenade, die auf einer Länge von zwölf Kilometern die Küste zwischen Lovran und Volosko östlich von Opatija säumt. Der Lungomare, der zur Blütezeit der Kvarner Riviera in der zweiten Hälfte des 19. Jahrhunderts angelegt wurde, schlängelt sich im Schatten von Kiefern und Kastanien an Buchten entlang und über Felskaps. Einst promenierte hier die feine Gesellschaft, die in Ičići zur Kur weilte, am Meer, um sich im »Aerosol«, der anregenden Seeluft, zu erfrischen. Die für die adeligen Gäste erbauten Villen begleiten den Spaziergänger auf dem Uferweg. Opatija und Lovran waren die Zentren des Kurtourismus, aber auch an der Küste bei Ičići ließen sich Wohlhabende kleine Schlösschen errichten. Vor deren historischer Kulisse mutet das Mastenmeer der Jachten in der modernen Marina des Städtchens besonders fremdartig an. Der Jachthafen gilt als einer der besten des Kvarner Festlands, und auch die feinen Fischrestaurants des Ortes ziehen die passionierten

Zu den hübschen Orten an der Riviera von Opatija gehört auch Volosko.

Die Villa Angiolina in Opatija beherbergt heute das Kroatische Tourismusmuseum.

In Lovran beginnt der Lungomare, eine kilometerlange Uferpromenade.

Auf den kleinen Plätzen der Altstadt von Lovran stellen Cafés Tische ins Freie.

Segler an. Über dem von Restaurants und Bars gesäumten Kieselstrand von Ičići weht die Blaue Flagge.

***** Opatija** »Adriatisches Nizza« wird die Riviera von Opatija genannt, sie war neben der Côte d'Azur das Hauptreiseziel der Habsburger Elite. Als österreichisch-ungarischer Kurort und Seebad mit dem italienischen Namen Abbazia war die Stadt bis 1914 ein beliebtes Winterquartier, denn das Učka-Gebirge, das sich unmittelbar hinter dem Ort erhebt, schützt Opatija vor kalten Winden aus dem Hinterland. Der Habsburger Adel wusste das zu schätzen. Viele flohen vor Schnee und Kälte aus Wien oder Budapest in den Kurort an der kroatischen Riviera. Opatija ist damit nicht nur eines der traditionsreichsten touristischen Ziele in Kroatien, sondern vielleicht auch eines der schönsten. Bis etwa 1840 war Opatija allerdings nur ein kleines Fischerdorf mit 35 Häusern und einer Kirche. Das änderte sich einige Jahre später, als eine Eisenbahntrasse Wien mit Opatija verband. Imposante Hotels wurden errichtet, viele reiche Gäste ließen sich Villen erbauen. Heute sind die Gebäude liebevoll restauriert und der Ort ist vom Massentourismus weitgehend verschont geblieben.

Kvarner Bucht

Ein faszinierendes Farbenspiel, das alle erdenklichen Blautöne in Szene setzt. Sie spiegeln als glitzernde Flächen das Sonnenlicht, liegen an tiefen Stellen dunkel da und erweitern um die vielen Inseln mit ihren hellen Stränden herum die Palette um ein kräftiges Türkis. Wer von einem der Küstenorte – besser noch von einem

Hügel – hinunter auf die Kvarner Bucht schaut, erlebt dieses Farbspektakel. Am Ufer locken Sand- und Kieselstrände, oft in winzigen Buchten versteckt, Sonnenanbeter, Wassersportler – und FKK-Fans, die hier viele ungestörte Plätze finden. Manche Strände liegen so abgeschieden, dass man sie nur per Boot erreicht. Eine Schiffstour sollte sich niemand entgehen lassen: An manchen Stellen ist das Wasser zwischen den Inseln Cres, Lošinj, Krk, Rab und ein paar Dutzend kleineren Eilanden so klar, dass man bis zum Grund sehen kann. Und erst die Sonnenuntergänge! In einer Symphonie von Orange- und Rottönen versinkt der Feuerball im Meer.

Dreh- und Angelpunkt von Rijeka ist der große Hafen – Umschlagplatz für Waren aus ganz Europa.

Barocker Rundbau von monumentalen Ausmaßen: die St.-Veits-Kathedrale.

Das Nationaltheater gehört zum architektonischen Erbe der Habsburgerzeit.

Heute ein Kunstort: die Burg von Trsat.

***** Rijeka** Rijeka ist die drittgrößte kroatische Stadt nach Zagreb und Split und das kulturelle und wirtschaftliche Zentrum der Kvarner-Region. Insbesondere der Hafen hat für den Ort eine große Bedeutung. Hier legen gewaltige Containerschiffe ebenso wie zahlreiche Fähren an. Eine Kathedrale, eine Universität und ein Theater verleihen Rijeka großstädtisches Flair. Es gibt eine schöne Uferpromenade mit herrschaftlichen Palazzi sowie eine quirlige Altstadt mit guten Einkaufsmöglichkeiten. Die älteste Kirche Rijekas ist Mariä Himmelfahrt, sie geht auf das 12. Jahrhundert zurück. Ihr um mehr als 40 Zentimeter geneigter Campanile wird von den Einwohnern auch der »schiefe Turm von Rijeka« genannt.

1 **** St.-Veits-Kathedrale** Der Hl. Veit ist der Schutzpatron von Rijeka. Die Jesuiten erbauten die barocke Rundkirche mit der säulengetragenen Kuppel ab 1638 nach dem Vorbild von Santa Maria della Salute in Venedig. Heute ist das Gotteshaus das einzige seiner Art in ganz Kroatien und das geistliche Zentrum der Stadt. Das Innere birgt ein kostbares gotisches Kruzifix und einen Stein, den ein zorniger Mann der Überlieferung nach auf dieses Kreuz warf, nachdem er beim Glücksspiel verloren hatte. Weil die Christusfigur daraufhin geblutet haben soll, wird das Kruzifix von den Gläubigen als wundertätig verehrt. Sehenswert ist auch die Sammlung sakraler Kunst in der Galerie im oberen Teil der Kirche.

2 ***** Altstadt** Die Kathedrale erhebt sich oberhalb der kleinen, aber malerischen Altstadt von Rijeka, in der römische Fundamente, mittelalterliche Häuser und die barocken Bauten der Habsburger-Ära ein harmonisches Ensemble bilden. Den Korzo, auf dem die Rijeker abends gerne promenieren, säumen zahlreiche Geschäfte und Cafés sowie der auffällige Stadtturm, der ursprüngliche Zugang zur Altstadt.

3 **** Nationaltheater** Die Architekten Ferdinand Fellner und Hermann Helmer errichtete zahlreiche Theater in den Städten der Donaumonarchie, auch das Kroatische Nationaltheater Ivan Zajc in Rijeka ist ihr

Werk. Allerdings modernisierten sie in diesem Fall nur einen älteren Bau. Am 3. Oktober 1885 wurde das Theater nach zweijähriger Bauzeit feierlich mit Verdis »Aida« eröffnet. In Ausstattung und Architektur ähnelt es anderen Bühnen des Habsburgerreichs, an der Bemalung der Decke des Zuschauerraums soll Gustav Klimt beteiligt gewesen sein. Benannt ist das Theater nach dem kroatischen Komponisten Ivan Zajc. Vis-à-vis entstanden um dieselbe Zeit die beiden historischen Markthallen von Rijeka: In den Morgenstunden bieten hier Obst- und Gemüsehändler, Fleischer und Fischverkäufer frische regionale Waren feil.

4 ***** Burg von Trsat** Schon die Römer unterhielten 140 Meter über der Bucht von Rijeka eine Festung. Von der Anhöhe schweift der Blick weit übers Meer. Im Mittelalter unterstand Trsat den kroatischen Frankopanen-Herrschern und danach den Habsburgern. Letzter Eigentümer der Burg war ab 1826 Laval Graf Nugent, der die inzwischen in Ruinen liegende Feste umbaute und in eine luxuriöse Residenz mit neugotischen Elementen verwandelte.

Kastav

Wie ein Adlernest thront das mittelalterliche Städtchen hinter seinen wehrhaften Mauern, 365 Meter hoch über der Kvarner Bucht. Römer, Ostgoten, Langobarden und wechselnde Adelsgeschlechter herrschten hier, von 1630 bis 1773 hatten die Jesuiten das Sagen. Möglicherweise ist diesem strengen, gelehrten Orden die tiefe Wertschätzung für literarische Bildung zu danken, die Kastav nachhaltig prägte: Schon 1866 öffnete im Ort eine Čitalnica, eine Art öffentliche Bibliothek, ihre Tore, und von 1908 bis 1918 leitete der kroatische Schriftsteller Vladimir Nazor die örtliche Schule. Ein Bummel durch die steil bergan führenden Altstadtgassen endet unweigerlich an einer der vielen Kunstgalerien oder im »Kukuriku«, dem Restaurant des Slow-Food-Pioniers und Haubenkochs Nenad Kukurin.

Karneval von Rijeka

Sie tragen grüne Ganzkörperanzüge, auf dem Kopf eine Kapuze aus gelben Strahlen: Eine Gruppe Sonnenblumen tanzt durch die Straßen von Rijeka. Dicht gefolgt von Dalmatinern und einem Paradewagen, auf dem goldene Engel feiern. Figuren aus Pappmaschee, rollende Boote, Clowns, Teufel und Urwald-Queens mit Baströck-

chen ziehen durch die Straßen – Rijeka ist nicht nur die drittgrößte Stadt Kroatiens, es ist auch eine Karnevalshochburg. Jedes Jahr im Februar feiern mehr als 100 000 Narren in den bunt geschmückten Straßen. Damit ist das hiesige Karnevalsfest eines der größten in Europa. Wie in Köln oder Mainz nimmt die ganze Stadt am Karneval teil, ohne Kostüm traut sich in dieser Zeit niemand auf die Straßen. Sogar das kroatische Fernsehen überträgt die Umzüge und Sitzungen. Ein Highlight des Karnevals ist die Rallye »Pariz-Bakar«. Dabei geht es mit schrillbunten Spaßmobilen von der Pizzeria »Pariz« in Rijeka bis in den Küstenort Bakar.

Risnjak-Nationalpark

Touristen verirren sich nur selten hierher, die Gegend ist mit ihren bizarren Kalksteinformationen und dichten Wäldern unwirtlich. Und kalt ist sie auch: An 115 Tagen im Jahr fällt Schnee. Der Nationalpark Risnjak ist rund 3000 Hektar groß und liegt im nördlichen Gorski kotar, dem grünen Mittelgebirge bei Rijeka. Er hat ein so

weitläufiges Wegenetz, dass Wanderer hier manchmal tagelang keinem anderen Naturfreund begegnen. Im Zentrum liegt der Veliki Risnjak, der mit 1528 Metern höchste Berg der Region. Der Aufstieg zum Gipfel ist im letzten Abschnitt anspruchsvoll, aber die Anstrengung lohnt: Von oben bieten sich fantastische Ausblicke. Einfacher zu bewältigen ist der 4,2 Kilometer lange Leska-Lehrpfad. Der Park ist Heimat einer artenreichen Fauna: Bären, Wildkatzen, Hirsche, Wölfe, Füchse, Marder und Luchse leben hier, weiterhin 500 Schmetterlingsarten. Die Flora umfasst 1000 verschiedene Pflanzenarten, darunter auch das seltene Edelweiß.

Selce wurde schon mehrfach zum attraktivsten Ferienort der Kvarner-Region gekürt.

Der Glockenturm der St.-Antonius-Kirche überragt die Altstadt von Crikvenica.

**** Crikvenica** Dass Crikvenica für den Tourismus attraktiv wurde, verdankt es dem Zwist zweier habsburgischer Adliger: Weil er sich mit seinem Bruder, dem späteren Kaiser Franz Joseph I., überworfen hatte, wollte Erzherzog Joseph nicht mehr nach Opatija reisen und ließ Crikvenica zum Seebad ausbauen. Bis 1914 entstanden in dem Küstenort drei große Hotels, von denen eines den Namen »Erzherzog Joseph« trug (das heutige Hotel »Kvarner Palace«). Während Opatija und Lovran vor allem von Kurgästen aus dem österreichischen Kernland aufgesucht wurden, entwickelte sich Crikvenica dank der günstigen Bahnverbindung nach Budapest zur Sommerfrische der ungarischen Hautevolee. Nach der Unabhängigkeit Kroatiens versank der Ort in einen Dornröschenschlaf, aus dem er erst Anfang der 2000er-Jahre erwachte. Heute erstrahlen seine historischen Villen und Hotels wieder im Glanz der K.-u.-k.-Monarchie. Hauptattraktion ist der mit der Blauen Flagge ausgezeichnete goldgelbe Sandstrand Gradško Kupaliste.

**** Selce** Dass dieses Städtchen an der Riviera von Crikvenica römische Wurzeln hat, sieht man dem modernen Badeort nicht an. Ad Turres hieß der Legionärsposten, der hoch über dem Meer zur Sicherung der Küste installiert wurde. Historisch spielte Selce keine bedeutende Rolle; erst Ende des 19. Jahrhunderts erlangte es als Badeort an der Kvarner Küste Bekanntheit. Die bis zu 1500 Meter hohen Hänge des Küstengebirges Gorski Kotar schützen die Stadt vor kalten Nord- und Ostwinden und sorgen so für ein besonders mildes Klima. Dank der flach ins Meer abfallenden Kieselstrände und der hervorragenden Wasserqualität ist Selce ein beliebter Urlaubsort für Familien. Beim Sonnenbaden blickt man auf die markante Silhouette der Insel Krk direkt gegenüber. Moderne Hotels, zahl-

Im Hafen von Crikvenica legen Ausflugsschiffe zur Insel Krk ab, die in Sichtweite liegt.

reiche Restaurants, ein breites Wassersportangebot und ein Aquapark mit großer Wasserrutsche lassen in Sachen Komfort und Unterhaltung keine Wünsche offen. Sehenswürdigkeiten im klassischen Sinn sucht man hier allerdings vergebens.

**** Novi Vinodolski** Hinter dem reizvollen Ferienort mit seinen beliebten Badestränden erstreckt sich das Vinodol, das »Weintal«. Den Rebgärten verdankt Novi Vinodolski seinen Namen. Dank der fruchtbaren Landschaft erblühte das Küstenstädtchen schon früh, indem es den Hafen für den Handel nutzte. Heute leben rund 5000 Einwohner dort, wo im Mittelalter die Frankopanen herrschten, ein bedeutendes kroatisches Adelsgeschlecht. Sie erbauten ein Kastell, das als Regierungssitz des Fürstentums Vinodol diente. Historische Bedeutung erlangte Novi Vinodolski durch das »Gesetzbuch von Vinodol« (1288). Es gilt als ältester erhaltener Gesetzestext in kroatischer Sprache und wurde in glagolitischer Schrift verfasst. Der Text legte die Rechtsgewohnheiten fest, die für das Fürstentum galten, das damals aus neun Gemeinden bestand. Heute erinnert ein Brunnen auf dem Hauptplatz an das Dokument.

In Novi Vinodolski und Umgebung findet man zahlreiche schöne Badebuchten.

Das glasklare Wasser ist herrlich zum Schwimmen und Schnorcheln.

Sonnenaufgang über Krk-Stadt: Der Hafen trennt das moderne Krk vom historischen Teil der Stadt.

Vrbnik thront auf einem 49 Meter hohen Felsen über dem Meer.

Karstige Gebirgszüge bilden in Baška die eindrucksvolle Kulisse.

**** Krk** Die größte Insel der Adria hat zwei Gesichter: Betrachtet man sie vom Festland aus, blickt man auf kahlen Fels. Die Ostküste wird regelmäßig von den kalten, salzgeschwängerten Sturmböen des Nordostwinds Bora heimgesucht und geradezu geschmirgelt. Hinter dieser unfruchtbaren Barriere liegt jedoch eine grüne Landschaft: blühende Macchia, Weinreben, Pinienwälder. Und eine Vielzahl idyllischer Badebuchten. Sogar einen (Beinahe-)Sandstrand nennt Krk sein Eigen, in der Bucht von Baška ganz im Süden. In Kroatiens Geschichte kommt Krk eine besondere Rolle zu: Die Frankopanen, die im Mittelalter über die Region herrschten, stammten von der Insel. Und die »Tafel von Baška«, das älteste kroatische Kulturdenkmal mit glagolitischer Schrift, wurde hier gefunden.

*** Omišalj** Das uralte Omišalj leidet ein wenig unter seiner Umgebung. Nicht weit entfernt befindet sich der Flughafen von Rijeka, und auf der Landzunge gegenüber lagert Rijekas Hafengesellschaft Erdöl. Trotz seiner herrlichen Strände liegt Omišalj deshalb abseits der Touristenströme. Die malerische Altstadt auf ihrem steilen Bergsporn wirkt noch etwas verschlafen. Glagolitische Inschriften an der romanischen Pfarrkirche und die Ruine einer frühchristlichen Basilika in der nahen Sepen-Bucht sind die wichtigsten Sehenswürdigkeiten, doch die Wurzeln der Siedlung reichen viel weiter zurück, bis ins erste vorchristliche Jahrtausend. Die Restaurants des Städtchens sind wegen

Auf der Vela Placa, dem Großen Platz, pulsiert das Leben von Krk-Stadt.

ihrer preiswerten und stets frischen Fischküche ein beliebtes Ausflugsziel für die Bewohner Rijekas.

**** Vrbnik** Das Städtchen thront in malerischer Lage auf einem steilen Küstenfelsen im Nordosten der Insel Krk und besitzt Wurzeln, die in vorrömische Zeit zurückreichen. Aus der Mitte des roten Häuserdachgewirrs ragt ein steiler Kirchturm empor. Steil fällt am Ortsrand die Küste ab – von hier aus reicht der Blick weit über die Insel. Unter den Frankopanen-Fürsten entwickelte sich Vrbnik zu einem Zentrum der Glagoliza, der altkroatischen Kirchenschrift, und damit auch zum Mittelpunkt der kroatisch-nationalen Bewegung gegen die Kirchenhoheit in Byzanz und Rom. Zahlreiche glagolitische Inschriften an Kirchen und Häusern der kompakten, malerischen Altstadt zeugen von der Bedeutung, die Vrbnik im Mittelalter besaß. Heute spielt es eine wichtige Rolle für die kroatische Weinindustrie. Nur hier gedeiht eine Rebe, die den spritzig-erfrischenden Weißwein Žlahtina hervorbringt. Die Weinstöcke füllen in Reih und Glied gepflanzt das sechs Kilometer lange Polje, eine Karstsenke südwestlich des Ortes. In mehreren ansässigen Kellereien können Besucher den wunderbaren Sommerwein verkosten und kaufen.

**** Krk-Stadt** Die Stadt Krk liegt an der Westküste der Insel und ist noch immer umgeben von ihren alten, venezianischen Stadtmauern. Ein imposanter Wachturm flankiert das Haupttor und ein runder Turm diente einst als Hafenposten. Zentrales Bauwerk in der Altstadt ist die wuchtige romanische Kathedrale Mariä Himmelfahrt, die auf den Überbleibseln einer römischen Thermenanlage errichtet wurde und mit der gegenüberliegenden zweigeschossigen Doppelkirche einen Komplex bildet. An der Uferpromenade von Krk herrscht vor allem in den Sommermonaten ein buntes Treiben. Von hier starten auch Ausflugsboote zu den Inseln Prvić, Rab, Grgur und Goli. Baden kann man am Porporela-Strand in der Nähe des Campingplatzes Ježevac.

***** Baška** Die Uferpromenade wird beherrscht von zahlreichen Hotels, Restaurants und Souvenirläden. Es gibt einen zwei Kilometer langen, flach abfallenden Strand. Highlight des Ortes ist das Aquarium, in dem an die 100 Fischarten sowie 400 Muschel- und Schneckenarten zu bestaunen sind. Über einen Wanderweg erreicht man Stara Baška, das alte Baška mit seiner wunderschönen Bucht, die eingebettet zwischen Klippen liegt. Baška unterscheidet sich stark vom Rest der Insel Krk. Es liegt in einem grünen Tal, das zu beiden Seiten von steil aufragenden Felswänden begrenzt ist. Buchten mit Strand aus Sand oder Kieseln ziehen die Besucher an das strahlend blaue Meer. In der Nähe von Baška, in der winzigen Kirche von Jurandvor, wurde die »Tafel von Baška« aus dem Jahr 1100 entdeckt, das älteste kroatische Schriftdenkmal in Glagoliza. Heute ist hier nur noch eine Replik der Tafel zu sehen, das Original wird in Zagreb aufbewahrt.

Biserujka-Höhle

Die Tropfsteinhöhle im Nordosten der Insel Krk liegt wie ein 110 Meter langer, schmaler Gang in nur zwölf Metern Tiefe unter der Erdoberfläche. Nichts weist in der von Macchia bewachsenen Landschaft an der Slivanjska-Bucht darauf hin, dass sich hier eine faszinierende Unterwelt verbirgt, in der sich Stalagtiten und Stalagmiten zu bizarren Steinlandschaften und -skulpturen gruppieren. Mehrere Säle reihen sich in der Höhle aneinander: Deren Namen, wie »Brückensaal« und »Zypressensaal«, beschreiben die dort vorherrschenden Formationen. Dank der geringen Tiefe und der einfachen Zugänglichkeit wurde die Höhle in der Vergangenheit von Tieren und vielleicht auch von Menschen als Zufluchtsort genutzt – unter anderem fand man darin das Skelett eines Höhlenbären.

Tauchen

Sturm peitscht über das Deck, »Lina« schaukelt gewaltig. Ein plötzlicher Schneesturm und dichter Nebel nehmen die Sicht, der Kapitän verliert die Kontrolle über sein Schiff. Dann kracht es laut, Metall reibt auf Gestein. Das italienische Handelsschiff »Lina« hat die Küste der Insel Cres gerammt. Nur Minuten später sinkt es –

und liegt seit 1914 in seinem nassen Grab. Das Heck in rund 52 Meter Tiefe, der Bug nur 28 Meter unter Wasser, ist das Wrack eine Attraktion für Taucher. Wie auch die »Peltatis«, die 1968 vor der Insel Krk sank. Sie liegt in nur etwa 20 Metern Tiefe und ist somit auch für Anfänger ein geeignetes Ziel. Neben Wracks bietet die Kvarner Bucht Tauchreviere für jeden Anspruch mit Riffen, steilen Felswänden und Höhlen. Besonders rund um die Inseln Krk, Rab, Cres und Lošinj gibt es fantastische Felsformationen sowie eine artenreiche Unterwasserfauna und -flora. Fast in jedem Ort organisieren Tauchbasen Kurse und verleihen die nötige Ausrüstung.

Blick auf drei der vier Glockentürme, die so prägend für die Silhouette von Rab sind.

Ein Labyrinth aus marmorgepflasterten, engen Gassen: die Altstadt von Rab.

***** Rab** Es war wohl der englische König Edward VIII., dem das Nacktbaden auf Rab zu verdanken ist. So gilt das Jahr 1936 als offizieller Beginn der Freikörperkultur auf der Insel, nachdem die Behörden dem gekrönten britischen Haupt und seiner Geliebten erlaubt hatten, hüllenlos in einer Bucht zu planschen. Die FKK-Welle rollte aber erst einige Jahre später so richtig über Rabs Strände. Kein Wunder, besitzt die mit nur etwa 90 Quadratkilometern kleinste der »großen« Inseln des Kvarner doch zahlreiche Buchten, in denen man sogar im Hochsommer noch ungestört Sonne und Meer genießen kann – viele kann man nur zu Fuß oder mit einem Boot erreichen. Im Nordwesten liegen Urlauber in feinem Sand, im Süden auf Kies oder Felsen. Die Landseite ist karg und gebirgig, die Seeseite hingegen grün mit duftenden Kiefernwäldern, Weinbergen und Gemüsegärten.

**** Lopar** Die kleine Gemeinde Lopar an der Nordspitze der Insel Rab schmückt sich mit zwei Besonderheiten: Zum einen soll sie die Heimat des Steinmetzes und späteren Heiligen Marinus sein, der um 300 nach Italien segelte, um beim Bau der Festung von

FKK-Jünger finden auf der Insel Rab eine Vielzahl versteckter Buchten.

Der Paradiesstrand bei Lopar ist einer der wenigen Sandstrände Kroatiens.

Rimini mitzuhelfen. Später zog er sich als Einsiedler in eine Höhle zurück: die Keimzelle der Republik San Marino. Zum anderen, und dies ist keine Legende, gibt es rund um Lopar richtige Sandstrände. Sie sind den besonderen Strömungen in diesem Teil des Kvarner Golfs zu verdanken. Die meisten sind nur vom Meer aus per Boot oder zu Fuß zu erreichen, versprechen aber echtes Robinson-Feeling. Lopars Hauptstrand, die Rajska Plaža, läuft so flach ins Meer aus, dass man bei Ebbe zu Fuß zu dem vorgelagerten Inselchen laufen kann. Schön sind auch der Livačina-Strand und der FKK-Strand Sahara.

** **Kampor** ist ein kleiner Ferienort auf der dicht bewaldeten Halbinsel Kalifront nordwestlich der Inselhauptstadt Rab. Herrliche, einsame Buchten, zahlreiche Wander- und Radwege sowie das glasklare Meer machen den besonderen Zauber der Halbinsel aus. Ein Teil davon, der Dundo-Wald, steht unter strengem Naturschutz. Er ist einer der wenigen noch erhaltenen Steineichenwälder im Adria-Raum. Im Franziskanerkloster St. Euphemia aus dem 15. Jahrhundert wird Geschichte lebendig. Es unterhält ein kleines Museum mit volkskundlichen Exponaten, glagolitischen Kirchenschriften und sakraler Kunst.

*** **Rab-Stadt** Wenige Hafenorte der Adria liegen so malerisch wie Rab: Die Häuser der Inselhauptstadt staffeln sich auf dem Bergrücken einer Halbinsel den Hang hinauf, sodass die Altstadt aus der Luft betrachtet wie ein Schiffsbug ins Meer ragt. Zwischen den drei Hauptstraßen klettern steile Gassen und Treppen hinauf zur höchsten, der Gornja Ulica, an der sich gleich vier Gotteshäuser aneinanderreihen. Von der Burgruine mit ihrem wuchtigen Wehrturm blickt man auf diese Kirchen und ihre vier Türme – ein fotogenes Panorama. Wie alt Rab ist, belegen Mosaikreste in der wunderschönen romanischen Kathedrale, die aus dem 4. und 5. Jahrhundert stammen. Noch weiter zurückreichende Funde belegen, dass die Stadt bereits in römischer Zeit ein bedeutender Hafen war. Heute ist Rab ein beliebter Anlaufpunkt für Badeurlauber und Segler. In den Gassen reihen sich zahlreiche Konobas und Restaurants aneinander. Fisch steht zuoberst auf den Speisekarten, mal deftig, mal fein kredenzt.

Kloster St. Euphemia im Kampor.

Von einem 130 Meter hohen Hügel blickt Beli über die tiefblauen Wellen der Adria.

Osor kontrollierte einst die Schiffspassage zwischen Cres und Lošinj.

Am schönen Strand von Lubenice gehen auch Segler gern vor Anker.

**** Cres** Zwei Gesichter hat die 66 Kilometer lange Insel Cres, die weit in die Bucht von Rijeka hineinragt: karg der Norden, mediterran der Süden. Im südlichen Teil findet man auch die meisten Sand- und Kiesbuchten. Um nach Cres zu gelangen, setzt man mit der Fähre von Brestova nach Porozina über. Im Süden ist Cres durch eine Drehbrücke mit Lošinj verbunden. In der Hauptstadt, Cres-Stadt, einem dichten Gewirr aus kleinen Häuschen, wohnen mehr als zwei Drittel aller Inselbewohner. Hier trifft man sich gerne an der Uferpromenade oder auf dem Hauptplatz direkt am Meer. Pastellfarbene Häuser und venezianische Palazzi säumen den Hafen. Sehenswert sind die drei erhaltenen Stadttore und das Franziskanerkloster aus der Zeit um 1300, das südöstlich der Altstadt zu finden ist. Es besticht durch seinen schönen Kreuzgang und den markanten Glockenturm.

***** Beli** Im Norden von Cres thront das Dörfchen Beli hoch oben auf einem Hügel, über einem schönen Kieselstrand. Von hier aus können sich Besucher auf eine Wanderung zu den Gänsegeiern begeben, die an der Steilküste von Cres in freier Wild-

Die Steinhäuser von Lubenice wirken, als seien sie mit den Felsen verschmolzen.

bahn leben. Sie nisten überall in den Felsen, obwohl ihre Heimat eigentlich steinige Wüstengebiete sind. Die Vögel haben eine Flügelspannweite von bis zu drei Metern. Den höchsten Punkt des kleinen Ortes markiert die Pfarrkirche aus dem 18. Jahrhundert an einem kleinem Platz mit hübschem Brunnen. Ansonsten herrscht in dem 250-Seelen-Dorf wohltuende Stille.

**** Valun** Eine Bucht wie aus dem Bilderbuch: tief eingeschnitten, perfekt geformt, eingerahmt von steilen Hängen, und mittendrin das Dorf Valun. In dessen Pfarrkirche St. Markus wird die »Tafel von Valun« aufbewahrt. Die Steintafel aus dem 11. Jahrhundert diente ursprünglich als Grabstein auf dem Valuner Friedhof und trägt einen Text in lateinischer und glagolitischer Schrift. Sie gilt neben der »Tafel von Baška« auf der Insel Krk als eines der ältesten Zeugnisse der altkroatischen Schrift Glagoliza. Besucher sind aber mindestens ebenso von den hübschen Kiesstränden rings um den Ort und vom kulinarischen Angebot begeistert. Gleich mehrere Restaurants verwöhnen ihre Gäste direkt am Wasser mit frischem Fisch.

**** Lubenice** Dass Lubenice nicht das Schicksal der von ihren Bewohnern verlassenen Nachbardörfer teilt, verdankt es sicherlich seiner außergewöhnlichen Lage. Regelmäßig kommen Touristen auf den schmalen, durch die karge Landschaft mäandernden Sträßchen hier herauf, um das einzigartige Panorama zu bewundern, das sich vor der Dorfkirche über steile Klippen und übers Meer bis hin nach Istrien eröffnet. Auch Gänsegeier sind hier häufig zu beobachten. In den wenigen, alten Steinhäuschen des Dorfes leben noch 40 Einwohner, die als Schafhirten oder aber in der Gastronomie in den zwei einfachen Konobas ein Auskommen finden.

*** Osor** Das von einer Stadtmauer eingefasste Osor am Durchstich zwischen den Inseln Cres und Lošinj zählte früher zu den bedeutendsten Städten der Kvarner Bucht. Von der einstigen Größe zeugen noch heute das alte Rathaus mit dem Stadtmuseum, der elegante Renaissancedom und die repräsentativen Palazzi der Altstadt. Skulpturen zeitgenössischer Künstler bilden auf den Plätzen einen spannenden Kontrast zu der musealen Kulisse.

In Valun überwiegen die leisen Töne.

Ganz schmal läuft die Riva Bucht im Hafen von Veli Lošinj aus.

**** Lošinj** Ursprünglich gehörten sie zusammen: Cres und Lošinj. Doch die Römer trennten sie durch einen elf Meter breiten Durchstich bei Osor. Fortan konnten Schiffe den kürzeren Weg durch den neuen Kavada-Kanal nehmen, statt Lošinj umfahren zu müssen. Doch die vielen Boote und Fischer mit Treibnetzen gefährden eine der letzten Delfinpopulationen der Adria. Die Tiere leben in den Gewässern zwischen Lošinj und der Halbinsel Punta Križa, die mittlerweile zum Unterwasserschutzgebiet erklärt wurden. Besucher können bei der lokalen Schutzorganisation Patenschaften für die Meeressäuger übernehmen. Auch den Pflanzenfreunden bietet die etwa 31 Kilometer lange Insel artenreiche Natur: dichte Wälder und exotische Pflanzen wie Bananen, Zitronen oder Eukalyptus, die Kapitäne aus fernen Ländern mitbrachten.

***** Mali Lošinj** Das »kleine« Lošinj bietet mit seiner tief eingeschnittenen Bucht Schiffen von alters her einen sicheren Hafen. Schon die Römer nutzten den Ankerplatz, der Schutz vor den heftigen Sturmböen der Bora wie auch des von Süden wehenden Jugo bietet. Einfahrende Boote kommen in den Genuss einer malerischen Kulisse: Häuser in Pastelltönen rahmen den Hafen ein, der weite Hauptplatz am Ende der Bucht empfängt Fremde mit offenen Armen und einer Vielzahl von Restaurants und Cafés. Am langen Kai liegen die typischen Lošinjer Segelschiffe, heute in motorisierter Form nachgebaut, auf denen Touristen Rundfahrten durch die Kvarner Bucht unternehmen können. Im restaurierten Kvarner Palast wurde ein eigenes Museum für den Apoxyomenos eingerichtet: Den 1,92 Meter großen, bronzenen Jüngling entdeckte ein Taucher in den Gewässern zwischen Lošinj und der Insel Vele Orjule in 45 Meter Tiefe. Er stammt aus der Zeit zwischen dem 2. und 1. Jahrhundert v. Chr. und gehörte wohl zur Fracht eines griechischen Handelsschiffes.

Schön lässt es sich nahe Veli Lošinj am Meer entlangwandern.

Die typischen Lošinjer Segelschiffe sorgen mit ihrer bunten Bemalung im Hafen von Mali Lošinj für bunte Akzente.

**** Veli Lošinj** Veli, das »große« Lošinj ist eigentlich das kleinere der beiden Inselstädtchen. Für die Seefahrt spielte Veli Lošinj eine wichtigere Rolle als der Nachbarhafen; seine Bucht ist noch tiefer und schmäler, sie gleicht einem Fjord. Ein Kirchlein und ein schön gelegener Friedhof begrüßen hier die Seefahrer bei der Einfahrt; und ebenso wie in Mali Lošinj breitet sich eine bezaubernd-bunte Hauskulisse vor den Ankömmlingen aus. Aus Veli Lošinj stammten viele berühmte Kapitäne, die sich nach einem Leben auf hoher See an der Bucht niederließen und herrschaftliche Häuser errichteten. Die Gärten bepflanzten sie mit Bäumen, die sie von ihren Reisen mitgebracht hatten – so erklärt sich die tropische Pflanzenfülle an der Bucht. Der Kirche St. Antonius ist reich mit Votivgaben geschmückt, die von der Rettung aus schwerer See berichten. Auch die repräsentativen Gräber auf dem Gottesacker zeugen vom früheren Wohlstand der Lošinjer Kapitänsfamilien. Nördlich vom Hafenbecken hat die Organisation Blue World ihren Sitz, die sich für den Schutz der Delfine engagiert.

Pfad der Delfine

Der Anblick der Adria-Delfine zählt zu den schönsten Naturerlebnissen in der Kvarner Bucht. Im Süden der Insel Lošinj gibt es ein neues Netz von Wanderwegen, den »Pfad der Delfine«. Auf dieser aussichtsreichen Küstenwanderung kann man das Meer um Lošinj überblicken. Und da die Großen Tümmler gern in Ufernähe auftauchen und spielen, stehen die Chancen gut, dass man hier auch eines der rund 150 Tiere erspäht, die sich Forschungen zufolge regelmäßig in diesem Teil der Adria aufhalten. Reizvoll umrundet der Weg an der Südspitze von Lošinj Bucht um Bucht, folgt den mit Trockenmauern abgegrenzten Feldern und durchquert üppig grüne Olivenhaine. Immer wieder eröffnen sich neue Ausblicke auf die reich gegliederte Küste und auf Nachbarinseln wie Ilovik. Höhepunkt ist natürlich die Sichtung der verspielten Meeressäuger.

Unterwegs in Lika-Senj

Zu den Natur-Highlights der dünn besiedelten Region gehören die Nationalparks Plitvicer Seen und Nördlicher Velebit. Eine der ältesten Städte an der oberen Adria ist Senj mit ihrer eindrucksvollen Uskoken-Festung. Bei Gospić kam der Erfinder Nikola Tesla zur Welt.

**** Senj** Dass sie ein hübsches historisches Zentrum besitzt, sieht man der Hafenstadt Senj auf den ersten Blick nicht an. Doch sie hat alte Wurzeln und spielte in der Verteidigung gegen die Türken eine wichtige Rolle. In der Altstadt sind sowohl Reste der Stadtmauer als auch schöne Palazzi erhalten. Als sei sie gerade erbaut worden, so perfekt erhalten wirkt die Festung Nehaj über der Stadt. Dabei geht sie auf das kriegerische 16. Jahrhundert zurück, als Ivan Lenković, Kommandant von Senj, sie zur Abwehr der Osmanen erbauen ließ. Mit ihren wuchtigen, mit Schießscharten bewehrten Mauern und vier vorkragenden Halbtürmen wirkt die Burg uneinnehmbar. Im 16. und 17. Jahrhundert war sie ein Stützpunkt der Uskoken, einer aus vielen Ethnien zusammengewürfelten Gemeinschaft von Menschen, die aus den osmanisch besetzten Gebieten nach Norden geflohen waren und vom Habsburger Reich zur Verteidigung der Militärgrenze eingesetzt wurden. Ein Museum in der Burg beleuchtet ihre Geschichte und Kultur.

***** Nationalpark Nördlicher Velebit** »Falls Sie einem Bären begegnen, verhalten Sie sich still. Versuchen Sie, einen großen Bogen um die Tiere zu machen.« Lust auf Abenteuer gehört bei Wanderungen im Velebitgebirge auf jeden Fall in den Rucksack. Auch wenn es nur selten zur Be-

Als Symbol uskokischen Kampfgeistes wacht die Festung Nehaj über Senj.

LIKA-SENJ
Fläche:
5353 km²
Bevölkerung:
50 927 Einwohner
Bevölkerungsdichte:
10 Einwohner/km²
Sprache:
Kroatisch
Verwaltungssitz:
Gospić
Spezialität:
Pecena janceka (gefüllte Lammkeule)

Auf dem Markt von Senj wird alles verkauft, was im fruchtbaren Umland gedeiht.

Speziell: die Kapelle der Burg von Sokolac.

gegnung mit einem Bären kommt: Der Warnhinweis am Parkeingang beschleunigt den Puls sicherlich, und die atemberaubende Landschaft trägt das ihre dazu bei. Große Teile der Berglandschaft sind noch unerschlossen und stehen unter Naturschutz. Wie der Sjeverni-Velebit-Nationalpark, der nördliche Teil der Gebirgskette, der auch einen botanischen Garten beheimatet. Schroff fallen die weißen Kalkfelsen zur Adriaküste hin ab, Gebirgsbäche sprudeln am Rand naturbelassener Pfade oder ergießen sich als Wasserfälle über das Gestein. In den mal dichten, mal lichten Wäldern leben Luchse und Bären ganz ungestört.

**** Burg Sokolac** Die Burg Sokolac steht auf einem Hügel im kroatischen Städtchen Brinje und gehört zu den bedeutendsten gotischen Baudenkmälern in Kroatien. Die Frankopanenfürsten errichteten sie im 14. und 15. Jahrhundert, mussten sie aber wegen der Bedrohung durch das osmanische Heer bald unter Habsburger Oberhoheit stellen. Mehrmals von Türken belagert, wurde die Feste nie eingenommen. Heute sind von der einst mächtigen Anlage nur noch der restaurierte Torturm und die ungewöhnliche gotische Marienkapelle erhalten. Mit ihrem zweigeschossigen Baukörper und der Krypta zählt sie zu den eigenwilligsten Sakralbauten Kroatiens. Eine Treppe führt ins obere Stockwerk zum gotischen Tor, das liturgischen Zwecken diente. Durch die Lage am Mauerring fungierte die Kapelle aber vor allem als Verteidigungsbau. Die Burg blieb lange dem Verfall preisgegeben und erlitt im 20. Jahrhundert durch ein Erdbeben und den Zweiten Weltkrieg schwere Schäden. Erst in jüngerer Zeit unternahm man Anstrengungen, das historische Bauensemble, vor allem aber die Kapelle, zu restaurieren.

Auch das wild lebende Bosnische Gebirgspferd ist im Velebit zu finden.

Veliki Loma im Nationalpark Nördlicher Velebit: ein guter Platz für Tierbeobachtungen.

Die Vielfalt der Karstformen macht den Nationalpark Nördlicher Velebit einzigartig.

Holzbrücken und Bohlenstege führen im Nationalpark Plitvicer Seen über die smaragdgrün leuchtenden Wasserflächen.

***** Nationalpark Plitvicer Seen** Ihre Entstehung verdankt die sich über rund acht Kilometer erstreckende Seenkette Kalkablagerungen und Bodeneinbrüchen. In Jahrtausenden hat der Kalksinter Barrieren und Dämme aufgeworfen, hinter denen sich das Wasser staut: Algen und Moose lassen die 16 großen Seen blau und grün schillern. Die eindrucksvollsten Wasserfälle mit einer Fallhöhe von bis zu 76 Metern finden sich im Bereich der vier unteren Seen. An deren Ende entsteht dann nach dem Zufluss der Plitvica die Korana.Die im Jahr 1949 zum Nationalpark erklärte Region am Fuß des Bergmassivs der Kleinen Kapela weist eine artenreiche Flora und Fauna auf. In den dichten Wäldern leben etwa 120 Vogelarten, daneben Hirsche, Wölfe und Braunbären. Berühmtheit erlangte die Region ab den 1960er-Jahren auch durch die Verfilmung zahlreicher Karl-May-Romane wie »Der Schatz im Silbersee« oder »Winnetou II« und »Winnetou III«. Als Kulisse für die zahlreichen Abenteuer rund um Winnetou und Old Shatterhand avancierte die einzigartige Karstlandschaft in Deutschland zu einem Sehnsuchtsziel ersten Ranges. Jeder wollte einmal vor diesen sterbensschönen Seekaskaden stehen, die durch fragile Travertin-Barrieren voneinander getrennt sind und sich wie eine steinerne Wassertreppe ineinander ergießen. Eingerahmt wird das

16 Seen fließen im Nationalpark über Wasserfälle und Kaskaden ineinander.

Auch die üppig grüne Vegetation ist sehenswert, besonders im Herbst.

Obwohl die Hänge dicht bewachsen sind, bahnt das Wasser sich trotzdem seinen Weg.

Wasserparadies von grünen Buchenwäldern, weißen Felsen, moosbewachsenen Steinen und Farngewucher. Bis heute hat die fantastische Landschaft nicht an Reiz verloren. Kein Wunder, dass die UNESCO das Gebiet 1979 als eines der ersten Naturdenkmäler in die Liste des Welterbes aufnahm. Allerdings kann es hier in den Sommermonaten turbulent zugehen, wenn ganze Busladungen von Besuchern die Naturschönheiten erkunden wollen.

In Karlobag schmiegen sich pastellfarbene Häuschen an den Fischerhafen, es gibt auch einen kleinen Strand.

**** Gospić** Die Stadt ist kulturelles Zentrum und Verwaltungssitz der Gespanschaft Lika-Senj. Im 13. Jahrhundert erstmals erwähnt, stand die Siedlung lange unter türkischer Herrschaft, wovon die Reste osmanischer Festungen zeugen. Die Grenzlage führte während der Balkankriege in den 1990er-Jahren wiederholt zum Beschuss von Gospić. Im wenige Kilometer entfernten Smiljan wurde 1856 der Erfinder Nikola Tesla geboren; ein multimediales Museum in seinem Elternhaus erinnert an den Wechselstrompionier. Gospić ist ein idealer Standort für Touren ins nördliche Velebit-Gebirge, das man auf dem Premužić-Höhenweg in mehreren Tagen durchwandern kann. Die aussichtsreiche Tour ist anspruchsvoll, aber lohnend. Die Velebit-Bären bekommen Wanderer unterwegs kaum zu Gesicht, wahrscheinlicher ist die Begegnung mit einer der hier lebenden Giftschlangen wie der Hornotter.

Gospić ist für sein schönes Umland bekannt.

**** Karlobag** Eine Lage wie gemalt: Hinter dem Badeort türmen sich die graugrünen Hänge des schroffen Velebit-Gebirges auf, ihm gegenüber und nur durch die Wasserstraße des Velebit-Kanals vom Festland getrennt, erheben sich die kahlen Bergrücken der Insel Pag aus der tiefblauen Adria. Die pastellfarbenen Altstadthäuser von Karlobag säumen eine kleine Halbinsel, an deren Südspitze die Ruine der Kirche des hl. Karl Borromäus an die Bombardements im Zweiten Weltkrieg erinnert: Von dem Gotteshaus aus dem 17. Jahrhundert stehen nur noch der Glockenturm und einige Mauerreste. Die Kiesbuchten in der Umgebung sind durch die hohen Berge vor den kalten Böen der Bora geschützt. Allerdings kann der Nordwind das Meer im Velebit-Kanal so aufpeitschen, dass es zu kochen scheint. Diese für Boote gefährliche Wetterlage tritt vor allem im Winterhalbjahr auf.

Nikola Tesla

Der Erfinder Nikola Tesla wurde 1856 in der Nähe der Stadt Gospić an der Militärgrenze des Habsburgerreiches geboren. Aus ärmlichen Verhältnissen stammend, scheint der junge Mann trotz seiner technischen Begabung weder ein Studium noch eine Ausbildung abgeschlossen zu haben. 1884 zog er nach New York und gründete ein Unternehmen, in dem er mehrere Patente anmeldete, wie das für die Bogenlampe. Den Durchbruch brachte die Erforschung der Wechselstromsysteme, auf denen viele weitere Erfindungen und Patente Teslas aufbauten. Er gilt als einer der Väter der Drehstrommaschine, wurde aber von seinen Geschäftspartnern mehrfach um seine Patente betrogen. Am Ende seines Erfinderlebens beschäftigte er sich mit Strahlenkanonen. 1943 starb Tesla 86-jährig in New York.

Die Silhouette von Gospić spiegelt sich im Wasser des Flusses Ličina.

Velebit-Gebirge

Wer nach langen Badetagen auch einmal das Hinterland erkunden möchte, der ist im Velebit-Gebirge richtig. Faszinierend sind das Bergpanorama und die reiche Flora und Fauna. Doch das Meer ist niemals weit: Immer wieder eröffnen sich bei Erkundungstouren fantastische Ausblicke auf die nahe Küste. Besonders schön ist die Stimmung bei Sonnenuntergang.

Dalmatien

Die sonnenreiche Region Dalmatien erstreckt sich von der Metropole Zadar etwa 400 Kilometer weit über Split in Richtung Süden, bis kurz hinter Dubrovnik, das auch gern als »Perle der Adria« bezeichnet wird. Unzählige Inseln und Halbinseln, malerische Strände und zahlreiche Kunstschätze in pittoresken Orten machen Dalmatien zum Urlaubsparadies. Bild: Uferpromenade von Korčula-Stadt.

Unterwegs in Zadar

Zur Region Zadar gehören der nördlichste Teil Dalmatiens rund um die gleichnamige Hafenstadt und mehrere vorgelagerte Inseln wie Pag, Pašman, Ugljan und Dugi Otok. Der Paklenica-Nationalpark zieht Kletterer an, der Vraner See Angler und Vogelbeobachter.

Pag-Stadt gelangte im 15. Jahrhundert durch Salz zu Wohlstand, das noch heute in der flachen Lagune gewonnen wird.

***** Pag** Die etwa 70 Kilometer lange Insel, deren Südspitze an Dalmatien andockt, ist für zwei Dinge bekannt. Erstens: Pager Spitze (»Paške čipke«). Spinnwebfeine Deckchen liegen fast überall an den Hauseingängen in den Gassen der Altstadt von Pag, die 1483 von Juraj Dalmatinac am Reißbrett entworfen und planmäßig angelegt wurde. Meist fertigen ältere Frauen die Kunstwerke an, die nicht geklöppelt oder gestickt, sondern auf einem Kissen genäht werden. Die Fertigstellung eines einzigen Stückes kann Wochen dauern. Es sind allesamt Unikate, manche bestehen aus bis zu 500 000 Nadelstichen und kosten mehrere tausend Euro. Für diese Spitzen ist Pag seit dem 15. Jahrhundert berühmt, sie wurden schon bei internationalen Ausstellungen gekürt. Zweitens: Pager Käse. Der »Paški sir« besteht aus reiner Schafsmilch und besticht durch sein salziges Aroma. Zu verdanken ist dieses der Bora, die über die Weiden weht. Der böige, starke Fallwind, der typisch für Kroatien ist, bringt Salz vom Meer mit. Auch das Fleisch der Schafe schmeckt deshalb entsprechend würzig.

*** Novalja** Der beliebte Badeort auf der Insel Pag hat römische Wurzeln. Das unterirdisch angelegte Aquädukt, das Novalja damals mit Wasser versorgte, endet heute im Untergeschoss des städtischen Museums. Doch nicht dieses originelle »Exponat«, sondern die wilden Sommerpartys am Zrće-Strand haben Novalja berühmt gemacht. Der Ort wurde in den 2000er-Jahren von der um die Welt tourenden Partyszene entdeckt. Die Zagreber Diskothek Aquarius begann damals, im Sommer eine Dependance in Novalja zu eröffnen. Weitere Clubs folg-

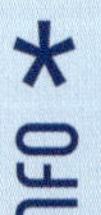

ZADAR
Fläche:
3646 km²
Bevölkerung:
170 017 Einwohner
Bevölkerungsdichte:
47 Einwohner/km²
Sprache:
Kroatisch
Verwaltungssitz:
Zadar
Spezialität:
Thunfisch

Die Manita-Peć-Höhle im Paklenica-Nationalpark ist reich an Tropfsteinformationen.

Karstig, schroff und unzugänglich: der von tiefen Schluchten durchzogene Paklenica-Nationalpark.

ten, und schon bald schaufelten Reiseveranstalter Busladungen feierwütiger Jugendlicher aus ganz Europa auf die friedliche Insel Pag, die sich von Juni bis September in ein Tollhaus verwandelt. In der übrigen Zeit ist die Stimmung entspannt, wenn nicht sogar schläfrig.

***** Paklenica-Nationalpark** Ein verschwitzter, muskulöser Oberkörper glänzt in der Sonne. Sehnige Hände suchen Halt im grauen Fels, die Haken am Klettergurt klimpern leise. Wie Spiderman krallt sich ein Sportkletterer in das überhängende Gestein. Karstig, mit kantigen Nasen und aschgrauen Häuptern recken sich die Gipfel des Paklenica-Nationalparks in den Himmel. Zwei Schluchten, die Velika (Große) und Mala (Kleine) Paklenica durchschneiden hier den Felsriegel des Velebit und gewähren Zugang zu dieser unwirtlichen Gebirgsregion. Bis zu 700 Meter hohe Steilwände, Grotten, Höhlen und bizarre Felsformationen prägen das Bild. Teils sind die Hänge mit Pinien bewachsen. Die zerklüftete Felslandschaft zieht nicht nur Kletterer aus der ganzen Welt an, sie garantiert auch Wanderern unvergessliche Naturerlebnisse. Danach belohnt ein Bad im nahen Meer für die sportlichen Anstrengungen.

**** Nin** In der Vergangenheit Königsstadt und Bischofssitz, gilt Nin als Wiege der Nation und Keimzelle des kroatischen Christentums. Davon zeugen einige historische Gotteshäuser. Die Heiligkreuzkirche aus dem 9. Jahrhundert ist die älteste Kirche des Landes und zugleich die kleinste Kathedrale der Welt. Der weiße Bau mit den drei Apsiden diente auch als Sonnenuhr und Kalender. Nins Vergangenheit reicht aber noch viel weiter zurück als ins Mittelalter: Erst siedelten hier die Liburner, dann die Römer. Sie tauften den einst wichtigen Hafen in Aenona um und errichteten einen Tempel, dessen Ruine noch heute zu sehen ist. Im Spätmittelalter zerstörten die Türken die Stadt. Um sich zu schützen, hoben die Bewohner einen Kanal aus – und Nins Altstadt wurde zur Insel. Zwei Steinbrücken verbinden sie mit dem Festland. Rings um Nin gibt es schöne Sandstrände. In großen Becken vor der Stadt wird Salz gewonnen, worüber ein Museum informiert. Nin ist auch bekannt für seine salzhaltige Luft und den Heilschlamm, der bei Rheuma-Therapien eingesetzt wird.

Eigenwillige Mischung aus Kirche und Wehranlage: St. Nikolaus bei Nin.

Auf der Maslenica-Brücke gibt es auch eine Absprungplattform für Bungee-Jumping.

Die Altstadt von Novigrad liegt wunderschön an einer fjordähnlichen Meeresbucht.

Die Krupa ist nur 17 Kilometer lang, an ihrem Lauf reihen sich aber 19 Wasserfälle.

**** Maslenica-Brücke** Die Brücke über den nur 150 Meter breiten Kanal zwischen der Adria und der Novigradsko more genannten, tief ins Land greifenden Bucht wurde 1961 errichtet, um die Verkehrsverbindungen zwischen dem nördlichen Kroatien und dem Umland der Hafenstadt Zadar zu verbessern. Mit 314 Metern Länge, einer Bogenspanne von 155 und einer Bogenhöhe von 55 Metern zählte sie zu den ambitioniertesten Bauprojekten des früheren Jugoslawien. In den Auseinandersetzungen der Balkankriege wurde das strategisch bedeutende Bauwerk 1991 zerstört. Obwohl nach der Unabhängigkeit Kroatiens weiter nördlich eine neue Autobahnbrücke über die Meerenge geschlagen wurde, verlangte die Bevölkerung, die keine Maut zahlen wollte, ihre alte Maslenica-Brücke zurück. Weil die neue Brücke stärker der Bora ausgesetzt ist und deshalb immer wieder gesperrt werden muss, entschied man sich schließlich für den Wiederaufbau. 2005 wurde die rekonstruierte Maslenica-Brücke für den Verkehr freigegeben.

**** Fluss und Kloster Krupa** Mit nur sieben Kilometern Länge zählt die Krupa, ein Nebenfluss der Zrmanja, zu den kürzesten Flüssen Kroatiens. Wie die Zrmanja hat sie ihren Lauf tief in die Berglandschaft des südlichen Velebit eingegraben, springt über Felsstufen und bildet insgesamt 19 Wasserfälle. Die Menschen nutzten ihre Wasserkraft, um Mühlen anzutreiben – eine davon, die Urošev mlin, ist bis heute erhalten. Ebenso wie die Ruine eines der ältesten orthodoxen Klöster Kroatiens: Errichtet wurde das Kloster Krupa im Jahr 1317 von Mönchen aus dem serbischen Teil Bosniens. Im 17. Jahrhundert fertigte der Mönch Georgije Mitrofanović die wunderbaren Fresken an, die trotz wiederholter Zerstörung – im Zweiten Weltkrieg durch die kroatische Ustascha, in den Balkankriegen durch kroatische Kräfte – nichts von ihrer Strahlkraft verloren haben.

**** Novigrad** Hoch oben auf dem Hügel die venezianische Festungsruine, unten an seinem Fuß zwischen Fels und Wasser geschmiegt das Städtchen Novigrad. Eine malerischere Lage lässt sich kaum denken, und so zählt Novigrad zu den beliebtesten Ferienorten des nördlichen Dalmatiens. Vor allem Familien schätzen den Ort wegen seiner flachen Kiesstrände und des ruhigen Meeres. Die Bucht Novigradsko more wird von Strömungen und Winden, die die offene Adria aufwühlen, kaum berührt. Historisch reichen die Wurzeln der »neuen Stadt« bis in die Bronzezeit zurück. Die Römer errichteten hier ihr Castrum Novum. Im 16. Jahrhundert erhielt Novigrad einen Gesetzeskodex, der bis heute im Volkskundemuseum in Zadar aufbewahrt wird. In den schmalen Gassen scheint die Zeit stillzustehen. Die der heiligen Katharina geweihte Friedhofskirche bewahrt im Inneren zwei Chorschranken aus dem 10. Jahrhundert, geschmückt mit Flechtbandornamenten und Vögeln.

Ein Zentrum der Orthodoxie in Kroatien: Kloster Krupa.

Novigrad entstand auf den Resten einer Festung.

Zrmanja-Schlucht

Der nur knapp 70 Kilometer lange Karstfluss Zrmanja lässt sich am besten vom Boot aus erleben. Von seiner Quelle im südlichen Velebit bis zur Mündung ins Meer bei Obrovac durchfließt er einen tief eingeschnittenen Canyon mit steilen Wänden, der Freunden der »Karl May«-Verfilmungen bekannt vorkommen dürfte. Er war einer der wichtigsten Drehorte für die Abenteuer von Winnetou und Old Shatterhand, oberhalb der Schlucht lag das Apachendorf. Die besondere Farbe verdankt die Zrmanja dem hellen Kalkstein. Badeurlauber erkunden den Fluss bei Bootsausflügen von der Küste aus, bei Aktivurlaubern sind Kanu- und Raftingtouren im reißenden, von Felsstufen geprägten Oberlauf beliebt.

Die antike Säule auf dem Forum Romanum wurde im Mittelalter als Schandpfahl genutzt.

***** Zadar** »Zadar hat den schönsten Sonnenuntergang der Welt«, soll Alfred Hitchcock einst geschwärmt haben. Recht hatte er! Wenn sich die Sonne abends am Horizont verabschiedet, mischt sie den himmlischen Tuschkasten mit bombastischem Rot und Orange auf. Ein Farbspektakel, als wenn es kein Morgen gäbe. Die passende musikalische Begleitung liefert die weltweit einzige Meeresorgel beim Fähranleger. Direkt daneben zieht der »Gruß an die Sonne« die Aufmerksamkeit auf sich, eine Installation, die tagsüber Sonnenenergie sammelt und abends Lichtpunkte tanzen lässt. Der Architekt Nikola Bašić hat beide Werke entworfen. Zadar hat aber nicht nur Modernes zu bieten. Die Altstadt liegt auf einer Landzunge, auf der sich sehenswerte historisch-architektonische Schmuckstücke wie Perlen auf einer Schnur aneinanderreihen: alte Stadttore, das römische Forum, venezianische Paläste und bedeutende Kirchen mit wertvollen Kunstschätzen. Die älteste und ungewöhnlichste ist sicherlich St. Donatus aus dem 9. Jahrhundert. Das 26 Meter hohe, zylindrische Gebäude wirkt abweisend und wehrhaft. Römische Säulen und Kapitelle schmücken das Innere – sie stammen teils von Bauten des römischen Forums gleich nebenan. Die Kirche ist kein Gotteshaus mehr, sie wird heute hauptsächlich für Konzerte genutzt. Zadars Kathedrale St. Anastasia wendet ihre romanische Fassade vom Forum ab und der Altstadt zu, ihr Inneres birgt ein reich geschnitztes Chorgestühl. Vom Glockenturm

Von seiner schönsten Seite zeigt sich Zadar bei Sonnenuntergang.

Spitze: Souvenirstand in der Altstadt.

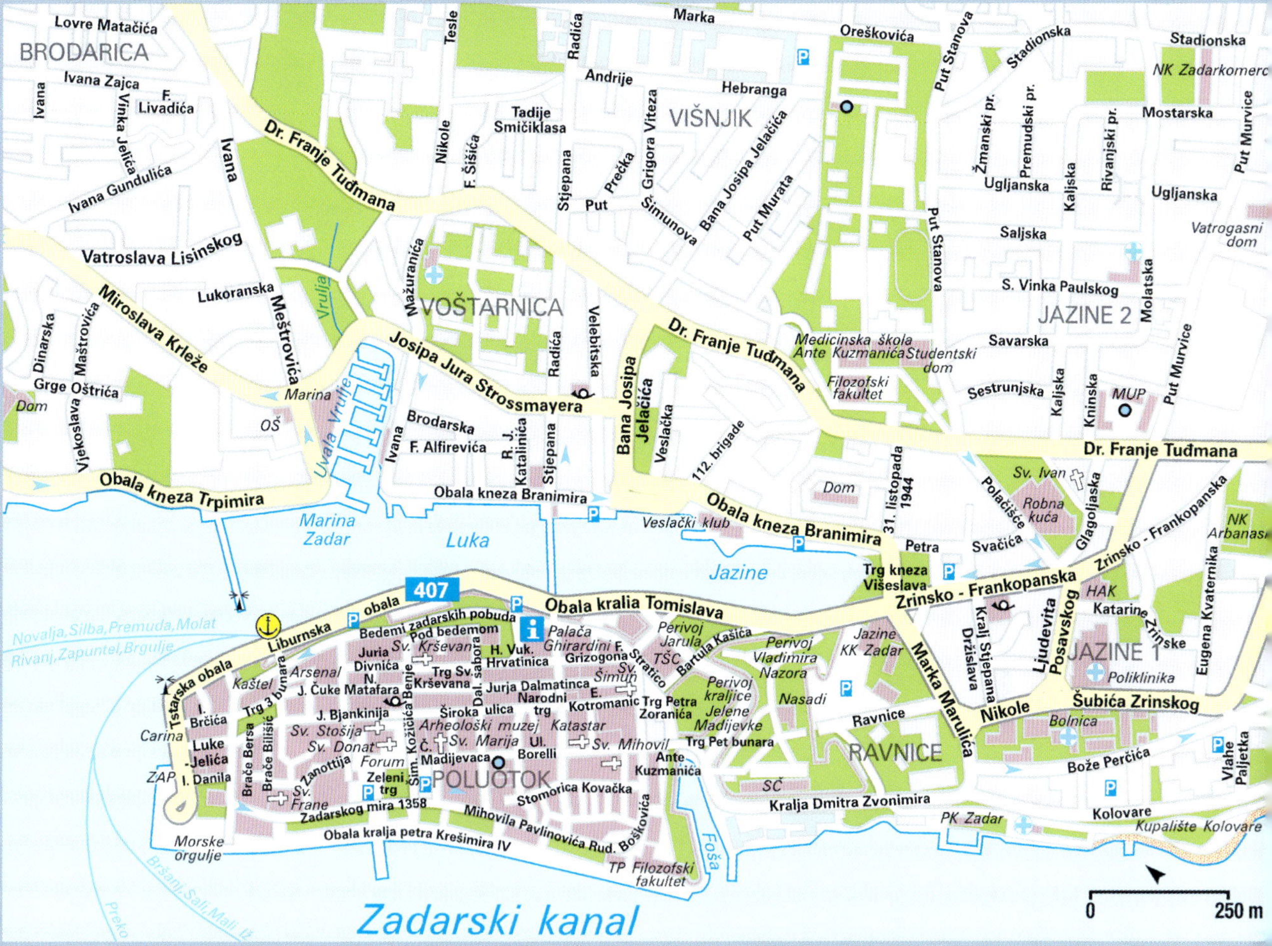

bieten sich schöne Ausblicke. Beim Bummel durch die geradlinig verlaufenden und kreuzenden Gassen sind nette Cafés und Restaurants zu entdecken. Mächtige Mauern und Tore schirmen das alte Zadar zum Hafenbecken hin ab, an dem eine Ruderbootfähre Passagiere von der Altstadt zu den neueren Vierteln übersetzt.

Himmelhoch: die Kuppel von St. Donatus.

Städtischer Markt

Rot leuchten die Tomaten. Das intensive Grün der Gurken und die gelben Aprikosen bilden den Kontrast. Blaue Pflaumen warten neben orangefarbenen Nektarinen auf Käufer. Der Duft von Rosmarin und Salbei durchzieht die Gänge. Feigen und Knoblauchknollen schaukeln an Schnuren von einem Balken. Marktfrauen bieten Besuchern klein geschnittenes Obst zum Probieren an. Hinter einem alten Tor präsentieren Fischhändler Neptuns Schätze: Die Fische sind so frisch, dass sie fast aus den Körben hüpfen. Geschäftig und blitzschnell filetiert ein Händler eine mächtige Goldbrasse. Einen Stand weiter ruhen dicke, schwarze Oliven in einer bauchigen Flasche. Eine Bäuerin reicht ein Gläschen feinstes Olivenöl. Der Markt von Zadar ist ein Fest für den Magen und für alle Sinne.

Zadar: »Gruß an die Sonne«

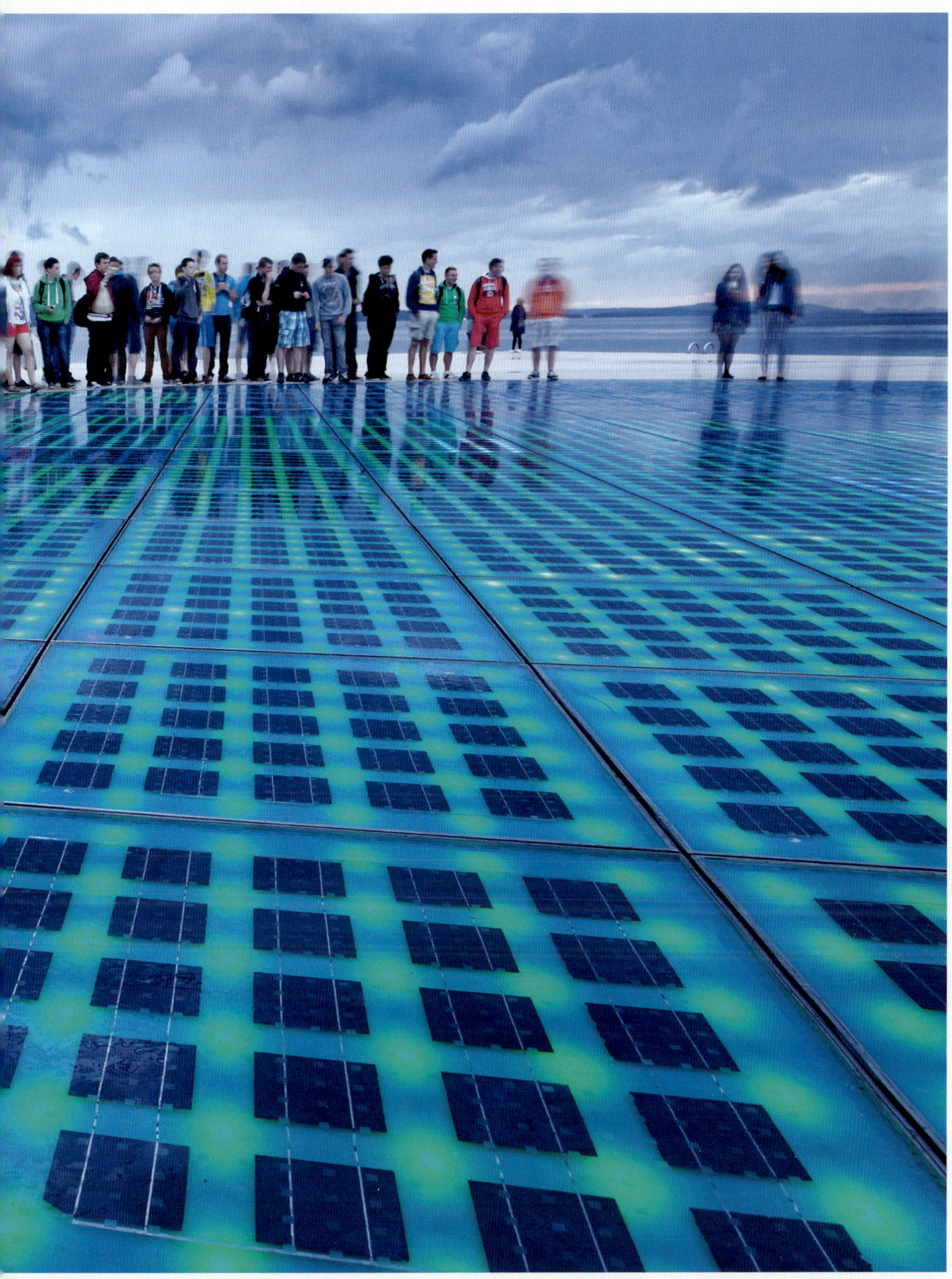

Der »Gruß an die Sonne« auf Zadars Uferpromenade besteht aus Hunderten von mehrschichtigen Glasplatten, die auf einer Ebene mit dem Pflaster kreisförmig angeordnet sind. Beginnt die Sonne unterzugehen, setzen die Lichter auf der kreisrunden Fläche zum abwechslungsreichen Tanz an. Scheinbar unregelmäßig flackern sie auf und sorgen für ein einzigartiges Farbspektakel.

Zadar: Kathedrale St. Anastasia

Zadars romanische Kathedrale wurde in mehreren Anläufen erbaut, ihre Ursprünge reichen ins 4. und 5. Jahrhundert zurück. Das Innere beeindruckt durch figurenreiche Marmoraltäre und das reich geschnitzte Chorgestühl, das ab 1432 entstand. Neben dem Kirchenschiff ragt der mächtige, 56 Meter hohe Campanile auf, an dem fünf Jahrhunderte lang gebaut wurde.

Biograd na Moru ist Ausgangspunkt für Bootsausflüge ins Insellabyrinth der Kornaten.

**** Biograd na Moru** Ganz im Zeichen des Badetourismus steht Biograd na Moru, Mittelpunkt der Riviera von Zadar. Hotels, Apartmenthäuser und Campingplätze säumen die buchtenreiche Küste; dichte Pinienwäldchen und Palmen entlang der Promenaden spenden wohltuenden Schatten. Auch das Panorama ist hübsch: Biograd gegenüber liegt die Insel Pašman und scheint nur einen Steinwurf bzw. eine kurze Fährpassage entfernt. Doch die »weiße Stadt am Meer« ist weit mehr als nur ein Ferienzentrum. Die vielen historischen Kirchen in der Altstadt erzählen von der großen Vergangenheit des Städtchens, das einst als kroatischer Königssitz fungierte. 1102 wurde hier König Koloman gekrönt, der Kroatien und Ungarn zu einem Reich vereinte. Die wachsende Macht der kroatischen Herrscher erschien Venedig so bedrohlich, dass sie Biograd 1125 angriffen und große Zerstörungen anrichteten. Doch erst 1409 gelang es der Seerepublik, die Stadt zu erobern. Das sehenswerte Stadtmuseum zeigt Fundstücke aus der Ladung eines gesunkenen venezianischen Handelsschiffs.

***** Vraner See** Der unter Naturschutz stehende, smaragdgrüne Vransko jezero ist der größte natürliche See Kroatiens. Nur ein

Das alte Fischerdorf Pakoštane liegt zwischen Meer und Vraner See.

Am Schilfufer des Vraner Sees erstreckt

schmaler Landstreifen trennt ihn vom Meer, mit dem er durch unterirdische Kanäle verbunden ist. So hat sein Wasser einen jahreszeitlich schwankenden, aber deutlichen Salzgehalt, den zahlreiche salzliebende Pflanzen und Tiere schätzen. Das Reservat an seiner Nordspitze beheimatet vor allem seltene Vögel. Von Beobachtungsposten sind Reiher, Teichhühner, Enten, Eisvögel und Rosaflamingos zu beobachten, aber auch Falken und die namengebenden Krähen – der Rabenvogel heißt auf Kroatisch »vrana«. Im Wasser tummeln sich sowohl Meeres- als auch Süßwasserfische. Zu den autochthonen Arten zählen Aale und Schleimfische, dazu gesellen sich Welse und zahlreiche Karpfenarten. Im Dorf Vrana hat sich eine architektonische Rarität erhalten: Der Mašković Han ist eine osmanische Karawanserei aus dem 17. Jahrhundert.

sich ein Vogelschutzgebiet.

Asseria

Unweit von Benkovac im Hinterland von Zadar liegen die Ruinen der Liburnierstadt Asseria, die ab dem 5. Jahrhundert v. Chr. ein blühendes Gemeinwesen war. Im 1. Jahrhundert eroberten die Römer Küste und Hinterland, setzten in Asseria eine Militärgarnison ein und erweiterten die Stadt nach römischem Vorbild um ein Forum und rechtwinkelig kreuzende Hauptachsen. Um das 2./3. Jahrhundert hatte sich Asseria zu einem lebhaften Handelszentrum entwickelt und erhielt unter Kaiser Claudius den Status eines Municipiums. Ein Triumphbogen und Reste des Forums sind Zeugnisse der römischen Präsenz; von den Liburniern sind Teile der aus Steinquadern errichteten Stadtmauer erhalten, die mit bis zu sieben Metern Höhe und 3,2 Metern Dicke imposant wirkt.

**** Pašman** Die beiden Inseln Pašman und Ugljan liegen wie ein Riegel vor der Riviera von Zadar und schützen die Küste vor Wellen und Strömungen der offenen See. Das ursprünglich zusammenhängende, langgezogene Eiland wurde 1883 mittels Durchstich geteilt, um den Schiffsverkehr von und nach Zadar zu erleichtern. Eine Brücke über diesen Kanal verbindet die beiden Schwestern. Pašman ist ruhiger, auch dünner besiedelt. Waldreiche Abschnitte wechseln sich mit karger Karstlandschaft ab; viele Buchten sind nur zu Fuß oder per Boot erreichbar. Oberhalb des Hafenortes Tkon thront auf dem Ćokovac-Hügel das Benediktinerkloster St. Cosmas und Damian, das im 12. Jahrhundert anstelle eines frühchristlichen Gotteshauses erbaut wurde. Im Örtchen Kraj, das zwei sehr schöne Strände besitzt, haben sich im Laufe des 14. Jahrhunderts Franziskaner niedergelassen. Entspannen, sonnenbaden, schwimmen – viel mehr gibt es auf dem beschaulichen Pašman nicht zu tun.

Von Ugljan blickt die moderne Poseidon-Statue hinaus aufs Meer.

Im Inselort Pašman mit seinem kleinen Hafen geht es noch beschaulich zu.

**** Ugljan** Wie auf Pašman ist auch auf Ugljan vor allem die dem Festland zugewandte Ostküste besiedelt; nach Südwesten türmt sich Steilküste mit zahlreichen schwer zugänglichen Buchten auf. Der Name der Insel leitet sich vom kroatischen »ulje« für Öl ab. Olivenhaine prägen das Bild vor allem entlang der flachen und fruchtbaren Ostküste, und deren Öl gilt im Zadarer Raum als Delikatesse. Rund um den touristischen Hauptort Kukljica laden Kies- und Sandstrände zu einem erfrischenden Sprung ins klare Meer. Das Franziskanerkloster auf der winzigen Insel Galevac und die Ruine der Festung St. Michael prägen Ugljans lebhaften Hauptort Preko. Bei Muline im Norden der Insel sind römische Spuren zu erforschen: die Ruinen eines Landsitzes, einer Villa Rustica, und die Überreste einer antiken Ölpresse. Am 5. August, dem höchsten Feiertag, überführen die Inselbewohner eine Marienstatue von der Insel Pašman in feierlicher Bootsprozession in die Kirche von Kukljica.

Steinhaus an der Panoramastraße von Pašman, die alle Inselorte miteinander verbindet.

Rund um Kali auf Ugljan gibt es zauberhafte Buchten, umgeben von viel Grün.

Der Südosten von Dugi Otok steht als Naturpark Telašćica unter Schutz. Hier trifft man auf eine spektakuläre Klippenlandschaft.

****Dugi Otok** Wie ein Aal liegt Dugi Otok, die »lange Insel«, am Rand des Archipels von Zadar. Der Name passt, denn Dugi Otok ist 43 Kilometer lang und maximal fünf Kilometer breit. Wer hier Nightlife, trendige Restaurants und schicke Shops sucht, der ist fehl am Platz. Dafür ist Kroatiens längste Insel ein Dorado für Taucher. Das Wasser leuchtet blau, golden oder smaragdgrün, die Licht- und Schattenspiele in den Kaminen, Höhlen und Grotten haben ihre eigene Dramaturgie. Seepferdchen, gescheckte Leopardenschnecken und Oktopusse verfolgen die eleganten Bewegungen der Taucher. Beliebt, aber auch etwas gruselig sind Tauchgänge in die alten U-Boot-Stollen im Norden der Insel. Wieder aus dem Wasser aufgetaucht, kann man in kleinen umliegenden Fischerdörfern die lokalen Spezialitäten genießen. Sali ist der Hauptort der Insel, der Tourismus konzentriert sich auf Božava nahe der traumhaften, südseeblauen Sakurun-Bucht. Vom hübschen Veli Rat lohnt ein Ausflug zum Leuchtturm Punta Bjanca am Nordkap der Insel.

*****Naturpark Telašćica** Der südöstliche Teil der Insel steht als Naturpark Telašćica unter Schutz. Hier trifft man auf ein einzigartiges Landschaftsbild aus steilen Klippen und kleinen Inselchen. Der Park umfasst Felsküste, versteckte, einmalig schöne Buchten, üppige Wälder, Weingärten und Olivenhaine. Winzige, unbewohnte Eilande liegen wie hingetupft im azurblauen Meer. Olivenbäume wiegen ihre Zweige im Wind und im Hintergrund bildet eine zerklüftete Steilküste eine grandiose Kulisse. Wie eine riesige Skulptur ragt das Kliff Grpašćak an der Westküste 146 Meter aus den Wellen. Die beste Art, den Naturpark Telašćica zu erkunden, ist eine Tour mit dem Boot. Die namensgebende Bucht Luka Telašćica zerteilt den Südosten der Insel Dugi Otok und bildet den bestgeschützten Naturhafen der Adria. Eine Besonderheit ist der smaragdgrüne Salzsee Mir im Südwesten. Nur ein schmaler Grat trennt das Gewässer vom Meer, sodass Salzwasser unterirdisch zufließen kann. Ein Bad ist himmlisch, das Wasser ist schön warm und seine Mineralien machen die Haut zart. Doch Vorsicht: Im Park leben halbwilde Esel, die in Taschen gerne nach Süßigkeiten suchen.

Neugierige Esel auf der Suche nach Essbarem.

Die Telašćica-Bucht ist einer der am besten geschützten Naturhäfen der Adria.

Kapelle im Inselhauptort Sali.

Im Leuchtturm bei Veli Rat können zwei Apartments gemietet werden.

Unterwegs in Šibenik-Knin

Im Krka-Nationalpark spielt Wasser die Hauptrolle, auch das orthodoxe Krka-Kloster ist sehenswert. Die Stadt Šibenik besitzt mit der Kathedrale St. Jakob eine UNESCO-Welterbestätte. Und die Kornaten sind eines der schönsten Segelreviere Europas.

Das einstige Fischerdorf Vodice wird auch als »kroatisches St.-Tropez« bezeichnet.

***** Nationalpark Kornaten** Touristen, die shoppen, feiern oder Handyempfang haben wollen, sollten die Kornaten, die auch als »Robinson-Inseln« bekannt sind, nach Möglichkeit meiden. Der Nationalpark Kornaten mit seinen 89 zumeist unbewohnten Inseln, Inselchen, Klippen und Riffen erstreckt sich zwischen Dugi Otok und Zirje. Er ist ein Paradies für Naturliebhaber, Segler und Taucher. Im glasklaren Wasser flitzen bunte Fische, tummeln sich Tintenfische, Muränen und kleine Haie zum Greifen nah, sogar Korallen haben sich angesiedelt. Wie eine Mondlandschaft glänzen die felsigen, nackten Eilande in der Sonne. Das war nicht immer so: Einst bedeckten Wälder die Kornaten, doch dann kamen die Römer und holzten alles ab, um ihre Flotte zu bauen.

ŠIBENIK-KNIN
Fläche:
2984 km²
Bevölkerung:
109 375 Einwohner
Bevölkerungsdichte:
37 Einwohner/km²
Sprache:
Kroatisch
Verwaltungssitz:
Šibenik
Spezialität:
Miesmuscheln, schwarzes Risotto

Eingang zum Nationalpark Kornaten: der Hafen von Murter.

Die Inselwelt der Kornaten ist ein Sehnsuchtsziel für Segler aus aller Welt.

Der Boden verkarstete, sodass Versuche der Bauern, Obst und Oliven anzubauen, oft erfolglos blieben. Die größten Eilande sind neben der Hauptinsel Kornat Kurba Vela, Lavsa, Levrnaka und Piskera.

**** Murter** Der Nationalpark Kornaten zählt zu den schönsten Segelrevieren der Adria. Ausgangspunkt für Bootstouren ist die dem Festland direkt vorgelagerte und über eine Klappbrücke mit ihm verbundene Insel Murter. Das hat Tradition, denn früher besaßen die Inselbewohner Äcker und Weideland auf den Kornaten und unterhielten entsprechend Boote, mit denen sie zur Feldarbeit übersetzten. Viele traditionelle Steinhäuser sind folglich zum Meer hin gebaut und verfügen über eine private Anlegestelle. Besiedelt war das Eiland bereits in der Bronzezeit, Ruinen auf dem Gradina-Hügel gehören zu einer illyrischen Siedlung. Von oben eröffnet sich ein toller Panoramablick auf die mit Felseilanden gesprenkelte See. Auch wenn die Landwirtschaft zugunsten des Tourismus zurückgegangen ist, pflegen die Leute von Murter nach wie vor ihre Olivenhaine auf den Inseln oder bringen die Schafe dorthin zur Sommerweide. Viele der alten Inselhäuschen werden heute an Touristen vermietet.

*** Vodice** Vodice ist das Urlaubs- und Party-Mekka Norddalmatiens. Die touristische Erschließung des kleinen Fischerortes wurde durch die schönen Kiesstrände befördert. Heute ist hinter all den Hotel- und Apartmentneubauten vom historischen Ortskern kaum noch etwas zu sehen. Nur der Ćorić-Turm aus dem 15. Jahrhundert erinnert daran, dass die feierfreudige Stadt durchaus kriegerische Zeiten kannte und sich unter anderem der Osmanen erwehren musste. Heute erlebt Vodice eine andere Art von Invasion. Der Nachtclub »Hacienda«, eine Art mexikanische Ranch, ist weit über Kroatiens Grenzen berühmt. Junge Leute aus allen Ecken Europas machen hier die Nacht zum Tag. Nicht alle Einwohner und Feriengäste freuen sich über den Ansturm der Party-People. Interessant ist der Neubau der Kirche Unserer Lieben Frau vom Berg Karmel – ein Werk von Nikola Bašić, der auch die Meeresorgel und den »Gruß an die Sonne« in Zadar schuf.

Steingässchen prägen Murters Altstadt.

**** Šibenik** Venedig lässt grüßen – nur ohne Massentourismus, Taubenplage und singende Gondolieri. Zahlreiche venezianische Prachtbauten aus dem 15. Jahrhundert, darunter die Kathedrale St. Jakob, erinnern an die Herrschaft der Dogenrepublik und verleihen der Stadt italienisches Flair. Besucher sollten unbedingt feste Schuhe anziehen, denn die in den Hang gebaute Stadt besitzt die meisten Treppen Kroatiens. Und die sind steil! Hat man alle Stufen nach oben erklommen, wartet auf einem Hügel die St.-Anna-Festung (auch St.-Michaels-Festung genannt), die stolz über der Stadt thront – sie wurde zur Abwehr der Osmanen erbaut. Von hier bieten sich schöne Ausblicke über die Altstadt und den engen Meereskanal, besonders bei Sonnenuntergang. Wenn die Füße schmerzen und sich der Hunger meldet, besucht man am besten eines der vielen Restaurants. Unbedingt versuchen sollte man »Brudet«, einen pikant gewürzten Meeresfrüchte-Eintopf. Im Sommer erklingen überall auf den Plätzen der Altstadt Lieder und Melodien, dann unterhalten Musikgruppen die Gäste mit ihrem traditionellen polyphonen Gesang, dem »Klapa«. Šibenik ist ein guter Ausgangspunkt für Exkursionen in den Krka-Nationalpark und für Bootsausflüge in die Inselwelt der Kornaten. Baden kann man am besten auf der nahe gelegenen Landzunge Solaris, die mit schönen Kiesstränden und einer guten Infrastruktur lockt.

***** Kathedrale St. Jakob** Die strahlend weiße Kirche St. Jakob überragt alle Gebäude und ist das Wahrzeichen der Stadt. Der Bau war ein Kraftakt, nicht nur in finanzieller Hinsicht. Mehr als 100 Jahre sollte die Bauzeit insgesamt betragen. 1298 erhielt Šibenik einen eigenen Bischof, der eine seinem Rang angemessene Kirche benötigte, größer und schöner als die der Nachbarn sollte das Gotteshaus werden. Aber wie das so ist, der Baubeginn wurde immer wieder verschoben, bis ins Jahr 1431. Da hatten schon die Venezianer das Sagen. Diverse venezianische Architekten und der dalmatische Baumeister Juraj Dalmatinac machten sich an die Gestaltung und schufen ein Meisterwerk, dessen italienische Väter sich nicht verleugnen lassen. Genial ist die Dachkonstruktion der Kathedrale, die ganz ohne Mörtel oder ein anderes Bindemittel auskommt. Die länglichen Marmorplatten sind so kunstvoll miteinander verzahnt, dass sie sich gegenseitig stützen.

Die Altstadt von Šibenik zieht sich einen Hügel hinauf, den die Festung St. Anna krönt.

Die Kathedrale von Šibenik gilt als Meisterwerk dalmatinischer Steinmetzkunst.

St. Jakob gehört seit dem Jahr 2000 zum UNESCO-Weltkulturerbe.

Der Bischofspalast am Platz der Republik wurde aufwendig renoviert.

Schön verzierte Eingangstüren in der Altstadt von Šibenik.

Über 17 Stufen stürzt sich der Skradinski-Wasserfall in einen See, in dem man auch baden kann.

**** Skradin** Die hübsche Kleinstadt am Mündungsarm des Flusses Krka ist ein guter Ausgangspunkt für Boots- oder Wandertouren in den Krka-Nationalpark. Historisch war Skradin stets ein Zankapfel zwischen den Großmächten auf der Balkan-Halbinsel. Osmanen, Venezianer und Franzosen herrrschten über die Stadt, bevor sie an Österreich-Ungarn fiel. Schmale Gassen mäandern durchs hübsche, venezianisch geprägte Zentrum, das die schroffen Hänge des Küstengebirges überragen. Hoch oben thronen die Überreste einer Burg aus dem 13. Jahrhundert. Wenige Kilometer westlich der Stadt überspannt die imposante Krka-Brücke in 52 Metern Höhe den Fluss. Das 2005 eröffnete Bauwerk aus Stahlbeton ist 391 Meter lang und hat eine Bogenweite von 204 Metern. Von Skradin aus starten Bootstouren in den Krka-Nationalpark, die gleich zu Beginn die eindrucksvollste Kaskade passieren, den Skradinski buk.

***** Krka-Nationalpark** Brodelnd und schäumend stürzen sich die Wassermassen des Flusses Krka in die Tiefe. Dutzende große und kleine Wasserfälle, zahlreiche Kaskaden und Stromschnellen sind die Hauptattraktionen des Krka-Nationalparks. Der Skradinski buk ist der größte Wasserfall. An dieser Stelle verengt sich das Flussbett zu einem schmalen Durchlass und von Herbst bis Frühjahr drängt ein weiterer Bach ins Tal. Über ein Gerüst aus Stegen, Brücken

Ein Großteils des Flusslaufs der Krka steht im gleichnamigen Nationalpark unter Schutz.

und Aussichtspunkten kommen Besucher dem wilden, feuchten Schauspiel ganz nah. Unten angekommen, wird das Wasser zahm und träge, versammelt sich zu einem breiten Strom und fließt gemächlich weiter. Im Sommer erwärmt sich das glasklare Nass schnell und wird zum einladenden Badegewässer. Mädchen räkeln sich auf bunten Handtüchern und beobachten wagemutige Jungs, die durch eine Absperrkette zu den Wasserfällen schwimmen.

**** Drniš** Wie Skradin war auch das weiter landeinwärts gelegene Drniš in seiner Geschichte heftig umkämpft. Im 15. Jahrhundert erstmals erwähnt, fiel es kurze Zeit später in osmanische Hände und verwandelte sich in eine muslimische Stadt, die zeitweise bis zu fünf Moscheen schmückten. Als die Venezianer Drniš im Laufe des 17. Jahrhundert eroberten, brannten sie es nieder. Die Osmanen kehrten zurück, und schließlich befreiten kroatische Freischärler Drniš für sich und zu guter Letzt erneut für Venedig. Aus osmanischer Zeit blieben Reste der Großen Moschee erhalten, die zur Barockkirche umgebaut wurde. Das Minarett ist allerdings immer noch zu erkennen. Wechselvoll ging es weiter, auch die Balkankriege gingen nicht spurlos an Drniš vorbei. Nicht weit entfernt verbrachte der Bildhauer Ivan Meštrović (1886–1992) seine Kindheit. In einem Meštrović-typischen Mausoleum im Dorf Otravica sind er und seine Familie beigesetzt.

**** Kloster Krka** Das dem Erzengel Michael geweihte Kloster zählt zu den bedeutendsten serbisch-orthodoxen Konventen Kroatiens. 1402 taucht sein Name in einer Schenkungsurkunde an bosnische Mönche erstmals auf. Sehr viel älter ist aber das System frühchristlicher Katakomben unter dem Komplex. Mehrmals mussten die Mönche vor osmanischen Angriffen nach Zadar fliehen. Obwohl im Kern byzantinisch, sind wegen wiederholter Um- und Anbauten kaum noch architektonische Zeugnisse der Frühzeit erhalten. Ihren stolzen Kirchturm erhielt die Anlage Ende des 18. Jahrhunderts. Nach dem klösterlichen Schutzpatron wird das Tal, in dem sich das Kloster befindet, Aranđelovac, das Erzengeltal, genannt. Auf der gegenüberliegenden Flussseite sind noch die Reste zweier Burgen zu sehen. Besinnlich ist es hier allerdings nur noch im Winter; im Sommer bringen Ausflugsboote Besucher bis fast zur Klosterpforte.

Im Kloster Krka werden wertvolle alte Handschriften aufbewahrt.

Bei Skradin verwandelt sich die Krka in eine lange, tiefe Meeresbucht.

Burnum

Die Ruinen des römischen Legionslagers Burnum wurden ab dem 19. Jahrhundert systematisch erforscht. Die Gründung der Festung erfolgte um die christliche Zeitenwende, als der pannonisch-dalmatische Aufstand das Römische Reich bedrohte. Sofort verlegte man Truppen nach Illyricum und baute das Lager unter Kaiser Claudius aus. Vor allem ging es darum, den strategisch bedeutenden Fluss Krka zu schützen. Nach Abzug der Römer entwickelte sich aus dem Lager eine kleine Stadt, die jedoch bald wieder in Vergessenheit geriet. Heute bilden die drei noch stehenden Bögen der ehemaligen Kommandantur das markante Wahrzeichen der antiken Stätte. Erhalten sind auch ein Amphitheater sowie ein unterirdisch angelegtes Aquädukt, das Wasser auch im Sommer angenehm kühl hielt.

Klosterinsel Visovac

Auf der Klosterinsel Visovac im gleichnamigen See gehen Natur und Kultur eine harmonische Verbindung ein. Regelmäßig setzen kleine Boot zur Insel über. Im Kloster stellt ein kleines Museum archäologische Fundstücke und historische Messgewänder aus. Zudem kann man die Bibliothek mit alten Handschriften und den hübschen Klostergarten besichtigen.

Primošten

Ein mit kleinen Fischerhäuschen bebauter Hügel mitten im Meer, nur durch einen schmalen Damm mit dem Festland verbunden – das ist Primošten. Früher verband eine Zugbrücke den Ort mit dem Festland. Auf dem höchsten Punkt wacht die Pfarrkirche St. Georg aus dem 15. Jahrhundert. Von hier ist der Blick über die rot gedeck-

ten Fischerhäuschen auf das azurblaue Meer besonders hübsch. Im Gassengewirr erwarten den Besucher alte dalmatinische Steinhäuser, liebevoll gestaltete Hinterhöfe und kleine gepflegte Gärten. Rings um die Altstadt laden an heißen Sommertagen traumhafte Strände zum Sonnenbaden und kristallklares Meer zu einem erfrischenden Bad ein. Weltweit bekannt ist Primošten für seinen Rotwein, den Babič. Die Weinstöcke wachsen auf kleinen, teils nur handtuchgroßen Flächen. Das Geheimnis des guten Geschmacks sind die weißen Steinchen, die den Boden bedecken. Sie reflektieren die Sonne und heizen den Reben richtig ein.

Unterwegs in Split-Dalmatien

Zentraldalmatien besitzt gleich drei Welterbestätten: den Diokletianpalast in Split, die mittelalterliche Altstadt von Trogir und die alten Felder der Ebene von Stari Grad auf Hvar. Das Goldene Horn auf der Insel Brač gilt als schönster Strand Kroatiens.

Die palmengesäumte Uferpromenade an der Seeseite von Trogirs Altstadt führt zur Festung Kamerlengo.

***** Trogir** Im Windschatten der Geschichte hat Trogir sein mittelalterliches Stadtbild bewahrt, das sich hier so geschlossen präsentiert wie in keiner anderen dalmatinischen Stadt. Seinen besonderen Charme hat Trogir den Römern zu verdanken: Sie trennten die Siedlung durch einen Kanal vom Festland und schufen so eine künstliche Insel, auf der seitdem die Altstadt liegt. Wer durch die engen Gassen schlendert, reist in der Zeit zurück. Sehenswürdigkeiten liegen hier nahe beieinander, beispielsweise am Johannes-Paul-II.-Platz mit seinen kleinen Cafés. Um ihn gruppieren sich die wichtigsten Gebäude wie die Kathedrale St. Laurentius, die Kirche St. Barbara, das Rathaus, die Stadtloggia, der Ćipiko-Palast und der Glockenturm St. Sebastian. Das Kloster St. Nikolaus bewahrt ein griechisches Relief, das Kairos darstellt, den Gott des günstigen Augenblicks. Wer ihm begegnet und im richtigen Augenblick an der Stirnlocke packt, hat das Glück auf seiner Seite. An der Außenloggia neben dem Seetor findet der tägliche Fischmarkt am Hafen statt. Der Unterstand diente im 16. Jahrhundert Reisenden als Obdach, die erst nach dem abendlichen Schließen der Stadttore mit dem Schiff ankamen und die Nacht draußen verbringen mussten. Auch der UNESCO blieb der Charme von Trogir nicht verborgen. Sie erklärte 1997 den gesamten Altstadtkomplex zum Weltkulturerbe. Doch auch außerhalb der Stadtmauer hat Trogir viel zu bieten: So laden die zauberhafte Uferpromenade, die Stadtstrände Medena und Pantan sowie die Strände der vorgelagerten Insel Čiovo zu erholsamen Tagen am Meer ein.

INFO

SPLIT-DALMATIEN
Fläche:
4540 km²
Bevölkerung:
454 798 Einwohner
Bevölkerungsdichte:
100 Einwohner/km²
Sprache:
Kroatisch
Verwaltungssitz:
Split
Spezialität:
Soparnik (Mangold-Kuchen)

Eine große blaue Renaissance-Uhr ziert den Turm der Kirche St. Sebastian.

Der Glockenturm der Kathedrale St. Laurentius vereint harmonisch drei Kunststile.

**** Laurentius-Kathedrale** Nur selten sind an einem Gebäude so viele unterschiedliche Stilepochen zu erkennen wie an der Kathedrale St. Laurentius, kroatisch Sv. Lovro. Die Bauarbeiten begannen 1123 und endeten erst 1610 mit der Fertigstellung des Glockenturms. Die Stilfolge seines Unterbaus und der drei Stockwerke reicht in Schichten von der Romanik über die frühe und venezianische Gotik bis zur Renaissance. Zu den ältesten Teilen der Kirche gehört das Westportal aus dem Jahr 1240. Es zählt zu den Meisterwerken romanischer Steinmetzkunst in Kroatien. Löwen umrahmen das Portal, auf ihnen stehen Adam und Eva. In den Bögen sind Darstellungen aus dem Alten und Neuen Testament zu sehen. Innen lohnt die Taufkapelle aus dem Jahr 1464 nähere Betrachtung und die Kapelle des Seligen Johannes, des Stadtpatrons – ein Juwel der Renaissance. Die Figur von Trogirs erstem Bischof ruht auf einem Sarkophag aus rotem Marmor über dem Altar. Im Inneren befinden sich seine Gebeine. Das geschnitzte Chorgestühl ist äußerst fein gearbeitet und zählt zu den schönsten seiner Art.

Reich verziert: das Innere der Kathedrale.

Trogirs Altstadt wird von einer gut erhaltenen Stadtmauer umgeben.

***** Split** Mit seinen knapp 170 000 Einwohnern ist Split nach der Hauptstadt Zagreb die zweitgrößte Stadt Kroatiens und zugleich das wirtschaftliche und kulturelle Zentrum Dalmatiens. Vor seinen Toren erstreckt sich der gleichnamige Archipel mit einigen kleinen Inseln. Größter Anziehungspunkt ist der antike Diokletianpalast, der 1979 zum UNESCO-Weltkulturerbe erklärt wurde. In nur zehn Jahren, von 295 bis 305 n. Chr., ließ sich der Kaiser für die Zeit nach seiner Abdankung einen Palast vom Typus eines römischen Castrums errichten. Sein Altersruhesitz nahe seiner Geburtsstadt Salona umschloss eine Fläche von 215 × 180 Metern und war mit turmbewehrten Mauern befestigt. Bei einem Awareneinfall im Jahr 614/615 floh ein Teil der Bewohner Salonas in die schützenden Mauern des Palastes, dessen Areal auf diese Weise zur Keimzelle des heutigen Split wurde. Das achteckige Mausoleum des Christenverfolgers Diokletian wurde durch den Anbau einer Eingangshalle und eines Glockenturms zum christlichen Dom, die kostbare Ausstattung der Grabstätte blieb jedoch unverändert. Der Jupitertempel wur-

Der Narodni Trg ist das Zentrum des mittelalterlichen Split.

Direkt vor den Toren der Altstadt liegt Splits Hafen.

Schön für einen Bummel bei Sonnenuntergang: Splits Uferpromenade.

de zum Baptisterium umgebaut. Im zentralen Peristyl, einem von Säulenhallen eingefassten Hof, trifft sich heute die Jugend. In der ganzen Stadt finden sich noch Bauelemente, die auf die Palastanlage zurückgehen. Aus der Blütezeit der Handelsstadt stammen der spätgotische Papalić-Palast sowie das Cindro- und das Agubio-Palais, Splits schönste Barockpaläste.

1 **** Promenade** Trotz seiner Größe hat sich Split seinen mediterranen Charme bewahrt. Das wird vor allem an der Riva deutlich, der belebten Uferpromenade, die durch Landaufschüttung zur Zeit der französischen Besatzung entstand. Von Palmen und Cafés gesäumt, erstreckt sie sich entlang der Front des spätrömischen Diokletianpalastes. Dessen Bauwerke dominieren schon von Weitem das Bild, allen voran der Glockenturm der Kathedrale St. Domnius, der aus dem Dächermeer der Altstadthäuser aufragt. Die kleinen Boote im Hafenbecken wirken beinahe wie Spielzeuge. Aber die Promenade vermittelt auch Großstadtflair: Hier herrscht zu jeder Zeit geschäftiges Treiben, sie ist zur Shopping- und Restaurantmeile geworden.

2 **** Altstadt** Splits Altstadt liegt innerhalb der Mauern des Diokletianpalastes. Der Kaiser hatte seine Festung nämlich so groß bauen lassen, dass sowohl der Hofstaat als auch die komplette Garde darin Platz fanden. So entdeckt der Besucher heute ein dicht besiedeltes historisches Zentrum inmitten steinerner Paläste, trinkt einen Cappuccino oder probiert die lokalen Spezialitäten in den kleinen Restaurants der Altstadtgassen – und sitzt währenddessen mitten in einem antiken Baudenkmal. Vom Buchladen bis zu Märkten findet sich alles neben oder direkt in den denkmalgeschützten Palastgebäuden. Hier gibt es auch die kleinste Straße der Welt, die Pusti me proći. Im Laufe der Jahrhunderte wurden immer wieder neue Mauerringe um die wachsende Stadt gezogen, von denen viele heute noch erhalten sind.

3 ***** Diokletianpalast** Kaiser Diokletian kümmerte sich schon früh um die Planung seines Altersruhesitzes. Der römische Herrscher, der das Reich neu geordnet und die Christen unbarmherzig verfolgt hatte, ließ sich eine Sommerresidenz in Split erbauen, die eine Mischung aus Landsitz, Stadtpalast und Festung sein sollte. In nur zehn Jahren, von 295 bis 305 n.Chr., entstand der Komplex, der noch heute dominierendes Bauwerk der Stadt ist. Mauern und Türme schützten den Palast, dessen private Gemächer zur Hafenseite hin lagen. Bis auf das Vestibül sind sie nicht zugänglich, aber in den Podrumi, den Kellergewölben unter den Kaiserapartments, gewinnt man einen Eindruck von der schieren Größe der Anlage: Aus über 50 Räumen besteht das Untergeschoss. Fast immer breiten fliegende Händler in den Gewölben ihre Waren aus, denn jeder Passant, der von der Promenade ins Peristyl, den Innenhof des Palastes, will, kommt hier durch.

4 **** Kathedrale des heiligen Domnius** Der St.-Domnius-Dom in der Altstadt von Split wurde im Mittelalter in den vier Hektar großen Palastkomplex Kaiser Diokletians hineingebaut. Um 650 wurde das achteckige kaiserliche Mausoleum an der Ostseite des Palasthofes (Peristyl) zur christlichen Kirche geweiht, an die eine Eingangshalle und ein 59 Meter hoher Glockenturm angefügt wurden. Die kostbaren Mosaiken und Reliefs in dem auf 24 antiken Säulen ruhenden Kuppelbau blieben erhalten. Ihr heutiges Aussehen erhielt die Kathedrale im 13. Jahrhundert; aus dieser Zeit stammen die geschnitzten Portalflügel, die Kanzel und das Chorgestühl. Im 16. Jahrhundert wurde der Campanile vollendet.

5 **** Baptisterium/Jupitertempel** Der Mini-Tempel verbirgt sich in einer Seitengasse gegenüber der Kathedrale und ist an der Skulptur einer Sphinx vor dem Eingang gut zu erkennen. Christen wandelten ihn in ein Baptisterium um, beließen aber die römische Ausstattung wie eben die Sphinx und das Tonnengewölbe mit seiner fantastischen spätantiken Kassettendecke. Das Taufbecken in Kreuzform trägt Reliefs von der Art, wie sie bei den ersten kroatischen Christen beliebt waren. Die Statue von Johannes dem Täufer steuerte der Bildhauer Ivan Meštrović bei. Von ihm stammt auch die Monumentalskulptur des kroatischen Bischofs Grgur Ninski (Gregor von Nin) am Nordeingang des Diokletianpalastes, der Porta Aurea. Den großen Zeh der Statue zu berühren soll Glück bringen!

Am Trg Narodni ragt neben der Porta Ferrea der markante Uhrturm auf.

Die Fläche des Diokletianpalastes umfasst

Im Peristyl des Diokletianpalastes kann man heute bei einem Kaffee die historische Kulisse genießen.

stolze 40 000 Quadratmeter.

Die Kathedrale St. Domnius wurde als Mausoleum für Kaiser Diokletian erbaut.

Tamburica und Klapa

Joseph Haydn wurde 1732 in Österreich in der Nähe einer kroatischen Enklave geboren und von der dortigen Musik inspiriert: In einigen Kompositionen finden sich Anklänge an kroatische Volkslieder. Musik, die ihre Wurzeln im Mittelalter hat und noch immer gelebtes Brauchtum ist. Klapa-Chöre und Tamburica-Spieler bestim-

men das musikalische Nationalgefühl. Die Tamburica kommt ursprünglich aus Persien. Sie ist eine Art Mandoline mit vier bis sechs Saiten, die gezupft oder angeschlagen werden. Beim Gesang dominieren die traditionell rein männlichen Klapa-Chöre. Ihre Wurzeln liegen im kirchlichen Gesang, die Stimmen sind gut ausgebildet. Jede Gruppe hat mindestens Tenor und Bass in den Stimmlagen. Während die Musik der Saiteninstrumente eher beschwingt ist und auf Dorffesten oder Hochzeiten gespielt wird, sind die Klapa-Gesänge melancholisch und werden meist a cappella vorgetragen. Auf den großen Folklore-Festivals bekommt man beides zu hören.

Kroatiens römisches Erbe

Amphitheater, Tempel, Thermen – Relikten der Römerzeit begegnet man in Kroatien auf Schritt und Tritt. Die wichtigsten Orte an der kroatischen Adriaküste haben unverkennbare römische Wurzeln, wie z.B. Split mit dem gigantischen Palast von Kaiser Diokletian. Die Römer bauten im heutigen Kroatien, Slowenien und Bosnien-

Herzegowina zunächst einmal Straßen, auf denen ihre Truppen marschieren konnten. Innerhalb von wenigen Jahrzehnten wurden aus einstigen Barbarenorten und griechischen Siedlungen strukturierte, römische Provinzstädte, die allesamt ein Forum für Märkte, öffentliche Versammlungen und Ankündigungen besaßen. Mindestens ein Tempel stand in jedem Ort, manchmal auch zwei, aber für die klassischen drei fehlte vor allem in Dalmatien das Geld. Auch die Thermenkultur nahm ihren Anfang. Eine weitere Stätte der Unterhaltung und Begegnung war das Theater. Zwei Amphitheater sind erhalten, eines in Salona, das größere in Pula.

Die Felsenfestung Klis diente auch als Drehort für die Erfolgsserie »Game of Thrones«.

**** Salona** Das antike Salona zählte zu den wichtigsten römischen Siedlungen Dalmatiens und war zeitweilig sogar seine Hauptstadt. Im 3. und 4. Jahrhundert stand die nordöstlich von Split am Fuß der Berge gelegene Stadt in höchster Blüte, im Jahr 614 flüchteten sich ihre Bewohner vor den anrückenden Awaren an die Küste in die schützenden Mauern des Diokletianpalastes und gründeten so Split. Salona wurde dem Verfall überlassen. Herausragender Bau der antiken Ruinenstätte ist heute das Amphitheater, das 15 000 Zuschauer fasste. Auch die Reste eines Aquädukts, das Salona und den Palast mit Wasser versorgte, wurden entdeckt. Deutlich sind die Fundamente von Thermen, Tempeln und Wohnhäusern zu erkennen, außerdem Reste einer frühchristlichen Basilika, eines Baptisteriums und eines Bischofspalastes. Noch 304 n. Chr. ließ Kaiser Diokletian den Bischof von Salona, Domnius, hinrichten. Knapp zehn Jahre später gewährte Kaiser Konstantin den Christen Religionsfreiheit. Das Grab des heilig gesprochenen Domnius befindet sich auf dem Friedhof von Salona. Ausgrabungsfunde sind in Split im Archäologischen Museum ausgestellt.

Sinj

Auch Sinj hatte osmanische Belagerungen und Angriffe zu überstehen. In einer besonders aussichtslosen Situation, als die Osmanen 1715 kurz davor standen, die Stadt zu stürmen, löste sich eine weiße Gestalt aus dem Marienbild der Pfarrkirche und trieb die Angreifer in die Flucht. Die »Sinjska Gospa«, Unsere Liebe Frau von Sinj, genießt seither noch höhere Verehrung als zuvor und wird jedes Jahr am ersten Augustsonntag mit der »Sinjska alka« gefeiert. Das farbenprächtige Spektakel ist eine Kombination aus Ritterspielen und Pferderennen. Die Reiter in historischen Gewändern haben die Aufgabe, aus vollem Galopp ihre Lanze durch einen über der Rennbahn aufgehängten Eisenring, die »alka«, zu stechen. Begleitet wird das Fest von Musik, Tanz, Wein und typischen Gerichten vom Grill.

*** Klis** Zehn Kilometer nördlich von Split thront auf einem Berg über dem gleichnamigen Ort die Felsenfestung Klis, die zu den imposantesten Wehranlagen Kroatiens zählt. Sie galt als Schlüssel zu Dalmatien. Die Osmanen brauchten im 16. Jahrhundert mehrere Monate, um sie zu erobern. 111 Jahre konnten sie ihren Besitz verteidi-

Salona war in der Antike die römische Hauptstadt Dalmatiens und zählte 50 000 Einwohner.

gen, bis die Venezianer sie 1648 vertrieben. In dieser Zeit erhielt sie auch ihr heutiges Erscheinungsbild: Drei Mauerringe und mehrere Wehrtürme schützen das Innere. Ein Relikt aus osmanischer Zeit ist die Moschee, die heute als Kirche genutzt wird. Von der Burg aus haben Besucher einen sensationellen Blick über die Küste und ein erhebendes Gefühl gleich dazu: Nicht nur wegen der Höhe des Aussichtspunktes (355 Meter über dem Meer), sondern auch, weil man beim Betreten der Burg ein monumentales Stadttor durchschreitet.

Auch eine Kapelle steht auf dem Ausgrabungsgelände.

Viele Marmorsteine aus Salona verbauten die Venezianer in ihren Palästen in Split.

Korsaren bauten Omiš im Mittelalter zum wehrhaften Seeräubernest aus.

**** Omiš** Einen besseren Stützpunkt für ihre Kaperfahrten hätten die Freibeuter von Omiš nicht wählen können. Kurz vor der Mündung in die Adria zwängt sich hier der Fluss Cetina durch ein schmales, von hohen Klippen gebildetes Felsentor. Die schnellen, schlanken Segler der Omiš-Korsaren schossen durch die Felsenenge hinaus aufs Meer, attackierten Handelsschiffe, raubten sie aus und waren ebenso schnell wieder im sicheren Flusshafen hinter der Felswand verschwunden. Venedig versuchte mehrmals, diesem Treiben ein Ende zu setzen, hatte damit aber erst im 15. Jahrhundert Erfolg. Heute ist Omiš geprägt von venezianischen Bauten der Serenissima und von den Hotels, die gegenüber der Altstadt den schönen Sandstrand säumen. Ausflugsboote fahren den Fluss hinauf zum urigen Ausflugslokal »Radmanove mlinice«, wo im kühlen Schatten Lamm vom Grill serviert wird. Dazu erklingt gelegentlich der Gesang einer »Klapa«, eines A-cappella-Chors, der typisch ist für die Region. Auch Raftingtouren auf der Cetina werden angeboten.

Die Altstadt von Makarska lädt zum Bummeln ein.

***** Cetina-Schlucht** Wasser spritzt von allen Seiten in das Schlauchboot, die Strömung wirft es hin und her. Plötzlich steckt es zwischen zwei Felsen fest, der Fluss zerrt an ihm, die Insassen stochern mit ihren Paddeln, um es zu befreien. Ruckartig löst sich das Boot, treibt oder trudelt auch mal rückwärts weiter, trifft seitlich an eine steil aufragende Felswand. Rafting auf dem Fluss Cetina ist sicherlich ein Höhepunkt für Aktivurlauber und ein Abenteuer gleich dazu, denn in dieser Schlucht trieben einst Piraten ihr Unwesen. Eine besonders enge Stelle nutzten sie als natürliche Festung zwischen Felsen, Fluss und Küste und kaperten von hier aus jahrhundertelang Handelsschiffe. Obwohl sie selbst auf kroatischem Boden lebten, enterten sie auch Schiffe aus dem eigenen Land. 1444 fiel das Piratennest unbesiegt an die Venezianer. Die Seerepublik kaufte es dem letzten ungarisch-kroatischen König ab.

**** Makarska** Blaues Meer, eine Uferpromenade mit Palmen, dahinter weiße Häuser, die eine steil emporragende Gebirgskette scheinbar vom Rest der Welt abschneidet. Makarska liegt in einer Bucht der Halbinsel St. Peter am Fuß des Biokovo, der für die dramatische Kulisse hinter dem kleinen Hafenstädtchen sorgt. Die Bergnatur kann zu Fuß auf Wanderwegen oder auf einer Panoramastraße erkundet werden. Die flach ins glasklare Meer abfallenden Kieselstrände der Makarska-Riviera gehören zu den schönsten Dalmatiens und locken mit Beachlife oder Wassersport. Daneben gibt es auch Historisches zu erkunden: Erdbeben brachten viele Bauten zum Einsturz, das Franziskanerkloster von 1614 blieb jedoch verschont. Sehenswert sind die palmengesäumte Uferpromenade, die schöne Altstadt mit zahllosen kleinen Geschäften und das Franziskanerkloster, das um 1400 entstand. Das Malakologische Museum präsentiert Außergewöhnliches: Ein Mönch trug hier eine umfangreiche Muschel- und Schneckensammlung mit Exponaten aus der ganzen Welt zusammen.

**** Imotski** Die Stadt im Hinterland der Makarska-Riviera jenseits des Biokovo-Gebirges und nahe der Grenze zu Bosnien und Herzegowina existiert bereits seit dem 10. Jahrhundert. Ursprünglich nur aus der ummauerten Burg bestehend, deren Ruine sich über Imotski erhebt, entwickelte sich die Stadt am Rand einer mit Wasser gefüllten Einsturzdoline, dem Blauen See. Die Grenzlage ließ die Festung zum Streitapfel werden; byzantinische, ungarische, kroatische und bosnische Herrscher, Osmanen, Venezianer und Habsburger wechselten sich ab. Imotskis Umgebung ist von den charakteristischen Phänomenen der Karstlandschaft geprägt. Der 300 Meter tiefe Blaue See und der 500 Meter tiefe Rote See sind durch den Einsturz von Höhlen entstanden und füllten sich im Lauf der Jahrtausende mit Wasser. Auch das fruchtbare Imotsko polje, die Senke zwischen den Seen, ist das Ergebnis eines Höhlenzusammenbruchs, in den dann fruchtbare Erde geweht wurde.

Der Fluss Cetina schuf einen beeindruckenden Canyon.

Im Blauen See westlich von Imotski kann man auch baden.

Die Strände bei Makarska gehören zu den schönsten Kroatiens.

Dalmatiens Unterwasserwelt

Winzige, bunte Fischchen verharren fast reglos im Wasser, nur Sekunden später schießen sie blitzschnell zur Seite, wo sie das Meer zu verschlucken scheint. Andere kommen in großen Schwärmen, bewegen sich synchron, glitzern, wenn sie nahe der Oberfläche das Sonnenlicht trifft. Es geht weiter hinab – auf Tauchstation an der

kroatischen Adriaküste. Seichtere Stellen geben die Farbenvielfalt schon beim Schnorcheln preis, für die wahren Unterwasserschätze muss man jedoch tiefer hinabtauchen. Der Meeresgrund ist oft steinig, Korallen zeichnen bizarre Muster und verteidigen sich ganz passiv, aber erfolgreich mit scharfen Kanten. Gelb und rot gefärbt, klammern sie sich an Felsen und bieten Seesternen und Kleinstlebewesen einen geschützten Lebensraum. So vielfältig wie die Landschaft über der Meeresoberfläche ist auch die Unterwasserwelt Dalmatiens. Nicht zuletzt wegen der zahlreichen Schiffswracks, die Meeresbewohnern ein geschütztes Refugium bieten.

Supetar ist der Hauptort von Brač und zugleich der Fährhafen der Insel.

In Sutivan westlich von Supetar nährt die Fischerei noch immer ihren Mann.

Traditionelle Steinhäuser mit hölzernen Fensterläden in der Altstadt von Bol.

Aushängeschild von Brač ist das Goldene Horn, ein wunderschöner Kieselstrand.

***** Brač** Am Weißen Haus in Washington kann man ihn sehen und am Reichstag in Berlin: den weißen Marmor von Brač. Er ist jedoch gar kein richtiger Marmor, sondern ein weißer Kalksandstein, der sich durch Bodenerosion gebildet hat. Daher müssen die Arbeiter ihn auch nicht herausschlagen, sondern lediglich abtragen. Schon in der Antike gab es an der Küste Steinbrüche, Sklaven wuchteten den Sandstein in großen Blöcken auf die Schiffe für den Verkauf. Heute wird er vor allem an der Nordküste, in Pučišća, abgebaut und bearbeitet. Brač ist eine Insel der Bauern und Fischer. Nur eine einzige Quelle versorgt alle mit Trinkwasser. Touristisch ist das Eiland mit seinem bergigen Hinterland für diejenigen interessant, die es still, ursprünglich und ohne großen Trubel mögen oder einfach am Strand entspannen möchten.

**** Supetar** Der größte Fährhafen von Brač liegt an der Nordküste, der Hafenstadt Split direkt gegenüber. Feine Sand- und Kiesstrände, glasklares Meer, Hotels und Restaurants an der Uferpromenade machen Supetar zum beliebten Badeziel für die Bewohner Splits und internationale Feriengäste. Reizvoll ist auch das Hinterland: Rund um das Dörfchen Mirca prägen Olivenhaine die Landschaft mit ihrem silbrigen Grün. Im Museumsdorf Škrip erleben Besucher, wie die Inselbewohner früher lebten. Nach Osten schmiegt sich das malerische Pučišća an eine tiefe Bucht: In der Umgebung wird in Steinbrüchen der »Bračer Marmor« abgebaut. Pučišća selbst scheint fast ausschließlich aus dem weiß schimmernden Stein erbaut. Die bekannte Künstlerfamilie Jakšić arbeitet und lebt in Donji Humac: Sie bearbeiten den Marmor als Bildhauer, Architekten und Schmuckdesigner. Besonders die leuchtend weißen Marmorskulpturen von Lovre Jakšić faszinieren.

***** Bol** ist berühmt für ein einzigartiges Naturphänomen: das Goldene Horn. Eine Landzunge aus Sand und feinem Kies ragt hier fast 500 Meter ins Blau der Adria hinein und krümmt sich je nach vorherrschender Meeresströmung mal in die eine, mal in die andere Richtung. Nicht nur Sonnenanbeter schätzen das »Zlatni rat«, wie das Goldene Horn auf Kroatisch heißt, es gilt auch als Surfer-Mekka, weil die Winde hier rasante Fahrten möglich machen. Keine Frage, dass Bol bei Brač-Besuchern die Nummer eins unter den Ferienorten ist. Neben dem Goldenen Horn besitzt Bol weitere reizvolle Strände, eine Uferpromenade mit Cafés und eine hübsche, wenn auch kleine Altstadt. An ihrem östlichen Rand erhebt sich auf der Halbinsel Glavica das spätgotische Dominikanerkloster in sehr fotogener Lage – auch hier kann man an einem Kieselstrand wunderbar baden. Ein lohnender Ausflug führt zur Einsiedelei Blaca – sie wurde im 16. Jahrhundert von Mönchen, die vor den Osmanen vom Festland geflohen waren, nahezu komplett in den Fels geschlagen. Man erreicht sie zu Fuß in einer anstrengenden Wanderung oder per Boot vom Wasser aus.

Fische, Muscheln und mehr

Fangfrischen Fisch gibt es überall im Land, vor allem natürlich an der Adriaküste. Während Istrien noch dazu mit viel Gemüse und Obst seine Küche bestückt, ist das Essen in Dalmatien eher schlicht und kommt fast immer aus dem Meer. Eher selten landet der Fisch auf dem Grill, meistens wird er in Brühe gegart. Auch Muscheln köcheln langsam vor sich hin. Die Fischsuppe ist normalerweise passiert, enthält keine erkennbaren größeren Stücke mehr und gilt als traditionelle Vorspeise. Ein großer Oktopus kommt drei bis vier Stunden in den Backofen, damit er weich wird und später auf der Zunge zergeht. Krusten- und Schalentiere sind besonders schmackhaft, wenn man sie in Olivenöl mit Knoblauch und Kräutern schmort. Hier betört schon der Duft die Sinne.

Brač: Goldenes Horn

Ein Magnet für Wasserratten und Sonnenanbeter ist der Strand Zlatni rat bei Bol, der auch »Goldenes Horn« genannt wird. Die sichelförmige Landzunge ragt 500 Meter weit ins azurblaue Meer hinein. Ein weißer Kieselstrand säumt den grünen Pinienwald im Inneren. Wechselnde Meeresströmungen und die Wellen formen die Spitze des Horns immer wieder anders.

Im Hafen von Hvar-Stadt liegen sündhaft teure Jachten vor Anker – hier trifft sich der internationale Jetset.

***** Hvar** Lila Blüten, so weit das Auge reicht, dazu ein herb-süßlicher Duft: Lavendel. Im Juni werden die Felder geerntet, manchmal dürfen Feriengäste sogar dabei helfen. Dann werden die Blüten getrocknet und in kleinen Säckchen überall auf Hvar verkauft. Oder exportiert für Kosmetika und die Parfümproduktion. Doch wer denkt, dass er damit das Beste schon kennt, der hat noch keinen Blick in die vielen Gärten mit Zypressen, Oleander, Orangen- und Zitronenbäumen geworfen. Feigenbäume runden das toskanische Flair der viertgrößten Adria-Insel ab. Mit durchschnittlich 2718 Sonnenstunden im Jahr liegt Hvar in der Urlaubergunst ziemlich weit vorn. Da das Gebirge der Nachbarinsel Brač das Eiland vor der Bora, dem böigen Fallwind, schützt, herrscht fast überall mildes Klima. Subtropische Vegetation verleiht den kleinen Buchten besonderen Charme.

***** Hvar-Stadt** Hvar gilt als eine der schönsten Städte an der Adria-Küste. Palmen und traditionsreiche Hotels säumen die Uferpromenade am Hafen, historische Bauten wie die Kathedrale, das Arsenal und der Bischofspalast rahmen den Hauptplatz ein, oberhalb des Ortes ragt die Spanische Festung auf, von der sich schöne Ausblicke über Hvar und die vorgelagerten Pakleni-Inseln bieten. Der Ort hat ein autofreies Zentrum und ist mit seinen vielen Treppen in den Gassen, Familienwappen an den Häusern und Fassaden mit venezianisch-gotischen Fenstern ein beliebtes Touristenziel. Am Hafen steht eine venezianische Loggia aus dem 16. Jahrhundert, die heute als Vorbau eines Hotels fungiert. Hier lässt sich ein stilvoller Urlaub verbringen.

**** Stari Grad** Die Bucht verspricht Geborgenheit und Schutz: Immer schmaler wird sie zum Ende hin, an ihren Seiten erstrecken sich terrassierte, grüne Hänge. Ein Anblick, dem schon die Griechen verfielen. Doch sie konnten das heutige Stari Grad erst nach schweren Gefechten und Schlachten auf See erobern. Die Römer machten alles dem Erdboden gleich, die Venezianer bauten den Ort dann wieder auf. Heute ist er ruhiger als Hvar-Stadt, aber ebenso schick. Im Innenhof des Trvdalj-Schlosses aus dem 16. Jahrhundert, dem Domizil des Dichters Petar Hektorović, umschließt ein Laubengang den Meerwasser-Fischteich.

**** Vrboska** Die Stadt an der Nordküste von Hvar besitzt ein Gotteshaus, das wie ein steinernes Schiff mit Glockenturm wirkt: Zuerst stand die Kirche, dann baute man eine Festung um sie herum – zum Schutz vor osmanischen Piraten. Die so entstandene Wehrkirche St. Maria ist wegen ihrer eigentümlichen Architektur einmalig im Mittelmeerraum. Fotogen breitet sich die Altstadt entlang eines schmalen, tief ins Land greifenden Meeresarms aus, den mehrere Brücken überqueren. »Klein-Venedig« nennen die Einheimischen deshalb liebevoll das Städtchen. Früher spielte der Fischfang hier eine wichtige Rolle, woran das bescheidene Fischereimuseum mit historischem Fanggerät und Schwarz-Weiß-Aufnahmen erinnert. Heute ist Vrboska Sitz mehrerer Winzer, die auf den umliegenden, fruchtbaren Hängen feinen Wein wie den spritzigen weißen Bogdanjuša anbauen. Schöne Strände wie der Kiesstrand Soline liegen etwas außerhalb der Stadt.

**** Jelsa** Ein typisch dalmatinischer Hafenort: Pastellfarbene Häuser reihen sich entlang des Hafenbeckens aneinander, der schlanke Kirchturm der Kirche St. Maria spiegelt sich im Wasser, bewaldete Hänge rahmen die Stadt schützend ein. Im Gegensatz zu Vrboska beginnt Jelsas Geschichte bereits in der Antike: Illyrer siedelten hier, und griechische Einwanderer, die die Insel Hvar zur neuen Heimat erwählt hatten, errichteten um das 4. Jahrhundert v. Chr. auf dem Hügel südlich der Bucht einen Beob-

Lavendelfelder mit ihrem kräftigen Lila bedecken auf Hvar ganze Landstriche.

Beim Fischerdorf Zavala im Süden der Insel gibt es einen schönen Aussichtspunkt.

achtungsposten, den später die Römer übernahmen. Die Siedlung unten am Meer ist seit dem 14. Jahrhundert beurkundet. Auch hier mussten die Bewohner Piratenangriffe abwehren, weshalb sie ihre Kirche St. Maria mit einer zinnenbewehrten Mauer befestigten. Im Dorfkern an der Kirche St. Johannes aus dem 17. Jahrhundert lockt ein schöner Renaissanceplatz mit einigen Cafés. Eine ungewöhnliche archäologische Stätte verbirgt sich im Starigradsko polje im Hinterland von Jelsa. »Polje« bedeutet Ackerfläche oder Feld und in dieser Senke im Karst betrieben bereits die ersten griechischen Siedler Landwirtschaft. Die Struktur dieser antiken Felder und einige Grenzmarken haben überdauert und werden von den Bauern bis heute genutzt.

Verkehrsberuhigt: das historische Zentrum von Hvar-Stadt rund um den Stefansplatz.

Komiža besticht durch seine schöne Lage an einer weiten Bucht zu Füßen des Berges Hum.

Blaue Grotte

Langsam gleitet das kleine Boot durch die Höhle, es ist beinahe ein Schweben. Denn das Wasser darunter erstrahlt in leuchtendem Blau, so hell, dass es ein bisschen wirkt wie arktisches Eis. Faszinierend und beängstigend zugleich, denn die scheinbar endlose Tiefe des Meeres liegt unter dem Kanu wie ein magischer Tunnel. Die Blaue Grotte gehört zu Biševo, der winzigen Nachbarinsel von Vis. Täglich starten Ausflugsschiffe von Vis zur Fahrt in die Grotte und die beste Tageszeit ist vormittags. Damit man schon drin ist, wenn die Sonne ihren höchsten Stand erreicht und die Strahlen durch eine Felsenöffnung dringen, die dann das Meer in allen erdenklichen Blautönen leuchten lassen. Auch eine Grüne Grotte gibt es. Sie liegt auf der Nachbarinsel Ravnik und bezaubert durch grüne Lichtspiele.

Kroatische Version von »The Beach«:

In Vis-Stadt führen steile Treppengassen vom Ufer den Hügel hinauf.

die Stiniva-Bucht an der Südküste.

**** Vis** Vis selbst ist ein ruhiges, beschauliches und bäuerlich geprägtes Eiland ohne Touristenrummel, dafür aber mit gutem Gemüse und hervorragendem Wein aus eigenem Anbau. Dass die Insel ihre Abgeschiedenheit bewahren konnte, verdankt sie nicht nur ihrer Lage weit draußen in der Adria. Bereits die Habsburger hatten die strategisch günstige Position von Vis erkannt und darauf einen Militärstützpunkt eingerichtet, den alle nachfolgenden Herren über Kroatien ausbauten. Im Zweiten Weltkrieg unterhielt der Partisanenführer und spätere jugoslawische Präsident Tito hier einen geheimen Unterschlupf. Und in der Ära des sozialistischen Jugoslawien war Vis militärisches Sperrgebiet – die Folge: kein Tourismus. Der begann erst im unabhängigen Kroatien, und zwar vor allem mit Seglern und Bootsfahrern, denn es sprach sich bald herum, dass Vis über fantastische Strände verfügt. Wahrhaft karibische Gefühle kommen auf am Stončica-Strand oder in der Stiniva-Bucht, wo ein Felsentor eine türkisblaue Lagune bewacht. Abends geht es in den Feinschmeckerrestaurants von Vis-Stadt und Komiža hoch her, frischer wird Adria-Fisch selten serviert.

Essen & Trinken

In Kroatien werden Fisch und Meeresfrüchte ebenso serviert wie Fleisch. Etwa die dalmatinische Pašticada, geschmorter Rinderbraten in pikanter Sauce. Oder Arambašići, mit Rindfleisch gefüllte Kohlrouladen. Zu den landestypischen Köstlichkeiten gehören außerdem gefülltes Fladenbrot, Hvarer Pfefferkuchen und vor allem

kalt gepresstes Olivenöl. Allein in Istrien werden acht verschiedene Sorten in kleinen Betrieben produziert. Der Ort Buje spielt dabei eine zentrale Rolle: Die klimatischen Bedingungen in den höher gelegenen Anbaugebieten machen das Öl besonders aromatisch. Eine weitere Spezialität sind Trüffel. Von Oktober bis Januar schnuppern sich speziell dafür ausgebildete Suchhunde durch die dunklen Wälder, um den Edelpilz im Boden aufzuspüren. Vor allem weiße Trüffel sind begehrt: Sie sind selten und daher teuer. In manchen Regionen Kroatiens ist auch noch der österreichische Einfluss zu spüren. Hier gibt es »Strudel«, Tatschkerli , Krapfen und »Schmarn«.

Unterwegs in Dubrovnik-Neretva

Die Altstadt von Dubrovnik ist Süddalmatiens größter Besuchermagnet. Ruhe findet man auf den schattigen Wegen des Arboretums von Trsteno oder auf der dünn besiedelten Halbinsel Pelješac. Badefreuden garantieren die Inseln Korčula, Mljet und Lastovo.

Wegen ihrer üppigen Vegetation hat Korčula den Beinamen »Grüne Insel«.

***** Korčula** Die Einwohner Korčulas bleiben dabei: Weltentdecker Marco Polo wurde auf ihrer Insel geboren. Dafür gibt es zwar keine Beweise, Historiker gehen aber davon aus, dass Marco Polo als Kommandant einer Kriegsgaleere 1298 an der Schlacht vor Korčula teilnahm und in Gefangenschaft geriet. Ob mit oder ohne berühmten Sohn – die kleine Insel und ihr gleichnamiger Hauptort sind unbedingt sehenswert. Auf einer felsigen Anhöhe thront die Altstadt, alle wichtigen Gebäude liegen in einer zentralen Achse. Die Straßen sind im Fischgrätmuster angelegt. So wird der sommerliche Mistral in die Häuser geleitet, die im Winter wehende kalte Bora hingegen gebrochen. Das Landtor, der Eingang zur Stadt mit majestätischem Treppenaufgang und dem imposanten Veliki-Revelin-Turm, ist ein beliebtes Fotomotiv. Zum Brauchtum auf Korčula gehört die Moreška, ein wilder Schwerttanz.

**** Kathedrale St. Markus** Den Patron der Kathedrale St. Markus, Sv. Marko, zeigt das Altargemälde, flankiert von den Heiligen Hieronymus und Bartholomäus. Man vermutet, dass es sich bei dem Bild um ein Jugendwerk Tintorettos handelt, das um die Mitte des 16. Jahrhunderts entstand. Auch die »Verkündigung« im südlichen Seitenschiff wird Tintoretto oder zumindest seiner Werkstatt zugeschrieben. Weitere Kunstwerke stammen von Jacopo Bassano und

DUBROVNIK-NERETVA
Fläche:
1781 km²
Bevölkerung:
115 862 Einwohner
Bevölkerungsdichte:
65 Einwohner/km²
Sprache:
Kroatisch
Verwaltungssitz:
Dubrovnik
Spezialität:
Wildspargel

In der Altstadt von Korčula sind noch viele Relikte aus der Römerzeit zu entdecken.

Korčula-Stadt ist eine Miniaturausgabe von Dubrovnik – kleiner, aber ebenso schön.

Ivan Meštrović. Überhaupt ist das Innere des dreischiffigen Gotteshauses reich verziert und edel ausgestattet. Seine heutige Gestalt bekam es im 15. Jahrhundert; der romanische Vorgängerbau wurde in die Kathedrale integriert. Schon vor der Machtübernahme durch die Venezianer schuf Bonino di Milano 1412 das Hauptportal. Gedrehte Säulen, zwei Löwen, die an beiden Seiten wachen: Hier mischen sich Elemente der Gotik und der Renaissance.

**** Lastovo** Unter allen kroatischen Inseln ist Lastovo die abgelegenste und am wenigsten touristische. Ihre von Kiefernwäldern geprägte Landschaft steht als Naturpark unter Schutz. Das einzige Hotel steht in Pasadur. Das Eiland fungierte lange Zeit als Piratenstützpunkt, bis Venedig es im 11. Jahrhundert eroberte und dem Treiben ein Ende setzte. Nach der Serenissima übernahm Venedigs Konkurrentin, die Seerepubik Ragusa (heute Dubrovnik), die Kontrolle über das Eiland und behielt sie bis Anfang des 19. Jahrhunderts. Dass Lastovo heute noch so wenig vom Tourismus berührt ist, verdankt es der Tatsache, dass es in der jugoslawischen Ära militärisches Sperrgebiet und für Besucher nicht zugänglich war. Heute ankern in den kleinen Buchten Segeljachten, die bunte Unterwasserwelt zieht viele Taucher an. Das Inselinnere wird durch ein Netz gut markierter Rad- und Wanderwege erschlossen.

Kathedrale St. Markus in Korčula-Stadt.

Im kleinen Hafen von Lučica auf Lastovo schaukeln Fischerboote.

Ston besitzt nicht nur die längste Wehrmauer Europas, sondern auch Salinen und Austernzuchtbecken.

***** Pelješac** Pelješac ist nach Istrien Kroatiens zweitgrößte Halbinsel. Schlauchförmig erstreckt sie sich zwischen der dalmatinischen Küste und den Inseln Mljet und Korčula, knapp 70 Kilometer lang, aber nur sieben Kilometer breit. Eine Fahrt über die gebirgige Insel lohnt, wenn man genügend Zeit hat, um die fantastischen Ausblicke über das Binnenland und die zerklüftete Küste zu genießen. An den steilen, aber fruchtbaren Hängen wächst einer der besten Weine Kroatiens: der violett-schwarze Dingač. Wo keine Reben stehen, findet sich Macchia, immergrünes Buschland, in den verkarsteten Bergen wachsen vereinzelt Kiefern oder Steineichen.

**** Orebić** Nur eine schmale Wasserstraße trennt das alte Hafenstädtchen Orebić auf der Halbinsel Pelješac von der gegenüberliegenden Inselhauptstadt Korčula. Das Pikante an dieser Lage: Pelješac gehörte einst der Seerepublik Ragusa (heute Dubrovnik), die Insel Korčula hingegen der großen Konkurrentin Venedig. Vom ebenso hübsch wie strategisch günstig gelegenen Franziskanerkloster über Orebić behielten Ragusas Spione alles im Blick, was sich gegenüber auf Korčula abspielte. Auch heute ist das Kloster ein wunderbarer Aussichtspunkt mit Blick auf die dalmatinische Inselwelt und auf die altehrwürdigen Kapitänshäuser von Orebić, die tief unten die Bucht säumen. Ein Museum erinnert an die Vergangenheit des Ortes als Seehafen.

**** Trpanj** Die Stadt gilt als älteste Siedlung auf der Halbinsel Pelješac. Funde auf dem Gradina-Hügel reichen weit zurück in illyrische Zeit. Heute eröffnet sich von den Ruinen der später dort erbauten byzantinischen Festung ein herrlicher Blick über den Hafen, an dem die Fähren nach Ploče ablegen, über die Nordküste von Pelješac und hinüber zum Festland. In der Umgebung laden verschwiegene Buchten mit Kiesstränden zu einem Sprung ins glasklare Meer. Bis heute ist Trpanj eine typische Fischersiedlung mit urigen Konobas, in denen die Chefin auf den Tisch bringt, was Ehemann und Söhne nachts zuvor aus dem Meer geholt haben. Dazu ein Glas honiggelber Rukatac-Wein und frisches Brot, und das Urlaubsglück ist perfekt.

***** Ston** Konkurrenz für die Chinesische Mauer: In Ston auf Pelješac steht die längste Wehrmauer Europas. 5,5 Kilometer lang, zieht sie sich quer über die gesamte Landenge. Mit ihren 40 Türmen, einem Kastell und den Bastionen diente sie dem Schutz des Kriegshafens und der Salzgärten. 1336 begannen die Bauarbeiten, die bis ins 15. Jahrhundert andauerten. Derzeit wird die Mauer saniert: Restaurierungsarbeiten sollen den steinernen Zeitzeugen erhalten, der bisher den Erdbeben in der Region trotzte. Anders die beiden Orte Mali Ston und Veliki Ston: 1996 zerstörte ein Beben dort viele Gebäude. Während Mali Ston für seine Austernzucht bekannt ist, wird in Veliki Ston Salz gewonnen. Es hat eine ungewöhnliche rotbraune Farbe.

Das Franziskanerkloster in Ston hat einen schönen gotischen Kreuzgang.

Grabmal eines Kapitäns auf dem Friedhof des Klosters Unserer Lieben Frau bei Orebić.

Segelrevier Dalmatien

Tief schneidet die Bucht ins Landesinnere ein, steil ragen dahinter Felsen auf. Das kleine Boot gleitet sanft hinein, sein weißes Segel bläht sich ein letztes Mal im Wind. Dann wird es an einem Steg vertäut und schaukelt für die Nacht auf den Wellen. So könnte ein perfekter Tag auf See enden, irgendwo zwischen den vielen Inseln

der kroatischen Mittelmeerküste. Das Revier ist ein Traum für Skipper aus aller Welt. Sie schätzen die abwechslungsreiche Inselwelt und die mehr als 25 gut ausgestatteten Häfen, die allein Dalmatien besitzt. Insgesamt gibt es in Kroatien ca. 12 300 Anlegeplätze und über 40 eingerichtete Marinas. Sportschiffer finden auf der gesamten Küstenlänge immer neue navigatorische Herausforderungen und stille Liegeplätze für die Nacht. Die vorgelagerten Inseln reihen sich wie Perlen an einer Schnur aneinander – sie dienen als Windbrecher. Zwischen ihnen und dem Festland ist das Meer ruhiger und eignet sich durchaus auch für Segelanfänger.

Slano liegt wunderschön in einer Bucht, umgeben von Kieferwäldern und Olivenhainen.

Die kleinste der drei bewohnten Elaphitischen Inseln ist das grüne Koločep.

**** Slano** Der beliebte Badeort schmiegt sich an eine tief ins Land greifende Bucht, die von den Hängen des Küstengebirges geschützt und eingerahmt wird. Der Bucht gegenüber bildet die Kette der Elaphiten eine natürliche Barriere zur offenen See. Zum Sonnenuntergang liegen die Silhouetten von Šipan und Jakljan wie Scherenschnitte in der Adria. Nicht nur die reizvolle Umgebung, auch der breite Kiesstrand von Slano machen den Ort zu einem attraktiven Urlaubsziel. Der Rektorenpalast, eine kleine Version des berühmten Pendants in Dubrovnik, weist Slano als einen jener Orte aus, die unter Ragusas Herrschaft standen. Die hübsche Franziskanerkirche stammt aus dem 15. Jahrhundert. Mehrere Fundstätten wie das römische Castrum auf dem Gradina-Hügel belegen, dass Slano auch schon in der Antike besiedelt war.

**** Elaphitische Inseln** Woher die Inselgruppe ihren Namen hat, ist ungeklärt – , »elaphos« ist das griechische Wort für Hirsch, möglicherweise erinnerte die Form des Archipels frühe Seefahrer an dieses Tier. Acht größere, fünf kleinere und zahlreiche winzige Inselchen und Riffe gehören zu den Elaphiten, die praktisch vor der Tür von Dubrovnik liegen. Šipan, Lopud und Koločep sind bewohnt und bekannt für ihre schönen

Eine Insel auf der Insel: Benediktinerkloster St. Maria im Nationalpark Mljet.

Badestrände und die üppige, subtropische Vegetation. Heute ein beliebtes Naherholungsziel der Stadtbevölkerung Dubrovniks, verbrachten bereits im 15. und 16. Jahrhundert Adlige und kirchliche Würdenträger ihre Sommerfrische dort. Sie ließen sich imposante Landsitze erbauen, von denen auf Šipan noch einige erhalten sind. Touristen kommen meist nur für einen Tagesausflug, sodass die Inseln sich ihre Ruhe weitgehend bewahren konnten.

**** Šipan** Die schmale, langgezogene Insel besitzt im Südosten und Nordwesten tief eingeschnittene Buchten, an denen die beiden Orte Šipanska Luka und Suđurađ liegen. Der Hafen von Šipanska Luka empfängt einlaufende Schiffe mit dem fotogenen Anblick großbürgerlicher Steinhäuser vor der Kulisse tiefgrün bewaldeter Hügel. So verschlafen der Ort wirkt, gilt er doch unter Seglern und Bootsfahrern als Feinschmecker-Mekka. Die Konoba »Kod Marka« bietet nicht nur fangfrischen Fisch direkt am Kai, sondern auch Ankerplätze für Segelgäste. Suđurađ schmückt sich am Hauptplatz mit zwei burgähnlichen Sommerresidenzen des Ragusaner Adels.

**** Lopud** Feriengäste, die Ruhe und Einsamkeit schätzen, finden auf Lopud eine bezaubernde Inselhauptstadt, verschlungene Wanderwege durchs üppige Grün, zahlreiche altkroatische Kirchlein und den berühmten Sandstrand Sunj. Malerisch besetzt ein vor sich hinbröckelndes Kloster die Landzunge nordöstlich des Hafens. Die Promenade entlang der Bucht führt zum verwunschenen Park eines ehemaligen Herrenhauses, das heute jedoch nicht mehr existiert. Doch Lopud steht nicht nur für Nostalgie. Etwas oberhalb des Ortes setzt die Kunstinstallation »Your Black Horizon« des isländischen Künstlers Ólafur Elíasson einen modernen Kontrapunkt.

***** Mljet** Der Legende nach soll Homer diese Insel gemeint haben, als er das bezaubernde Eiland Ogygia beschrieb und eine Geschichte von Odysseus und der Nymphe Kalypso erzählte. Gut möglich, denn Mljet ist ein stilles Naturparadies, teilweise zum Nationalpark erklärt und Heimat zahlreicher Pflanzenarten. Kiefern- und Steineichenwälder, Lorbeer-, Myrten-, Johannisbrot- und Olivenbäume verleihen der Insel ihr sattgrünes Kleid. Seltene Vögel, viele Eidechsenarten und Mungos sind hier zu Hause. Letztere wurden auf die Insel gebracht, um sie von giftigen Schlangen zu befreien. Das hat funktioniert, es gibt kaum noch Schlangen auf Mljet – weder giftige noch harmlose. Mitten im Nationalpark liegen zwei durch Kanäle mit dem Meer verbundene Salzseen, in denen man auch baden kann. Auf einer Insel im größeren der beiden Seen steht ein Benediktinerkloster aus dem 12. Jahrhundert.

Hier findet man sie noch, die viel gesuchte Ruhe – Hafenidyll auf Šipan.

Arboretum von Trsteno

Im Dorf Trsteno unweit von Dubrovnik kann man nicht nur zwei riesige, über 400 Jahre alte Platanen auf dem Hauptplatz bewundern, sondern auch ein Arboretum – die eindrucksvolle Sammlung exotischer Pflanzen ist auf dem Gelände einer Renaissance-Villa zu finden. Die wunderschöne Anlage ist der Dubrovniker Adelsfamilie

Gučetić zu verdanken, die sich hier eine prachtvolle Sommerresidenz erbauen ließ. Zwischen 1494 und 1502 entstand ein Garten, der seinesgleichen sucht. Auf drei Hektar Fläche gedeihen Pflanzen aus der ganzen Welt. Ein serbischer Angriff und nachfolgendes Feuer zerstörten 1991 einen Teil der Anlage, mittlerweile sind die Bestände jedoch weitgehend wieder aufgeforstet. Es gibt geometrisch angelegte Rabatten im französischen Stil, Zitrushaine, eine Palmensammlung und ein Heckenlabyrinth. Etwas versteckt zwischen all dem Grün liegt ein Teich mit Seerosen, Goldfischen und einem Brunnen, den Wassergott Neptun mit Nymphen ziert.

Aus dem Dächermeer von Dubrovniks Altstadt ragt die Kupppel der Kathedrale Mariä Himmelfahrt hervor.

*** **Dubrovnik** »Perle der Adria« wird Dubrovnik auch genannt und man sagt, außer Venedig habe es keine Konkurrenz. Die mittelalterliche Altstadt thront, an drei Seiten vom Meer umgeben, auf einer Felseninsel, die roten Dächer der Häuser leuchten schon von Weitem. Dass es überwiegend neue Ziegel sind, stört dabei niemanden. Denn nachdem 1667 ein schweres Erdbeben die Stadt verwüstet hatte, machte man sich an den Wiederaufbau. Es sollte alles werden, wie es war, als Ragusa – so hieß Dubrovnik bis 1921 – noch in vollem Glanz erstrahlte. Wer heute über den Stradun schlendert, auf das blaue Meer ringsum schaut, die Renaissance-Paläste bewundert oder in den marmorgepflasterten Gassen auf Entdeckungstour geht, wird dem Charme der Stadt erliegen, auch in der Hochsaison, denn: »Wer das Paradies auf Erden sucht, komme nach Dubrovnik«, schrieb der Schriftsteller George Bernard Shaw einst.

Dubrovniks Geschichte

Im Mittelalter war Dubrovnik einer der wichtigsten Handelsplätze im östlichen Mittelmeer. Im 14. Jahrhundert wehrte die damals Ragusa genannte Stadt – Dubrovnik ist erst seit 1921 ihr offizieller Name – erfolgreich die Herrschaftsansprüche Venedigs und Ungarns ab. Ab 1525 formal unter osmanischer Oberhoheit, bestimmte sie als Freie Republik bis zur Annexion Dalmatiens durch Napoleon (1809) selbst ihr Schicksal. Die mächtige Befestigung mit ihren bis zu sechs Meter dicken und 25 Meter hohen Mauern zeugt noch heute von ihrer Wehrhaftigkeit. 1667 zerstörte ein Erdbeben die Stadt fast ganz. Einige Gebäude aus dem Mittelalter wurden renoviert. Der Großteil der Bebauung, manche Innenausstattung und die mächtige Kathedrale erlebten ihren Wiederaufbau im Stil des Barock.

1 *** **Stadtbefestigung** Einen ersten Eindruck von Dubrovnik verschafft man sich am besten bei einem Spaziergang auf der Stadtmauer. Sie führt einmal rund um die ganze Stadt und schützt sowohl die Land- als auch die Wasserseiten. Zum Land hin sind die Mauern vier bis sechs Meter dick, zur Seeseite bis zu drei Meter stark – und fast überall 25 Meter hoch. Die gotische Stadtbefestigung wurde im Mittelalter durch einen zweiten Mauerring mit Kasematten, Doppeltoren, einem Wehrgraben sowie durch Festungen und Bastionen verstärkt. Der komplette Ring mit drei runden und zwölf viereckigen Wehrtürmen erstreckt sich über 1954 Meter. Heute lehnen sich auch einige Wohnhäuser an die Mauer an. In ihre Fenster können Besucher schauen, wenn sie im Westen hoch über dem Meer um die Festung Bokar spazieren. Die Festung St. Johannes an der östlichen Spitze sollte einst den Hafen schützen. Heute dient sie als Schifffahrtsmuseum.

Auf der fast zwei Kilometer langen Stadtmauer von Dubrovnik kann man einen Spaziergang unternehmen.

Zahlreiche historische Bauwerke von großer Schönheit prägen das Stadtbild von Dubrovnik. So gehört die imposante Stadtmauer zu

2 ***** Altstadt** Ein Bummel beginnt am eindrucksvollsten beim Pile-Tor im Westen, einem der beiden landseitigen Zugänge neben dem Ploče-Tor im Nordosten. Das Pile-Tor besteht aus zwei Teilen: 1537 wurde das Außentor errichtet, 1460 das Innentor. Über beiden wacht Dubrovniks Schutzheiliger, St. Blasius, der ein Modell der Stadt in seinen Händen hält. Dahinter beginnt eine Welt aus Stein. Holzhäuser hatte die Stadtverwaltung schon im Mittelalter wegen der Brandgefahr verboten; ebensowenig waren Balkone erlaubt, die den engen Gassen das Licht nehmen konnten. Straßenbreite, Geschosshöhen, Dachschrägen und Fenstergrößen waren ebenfalls gesetzlich festgelegt. Des Weiteren wurden Kanalbenutzung und Abfallbeseitigung überwacht, und auch Straßenreiniger gehören seit Jahrhunderten zum Stadtbild.

3 **** Dominikanerkloster** Es liegt im nordöstlichen Zipfel der Stadt, zwischen dem Ploče-Tor und dem Sponza-Palast. 1315 gegründet, stand das Dominikanerkloster zunächst noch außerhalb der Stadtmauer. Wegen seiner strategisch wichtigen Position am Meer wurde es wie eine Festung verstärkt. Bald darauf zog man die Verteidigungslinie dann doch um das Kloster herum und baute beides bis zum 16. Jahrhundert weiter aus. Innen gelangt man zunächst in den Kreuzgang, ein Ort, der viel Ruhe, Einkehr und meditative Kraft ausstrahlt. Um den zentralen Brunnen sind Palmen, japanische Mispeln und Orangenbäume angepflanzt. Der Glockenturm aus dem 14. Jahrhundert hat mehrere Erdbeben überdauert. Von hier aus betritt man das Museum, das wertvolle Gemälde besitzt. In der schlichten Kirche dahinter ist über dem Hauptaltar eine eindrucksvolle Kreuzigungsszene zu sehen.

4 **** Sponza-Palast** Die östliche Altstadt ist an der Hafenseite Dubrovniks gelegen. Hier stehen repräsentative Bauten aus der Blütezeit der Stadt dicht an dicht. Der Spon-

Machtzentrale der Republik Ragusa: der prächtige Rektorenpalast.

den am besten erhaltenen Befestigungsanlagen Europas.

za-Palast an der Nordseite der Placa Luža etwa wurde von 1516 bis 1522 nach Plänen des Architekten Paskoje Miličević errichtet, in einem Übergangsstil zwischen Gotik und Renaissance. Das Gebäude hatte im Laufe der Zeit unterschiedliche Funktionen. Es diente als Zollamt, Münzprägeanstalt, Schatz- und Rüstkammer, als Bank und Lagerhaus. Ende des 16. Jahrhunderts wurde der Palast zu einem Treffpunkt der Gelehrten und Intellektuellen. Heute beherbergt er das Stadtarchiv und den Gedenkraum der Verteidiger Dubrovniks mit einer anrührenden Fotoausstellung.

5 *** **Rektorenpalast** Südlich der Placa Luža steht der Rektorenpalast, die Machtzentrale der Republik Ragusa. Onofrio della Cava errichtete den Arkadenbau von 1435 bis 1451. Hier tagten nicht nur die Räte der Stadt, hier residierte auch der Rektor, das stets nur für einen Monat gewählte Stadtoberhaupt. Nach dem Fall der Republik 1809 wurde der Palast geplündert und später wiederholt durch Brände und Erdbeben zerstört. Heute befindet sich im Rektorenpalast die kulturgeschichtliche Abteilung des Dubrovniker Museums. Ausgestellt sind u. a. Porträts berühmter Stadtbewohner, eine umfangreiche Münzsammlung und die Originalschlüssel der Stadttore. Im hübschen Innenhof finden in den Sommermonaten Konzerte statt.

Im Kreuzgang des Dominikanerklosters herrscht meditative Stille.

Der Sponza-Palast hat das Erdbeben von 1667 unbeschadet überstanden.

Wie eine Theaterkulisse wirkt die barocke St.-Blasius-Kirche, wenn sie am Abend stimmungsvoll illuminiert wird.

6 ** **St. Blasius** Seit dem Jahr 972 ist er der Patron der Stadt, der heilige Blasius, Sv. Vlaho. Er hält ein Modell in der Hand, das die Stadt Dubrovnik zeigt, wie sie sich im 15. Jahrhundert, lange vor dem Erdbeben, präsentierte. Seine vergoldete Statue findet sich in der Kirche St. Blasius im Hochaltar unterhalb der barocken Orgel. Ein Goldschmied aus Dubrovnik fertigte sie im 15. Jahrhundert an. Das kostbare Stück wurde früher immer am 3. Februar in einer großen Prozession durch die Stadt getragen. Die heutige Kirche wurde von 1706 bis 1715 errichtet, nachdem ein Feuer den Vorgängerbau zerstört hatte. Vor dem Gotteshaus erinnert ein Denkmal an den Helden Roland, der den Bürgern Dubrovniks während der Belagerung durch arabische Piraten im 8. Jahrhundert beistand. 1418 gab die Stadt die über 2 Meter hohe Standfigur mit Schild und Schwert in Auftrag.

Die St.-Blasius-Kirche erstand nach einem Brand neu, im schwelgerischen Stil des venezianischen Barock.

Dubrovniks Kathedrale birgt einen der reichsten Kirchenschätze Europas.

7 ***** Kathedrale** Glaubt man der Überlieferung, so war es Richard Löwenherz höchstpersönlich, der den Bau der Kathedrale Mariä Himmelfahrt einst ermöglichte. Als der englische König im Jahr 1192 von einem Kreuzzug zurückkehrte, geriet er vor Dubrovnik mit seinem Schiff in ein schweres Unwetter, das er nur mit knapper Not überlebte. Zum Dank für seine Errettung spendete er Geld für die Errichtung einer Kirche. Nachdem ein Erdbeben das romanische Gotteshaus zerstört hatte, entstand von 1673 bis 1713 ein Neubau im Stil des römischen Barock, die Kathedrale Mariä Himmelfahrt, Velika Gospa. Zur Ausstattung gehören mehrere kunstvolle Altäre. Der Kirchenschatz der Kathedrale zählte vor dem Beben zu den reichsten Europas. 138 Reliquiare, unter ihnen Kästchen und Statuen aus Gold, Silber und Edelsteinen, sind bis heute erhalten. Ebenfalls unschätzbaren Wert haben einige Gemälde bedeutender italienischer Künstler: Das Polyptychon »Mariä Himmelfahrt« ist ein Werk des venezianischen Meisters Tizian.

St. Ignatius

Zuerst ist es eine kleine Gasse mit Stufen, dann verwandelt sich der Weg in eine prächtige Freitreppe. An deren Ende wartet die Jesuitenkirche St. Ignatius, eine der beeindruckendsten Barockkirchen Südeuropas. Sie erhebt sich am südlichen Ende der Altstadt und gehört zu den wenigen Bauwerken, die nach ihrer Zerstörung durch das Erdbeben nicht originalgetreu wieder aufgebaut wurden. Stattdessen entstand von 1699 bis 1735 nach Entwürfen des römischen Architekten Andrea Pozzo eine der größten Barockkirchen Dalmatiens. Den einschiffigen Innenraum überspannt ein Tonnengewölbe – ganz dem Vorbild der jesuitischen Ordensbaukunst folgend. Die Fresken und Altarbilder im Inneren stellen Szenen aus dem Leben des jesuitischen Ordensgründers, des hl. Ignatius von Loyola, dar.

Der Große Onofrio-Brunnen diente einst der Wasserversorgung der Stadt.

8 **** Stradun** Der Stradun glänzt wie eine spiegelnde Fläche. Kein Wunder, ist er doch die von Tausenden Schuhen abgelaufene, blank polierte Hauptachse des historischen Zentrums. Auch Placa genannt, führt die zentrale Achse vom Pile-Tor geradewegs zur Placa Luža – vorbei an zahlreichen Geschäften, Cafés und Bars. Auf beiden Seiten zweigen Gassen und Gässchen ab. Sie führen meist über Stufen zu den alten Wehrmauern hinauf. Der Luža-Platz ist der wichtigste der Altstadt, hier spielt sich das öffentliche Leben ab, das See-Tor öffnet den Weg zum Meer. Die Straße verläuft exakt an der Stelle des zugeschütteten Kanals, der in den Anfängen der Stadtgeschichte die Siedlungen Ragusa und Dubrava trennte. Nachdem dieser Meeresarm »beerdigt« worden war, wuchs Dubrovnik zusammen. Die Kalksteinplatten pflasterten übrigens nicht die Römer auf den Stradun, sondern im Jahr 1468 die Bürger Dubrovniks. Zuvor hatten sie unter der Straße eine Wasserleitung verlegt.

9 **** Großer Onofrio-Brunnen** Gegenüber der Erlöserkirche steht mehrere Meter hoch, halbrund und mit einer Kuppel aus roten Ziegeln der Große Onofrio-Brunnen. Baumeister Onofrio della Cava aus Neapel sicherte mit dem monumentalen Bauwerk im 15. Jahrhundert die Wasserversorgung der Bevölkerung der damaligen Republik Ragusa. Dafür ließ er von 1436 bis 1444 ein zwölf Kilometer langes Leitungssystem von den Karstquellen des Gebirges bis in die Stadt verlegen und das saubere Wasser im mächtigen Brunnen speichern. Aus 16 Wasserspeiern sprudelte das kühle Nass Tag und Nacht und verbesserte so den Komfort in der Stadt und die hygienischen Bedingungen maßgeblich. Beim großen Erdbeben von 1667 verlor der Brunnen nicht nur seinen filigranen Schmuck, sondern auch Teile seiner Funktionen.

10 *** Erlöserkirche** In unmittelbarer Nähe des Brunnens steht die kleine Erlöserkirche, Sv. Spas, die 1520 nach Plänen des dalmatinischen Baumeisters Petar Andrijič entstand. Sie hat eine schlichte, aber ausgesprochen elegante Fassade, die auf reichen Schmuck verzichtet – die einzige Ausnahme bildet die gotische Fensterrose. So kommt die Architektur des einschiffigen Renaissancebaus besonders gut zur Geltung. Im Sommer werden im atmosphärischen Inneren Konzerte veranstaltet.

Noch im Originalzustand erhalten: die zierliche Erlöserkirche.

Von Tausenden Füßen glatt poliert: der Stradun, Dubrovniks Hauptstraße.

Dubrovnik: Franziskanerkloster

Das Franziskanerkloster in Dubrovnik gilt als einer der schönsten Klosterbauten Kroatiens. Insbesondere der spätromanische Kreuzgang beeindruckt. Die ältesten Teile des Klosters stammen aus dem 14. Jahrhundert, allerdings musste nach dem schweren Erdbeben von 1667 insbesondere die Kirche neu errichtet werden. Vom

Ursprungsbau hat sich das Südportal im spätgotischen Flamboyantstil erhalten. Lohnend ist ein Besuch des Klostermuseums. Es integriert die ehemalige Klosterapotheke – eine der ältesten erhaltenen Apotheken Europas. Phiolen, Waagen, Porzellan- und Steintöpfchen sowie Destillierapparaturen lassen sich hier ebenso bestaunen wie kostbare Arzneibücher aus der Klosterbibliothek. Bis 1901 wurde hier noch Medizin hergestellt. Der üppig begrünte Kreuzgang, ebenfalls nahezu unverändert erhalten, besticht durch seine Doppelsäulen und maskenverzierten Kapitelle. Hell, aber zugleich monumental wirkt der Innenraum der Klosterkirche.

Die schöne Uferpromenade von Cavtat ist der Treffpunkt des Ortes.

Fischerboote schaukeln im Hafen.

In den steingrauen Altstadtgassen von Cavtat setzen Bougainvilleen farbige Akzente.

Die Stadt Cavtat ist Nachfolgerin des antiken Epidaurum. Sie liegt auf einer schmalen Halbinsel.

**** Cavtat** Knallrot, pink und kräftig violett heben sich die Bougainvilleen von den Hauswänden aus grau-weißen Steinen ab, nur die hellroten Ziegeldächer könnten ihnen den Rang ablaufen. Cavtat ist ein kleines Ferienstädtchen im Konavle-Tal, der »Toskana Dalmatiens«, rund 15 Kilometer südlich von Dubrovnik. Gerade einmal 2000 Einwohner zählt der Ort, der auf einer Landzunge liegt und bereits in der Antike besiedelt war. Slawen zerstörten ihn, die Bewohner ließen sich auf einer Felseninsel am anderen Ende der Bucht nieder. Das heutige Dorf besteht seit dem 15. Jahrhundert und besticht mit einer palmengesäumten Hafenpromenade und Stränden, die Cavtat schon im 19. Jahrhundert zum Badeort machten. Zu entdecken gibt es Kirchen, Klöster und einen Rektorenpalast, das Geburtshaus des Malers Vlaho Bukovac und das Mausoleum der Familie Račić.

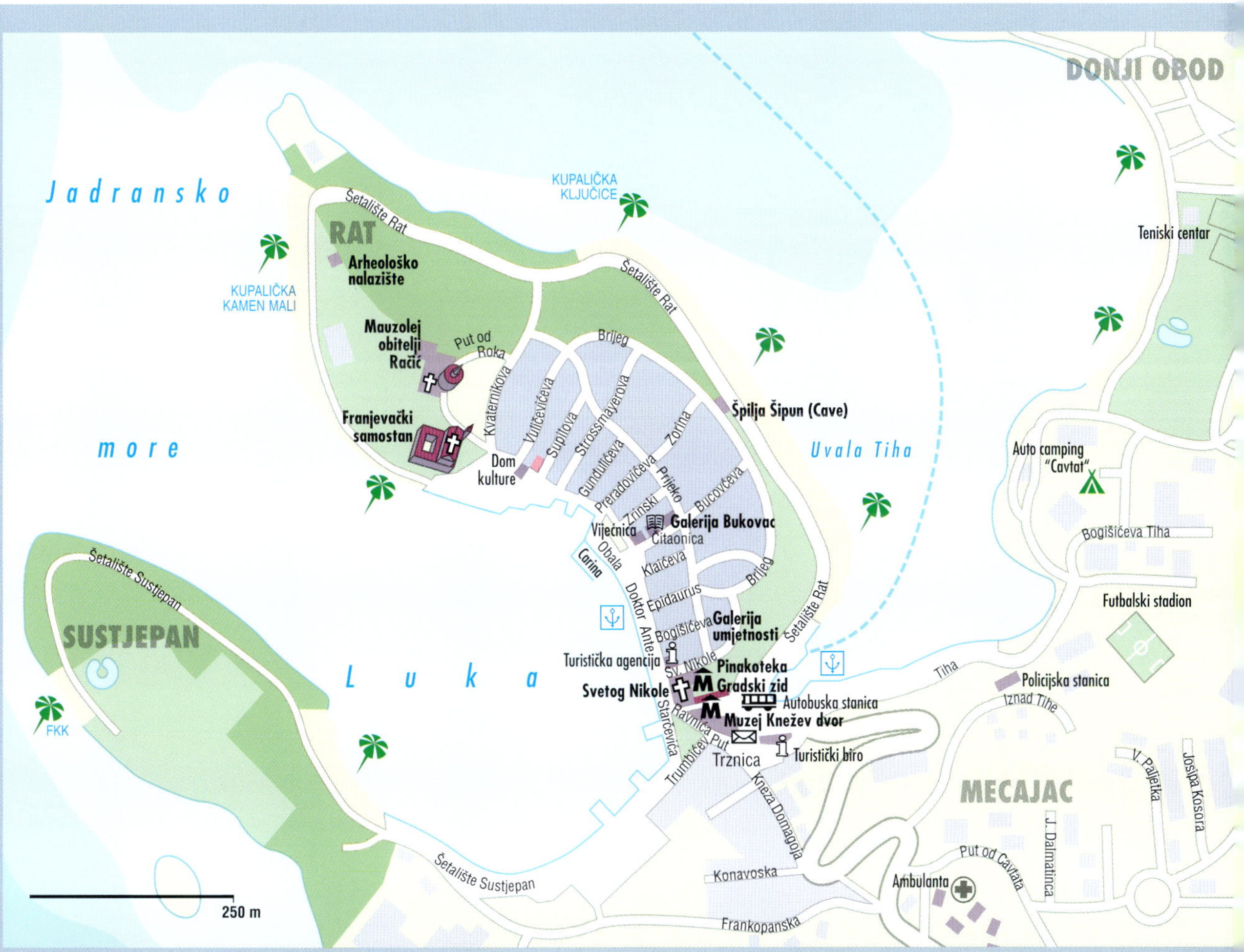

Slawonien

Mal ehrlich, wer kennt schon Städte wie Virovitica, Osijek oder Slavonski Brod? Die meisten Kroatien-Reisenden haben als Ziel die Küste, nicht das östliche Binnenland, das unter dem Namen Slawonien flächenmäßg fast ein Drittel des ganzen Landes ausmacht. Dabei hat die »Kornkammer Kroatiens« mit ihren schönen Schlössern, Burgen und Naturparks ihren ganz eigenen Reiz. Bild: Dreifaltigkeitsplatz in Osijek.

Unterwegs in Virovitica-Podravina

Die Region liegt im Norden Slawoniens an der Grenze zu Ungarn. Touristisches Highlight ist das klassizistische Schloss von Virovitica mit seiner schönen Parkanlage. In Orahovica kann man die gut erhaltene mittelalterliche Burg Ružica besichtigen.

Wegen seiner Nähe zu Ungarn ist Virovitica ein wichtiger Verkehrsknotenpunkt.

**** Orahovica** Unweit der Grenze zu Ungarn schmiegt sich das Städtchen an die Hänge des Papuk-Gebirges, das zu großen Teilen als Naturpark unter Schutz steht. Orahovica wurde im 13. Jahrhundert erstmals urkundlich erwähnt. Von 1543 an stand es fast 150 Jahre unter osmanischer Herrschaft. Architektonische Spuren hat diese nicht hinterlassen, vielmehr prägen Bauten des 20. Jahrhunderts den geruhsamen Ort, der sich vor allem als Standort für Ausflüge in die Umgebung empfiehlt. Hier locken der im Sommer beliebte Orahovica-See mit seinem treppenförmig angelegten Ufer und die Ruinen der Festung Ružica, eine der größten und am besten erhaltenen Burgen Slawoniens. Sie kontrollierte das Drau-Tal, einen wichtigen Ver-

VIROVITICA-PODRAVINA
Fläche:
2024 km²
Bevölkerung:
84 836 Einwohner
Bevölkerungsdichte:
42 Einwohner/km²
Sprache:
Kroatisch
Verwaltungssitz:
Virovitica
Spezialität:
Saljenaci (Blätterteiggebäck)

Der Stadtpark von Virovitica steht heute als Naturdenkmal unter Schutz.

Es wäre schade, nur durchzureisen – Virovitica lohnt einen längeren Stopp.

kehrs- und Handelsweg. Knapp 380 Meter hoch gelegen, bietet sie an klaren Tagen weite Ausblicke über die Pannonische Tiefebene. Nicht weit entfernt verbirgt sich in einem abgeschiedenen Tal das serbisch-orthodoxe Kloster St. Nikolaus, zu dessen Füßen ein Bergflüsschen plätschert.

**** Virovitica** Keine mittelalterliche Burg, sondern ein repräsentatives, im klassizistischen Stil um 1800 erbautes Schloss beherrscht das Ortszentrum von Virovitica. Die Grafen Pejačević ließen es anstelle der verfallenen mittelalterlichen Feste durch einen Wiener Architekten erbauen und den hübschen Park anlegen – der Verteidigungsgraben ist noch erhalten. Nach mehreren Besitzerwechseln – auch die deutschen Grafen Schaumburg-Lippe kauften sich hier ein – gehört das Schloss nun der Stadtverwaltung, die darin ein sehenswertes Volkskunstmuseum eingerichtet hat. Von 1552 bis 1684 stand auch Virovitica unter osmanischer Herrschaft. In dieser Zeit verließen die Franziskanermönche, die hier seit 1280 ein Kloster betrieben, die Stadt, kehrten Ende des 17. Jahrhunderts aber zurück und errichteten im 18. Jahrhundert den barocken Konvent, der zusammen mit der Kirche St. Rochus Viroviticas zweite bedeutende Sehenswürdigkeit bildet. Das Gotteshaus stammt aus der Zeit um 1750 und beeindruckt mit einem der schönsten barocken Innenräume Kroatiens. Sehenswert ist insbesondere der Hauptaltar mit seinem reichen Skulpturenschmuck.

Um die Burg Ružica oberhalb des Dorfes Duzluk ranken sich viele Legenden.

Unterwegs in Osijek-Baranja

Die landwirtschaftlich geprägte Region gilt als Kornkammer Kroatiens. Sehenswert sind der Naturpark Kopački Rit, die Universitätsstadt Osijek mit ihrer imposanten Festung und der schönen Drau-Promenade sowie die Schlösser in Donji Miholjac und Bilje.

** Donji Miholjac

Großzügige Parkanlagen prägen das Städtchen im Drau-Tal, das wie viele andere Orte der Region römische Wurzeln besitzt und im 16. und 17. Jahrhundert von den Osmanen besetzt war. Nach deren Abzug ließen die Grafen von Prandau ein spätbarockes Herrenhaus errichten, dem die ungarischen Grafen Mailath zu Beginn des 20. Jahrhunderts ein verspieltes, neugotisches Schloss gegenüberstellten. Ein Arkadengang verband beide Bauten. Über 50 Zimmer besitzt dieses Jagdschloss; es war eines der letzten, das im Habsburger Reich erbaut wurde, und ist mit allen Annehmlichkeiten ausgestattet, die der technische Fortschritt damals ermöglichte. Auch der Park war aufsehenerregend: Im 19. Jahrhundert noch im Besitz der Prandau, besaß er beheizbare Rasenflächen, Gewächshäuser und elektrische Beleuchtung.

*** Naturpark Kopački Rit

Der Naturpark am Zusammenfluss von Drau und Donau lebt im Rhythmus der Überschwemmungen durch die beiden Ströme. Im Frühjahr nach der Schneeschmelze steht ein großes Gebiet unter Wasser; Fische nehmen den Platz von Rot- und Schwarzwild ein, und Wasservögel finden einen reich gedeckten Tisch vor. In dieser Zeit ist ein Besuch der Sumpflandschaft am schönsten. Per Boot folgt man Wasserkanälen durch überschwemmte Eichenwälder, Seerosenteppiche und Schilfhaine, beobachtet Schwarzstörche, Seiden- und Löffelreiher auf Nahrungssuche, sieht Seeadler über dem Wasser kreisen und erlebt eine Landschaft, in der sich die Grenzen zwischen Land und Wasser aufzulösen scheinen. Durch besonders reizvolle Teile des Schutzgebiets führen Holzstege, andere besucht man per Boot oder Kanu oder folgt den angelegten Fahrradwegen durch die Auwälder, in denen Silberweiden ihre Kronen über die Wasserläufe beugen. Besonders im Frühjahr schwebt der vielstimmige Chor Tausender von Fröschen über der Landschaft. In einigen Teilen des Naturparks ist Angeln und Jagen erlaubt. Dieses ebenso eigenwillige wie faszinierende Moorgebiet teilt Kroatien mit den beiden Nachbarstaaten Ungarn und Serbien.

** Bilje

Die Stadt am Rande des Überflutungsgebiets des Kopački Rit war bereits in der Vorzeit besiedelt und diente später den Römern als wichtiger Stützpunkt. Zwischen

Landwirtschaft und Weinbau prägen die Region Osijek-Baranja.

Eine reizvolle Parklandschaft umgibt das Schloss von Bilje.

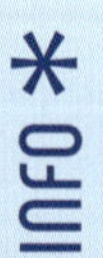

OSIJEK-BARANJA
Fläche:
4155 km^2
Bevölkerung:
305 032 Einwohner
Bevölkerungsdichte:
73 Einwohner/km^2
Sprache:
Kroatisch
Verwaltungssitz:
Osijek
Spezialität:
Čobanac (Fleisch-Eintopf)

dem 16. und 17. Jahrhundert von den Osmanen besetzt, wurde Bilje vom Türkenbezwinger Prinz Eugen befreit. Der Kaiser schenkte ihm zum Dank den Ort und die Baranja genannte umliegende Region. Der Savoyenprinz ließ in Bilje ein Jagdschloss errichten, dessen barocke Struktur die Stadt bis heute prägt. Die ehemaligen Wälder, in denen der Savoyer und seine Gäste zu jagen pflegten, wurden in einen schönen Park umgewandelt, der zu Spaziergängen einlädt. Bilje ist ein guter Ausgangspunkt für Touren in den Naturpark Kopački Rit; die Parkverwaltung hat in den Räumen des Schlosses Quartier genommen. Ein Teil der Anlage fungiert als kleines Museum mit einer Ausstellung zu Prinz Eugen. In den Restaurants von Bilje wird feurig gewürztes Fisch-Paprikasch serviert, eine Art Gulasch aus unterschiedlichen Süßwasserfischen.

Schloss Mailath in Donji Miholjac – eines der schönsten Schlösser Slawoniens.

Naturpark Kopački Rit

Der Naturpark Kopački Rit umfasst ein Areal, in dem die Drau in die Donau mündet. Es zählt zu den größten intakten Feuchtgebieten Europas. Vor allem Vögeln bietet es ein geschütztes Refugium – Seeadler, Schwarzstorch, Silberreiher, Graugans und Moorente brüten hier. Aber auch Biber, Otter, Wildkatze und Goldschakal sind in den Kopatscher Auen anzutreffen.

*** Osijek

Die geschäftige Stadt an der Drau war bereits in römischer Zeit ein bedeutender Flusshafen. 1526 wurde sie von den Osmanen besetzt und 1687 durch Prinz Eugen befreit. Die Habsburger sicherten Osijek als Teil der Militärgrenze zu den türkisch beherrschten Gebieten mit einer modernen Festungsanlage, der Tvrđa. Neben diesem militärischen Bereich entwickelten sich Ober- (Gorni grad) und Unterstadt (Donji grad). Im 19. Jahrhundert erlebte Osijek, damals unter dem ungarischen Namen Essek, einen enormen wirtschaftlichen Aufschwung, der auch in der Architektur zum Ausdruck kam. Die Bauten der Osijeker Sezession sind vor allem in der Oberstadt entlang der Kapucinska ulica und Europska avenija noch wunderbar erhalten. Schwere Schäden erlitt die Altstadt während des Balkankriegs durch Belagerung und Beschuss serbischer Truppen.

*** Tvrđa

Osijeks Altstadt ist Teil der Festungsanlage Tvrđa, die nach Plänen des österreichischen Militärarchitekten Maximilian Eugen Gosseau d'Heneff 1712 bis 1722 errichtet wurde. Kasernen und Bauten für Verwaltung und Militär sah er ebenso vor wie Bürgerhäuser, einen Marktplatz und Kirchen. Den Mittelpunkt der Tvrđa bildet der hübsche Platz der Dreifaltigkeit mit seinem barocken Brunnen. Die barocke Franziskanerkirche nimmt die Stelle der ehemaligen Moschee ein, die Suleiman der Prächtige hier erbauen ließ. Als die Festungsmauern im 19. Jahrhundert das Wachstum der Stadt behinderten, wurden sie zum großen Teil abgerissen; nur das Wassertor (Vodena vrata) von 1740 überstand den Kahlschlag.

** Đakovo

Die im 13. Jahrhundert erstmals erwähnte und im 16./17. Jahrhundert von Osmanen besetzte Stadt steht ganz im Schatten der mächtigen Kathedrale St. Peter, die Bischof Josip Juraj Strossmayer 1866 bis 1882 aus rotem Backstein errichten ließ. Strossmayer (1815–1905) war nicht nur ein bedeutender Kleriker, sondern auch ein einflussreicher Politiker und geistiger Wegbereiter der panslawischen Bewegung, die letztendlich zur Gründung Jugoslawiens führte. Übrigens ist in Đakovo die einzige Moschee aus osmanischer Besatzungszeit erhalten: Ihr Oktogon mit flacher Kuppel verbirgt sich hinter der heutigen Allerheiligenkirche.

Die Kathedrale zu Đakovo ist das Wahrzeichen der gleichnamigen Stadt.

Eine Statue in Osijek ehrt den Freiheitskämpfer Ante Starčević.

Festival Đakovački vezovi

Zum »Festival der Stickereien aus Đakovo« treffen sich jedes Jahr im Sommer Folkloregruppen aus Slawonien und den Nachbarregionen in Đakovo, um dort ihre traditionellen Lieder und Tänze, althergebrachte Gerichte, die besten slawonischen Weine, vor allem aber die farbenprächtigen Trachten zu präsentieren. Charakteristisch für die traditionelle Festtagskleidung Slawoniens sind üppige Stickereien, die teils in den traditionellen Farben Rot und Weiß, teils aber auch in Gold ausgeführt werden. Beliebte Motive sind Ranken, Blätter und Blüten, während die einfachen, bäuerlichen Kostüme häufig mit geometrischen Mustern bestickt sind. Über den Wert eines solchen Kleidungsstücks entscheidet nicht das Material, sondern die Feinheit der Stickerei.

Farbenfrohe Wand- und Deckenfresken schmücken die Kathedrale St. Peter in Đakovo.

Unterwegs in Vukovar-Srijem

In der kriegszerstörten Stadt Vukovar schreitet der Wiederaufbau voran, zwei hervorragende Museen sorgen für kulturellen Glanz. Ilok ist für seinen goldgelben Traminer bekannt, daneben sind hier ein Hammam und ein Grabmahl aus osmanischer Zeit zu bewundern.

Das Schloss Eltz in Vukovar gehört zu den schönsten profanen Barockbauten Kroatiens.

****Vukovar** Ein großes, weißes Steinkreuz erinnert an der Mündung der Vuka in die Donau an die Kämpfe und Gräuel der Balkankriege hier an der kroatisch-serbischen Grenze: Knapp drei Monate wurde Vukovar im Jahr 1991 von jugoslawisch-serbischen Einheiten belagert und beschossen. Bei einem Massaker nach der Eroberung wurden mehr als 250 Zivilisten ermordet und in einem Massengrab verscharrt. Man hatte sie aus dem Krankenhaus von Vukovar verschleppt, das heute als Gedenkstätte an die tragischen Ereignisse erinnert. Die Spuren des Krieges sind noch immer zu sehen. Den berühmten Wasserturm von Vukovar mit

VUKOVAR-SRIJEM
Fläche:
2454 km²
Bevölkerung:
179 521 Einwohner
Bevölkerungsdichte:
73 Einwohner/km²
Sprache:
Kroatisch
Verwaltungssitz:
Vukovar
Spezialität:
Süßwasser-Fischgerichte (z.B. Barsch)

An der Mündung der Vuka in die Donau ehrt ein Steinkreuz die Verteidiger der Stadt.

Ein Mahnmal des Kroatienkrieges: der zerschossene Wasserturm von Vukovar.

640 Einschüssen ließ man als Mahnmal stehen. Das Franziskanerkloster, das imposante Schloss Eltz mit dem Stadtmuseum und viele andere barocke Bauten der ehemals hübschen Altstadt wurden inzwischen restauriert. Wie alt das Siedlungsgebiet ist, belegen Funde in der archäologischen Zone von Vučedol. Im modernen Museum ist unter anderem die jungsteinzeitliche »Taube von Vučedol« zu sehen.

Museum der Stadt Ilok: Schloss Odescalchi.

**** Ilok** Das mauerumgürtete Ilok, Kroatiens östlichste Stadt, ist bekannt für seine Weinkeller. Hier liegt das Hauptanbaugebiet des goldgelben Traminers (Traminac), der zu den besten Tropfen Kroatiens zählt. In zahlreichen »Podrumi«, wie hier die Weinkeller heißen, können sich Besucher von der hohen Qualität dieses und anderer Weißweine überzeugen. Zu den ältesten Kellereien zählt die Genossenschaft Iločki Podrumi, die 1450 gegründet wurde und in Gewölben unter dem Schloss Odescalchi residiert. Doch der Weinbau hier an der Donau ist noch älter – Kaiser Probus soll ihn im 3. Jahrhundert n. Chr. eingeführt haben. Weitere Entdeckungen lassen sich bei einem Bummel entlang der Stadtmauer machen. So existieren noch ein Hammam und eine Türbe (Grabmahl) aus dem 16. und17. Jahrhundert, als Ilok von den Osmanen besetzt war. Im barocken Schloss Odescalchi informiert das Stadtmuseum über die Geschichte der Region, auch der Weinanbau ist in der Ausstellung Thema.

Umfassend renoviert, ist Schloss Eltz heute Sitz des sehenswerten Stadtmuseums.

Unterwegs in Brod-Posavina

Die Waldberge Slawoniens kommen hier der Save und Bosnien-Herzegowina ganz nahe. Dass die Region schon immer Grenzland war, bezeugt die eindrucksvolle Festung Brod, eine sternförmige Anlage im Stil Vaubans aus der Ära des Barock.

Sie sicherte die militärische Grenze zwischen Osmanischem Reich und Habsburgermonarchie: die Festung Brod.

*** Nova Gradiška** Die Kleinstadt unweit der Grenze zu Bosnien und Herzegowina ist eine der jüngsten Slawoniens. Zur Sicherung der Habsburger Militärgrenze wurde sie unter dem Namen Friedrichsdorf 1748 als Soldatensiedlung gegründet. Die ältesten Bauten des heute weitgehend modern erscheinenden Nova Gradiška stammen aus dieser Zeit: Gerichtsgebäude, Gefängnis und die barocke Theresienkirche mit ihrem auffälligen Glockenturm. Im 19. Jahrhundert zählte Nova Gradiška zu den ersten Städten Kroatiens mit elektrischer Beleuchtung. Dass hier in der Nähe des Save-Ufers bereits jungsteinzeitliche Bauern siedelten,

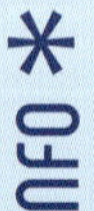

BROD-POSAVINA
Fläche:
2030 km²
Bevölkerung:
158 575 Einwohner
Bevölkerungsdichte:
78 Einwohner/km²
Sprache:
Kroatisch
Verwaltungssitz:
Slavonski Brod
Spezialität:
Kulen (pikante Hartwurst)

Der Kreuzgang des Franziskanerklosters von Slavonski Brod strahlt meditative Stille aus.

In Slavonski Brod ehrt eine Statue Franjo Tuđman – er war Kroatiens erster Präsident.

belegt der Fund einer »slawischen Venus«. Die kleine Kultfigur mit angedeuteten Brüsten, aber ohne Gesicht stammt aus dem 5. Jahrtausend v. Chr. Sie wurde unweit von Nova Gradiška entdeckt und ist heute im Stadtmuseum ausgestellt.

**** Slavonski Brod** Um einer Verwechslung mit der wenige Kilometer südlich gelegenen bosnischen Stadt Bosanski Brod vorzubeugen, wird der Ort offiziell Slavonski Brod genannt. Die Stadt im Grenzgebiet von österreichischer und osmanischer Einflusssphäre war häufig umkämpft. 1715 ließ Prinz Eugen von Savoyen an diesem strategisch so wichtigen Ort die wehrhafte Festung Brod errichten. Ende des 19. Jahrhunderts kam mit der Gründung mehrerer Industriebetriebe und dem Bau der Eisenbahn nach Sarajewo der wirtschaftliche Aufschwung, den die Balkankriege 1991 bis 1995 jäh beendeten. Vor allem rund um die Zitadelle Brod, im Vaubanschen Stil sternförmig erbaut, sind noch Spuren der Kämpfe sichtbar. Bastionen und Kasematten rund um den u-förmigen Hauptbau, den Kavalier, laden inzwischen bepflanzt und begrünt zum Flanieren ein. Eine Überraschung birgt das festungsähnliche Franziskanerkloster, dessen Kirche als größtes Gotteshaus Slawoniens gilt. Der barocke, wunderbar restaurierte Kreuzgang wirkt ungemein lauschig und intim.

Slavonski Brod blickt heute wieder mit Zuversicht in die Zukunft.

Unterwegs in Požega-Slawonien

Neben dem grünen Papuk-Gebirge, Weinbergen und berühmten Kellereien wie der Vinarija Kutjevo gibt es in dieser Region Požega mit seinem schönen barocken Zentrum und das staatliche Lipizzanergestüt in Lipik zu entdecken.

Kurhaus in Lipik: Repräsentative Bäderarchitektur zeugt von der Glanzzeit der Stadt als beliebter Kurort der Habsburgermonarchie.

**** Lipik** Seit dem 18. Jahrhundert ist die Kleinstadt für die heilende Kraft ihrer Thermalquellen bekannt. Mitte des 19. Jahrhunderts wurde sie europaweit berühmt, als Quellen und umliegende Wälder an das Unternehmen »Henry D'Heureux – Gibal« verkauft wurden. Als Teil der Erschließung errichtete Gibal nicht nur neue Bäder und Anlagen, sondern baute auch eine direkte Eisenbahnverbindung nach Wien. Heute erlebt der Kurgast nicht nur die wohltuende Wirkung des stark jodhaltigen Wassers, sondern schwelgt angesichts der klassizistischen Architektur der Badeanlagen in Nostalgie. Ein wunderschöner, zehn Hektar großer Park umgibt das historische Kurhaus im Stil der Neorenaissance und die Wandelhalle, unter deren Dach Kurgäste zu jeder Jahreszeit trockenen Fußes promenieren konnten. Einige dieser historischen Bauten harren noch der Renovierung, doch das Thermalbad erstrahlt in frischem Glanz. Als Abwechslung zum Kurbetrieb bieten sich Ausritte auf Lipizzanern im nahen Staatsgestüt an. Kroatien strebt eine Aufnahme der Pferderasse in die Liste des immateriellen Kulturerbes der UNESCO an.

INFO

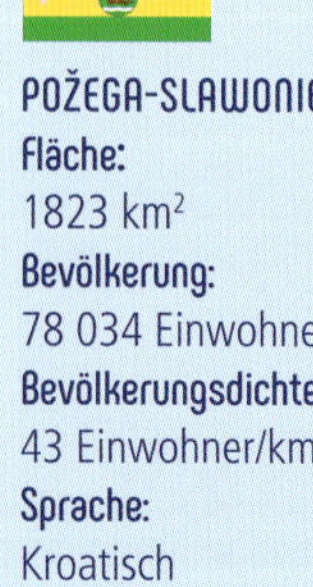

POŽEGA-SLAWONIEN
Fläche:
1823 km²
Bevölkerung:
78 034 Einwohner
Bevölkerungsdichte:
43 Einwohner/km²
Sprache:
Kroatisch
Verwaltungssitz:
Požega
Spezialität:
Wein

Der Hauptplatz von Požega wird von der Heiliggeistkirche dominiert.

Das ehemalige Kloster Kutjevo ist heute ein Weinkeller, in dem erlesene Tropfen lagern.

***** Požega** Das beschauliche Barockstädtchen lässt die Ära der Pferdekutschen und Krinolinen wieder erstehen, und das nicht nur, weil man als Besucher eventuell zu sehr dem lokalen Weißwein Graševina zugesprochen hat. »Vallis aurea«, goldenes Tal, heißt die von der Sonne begünstigte Weinbauregion rund um Požega. Der Wein scheint auch Dichter angezogen zu haben, denn im 18. und 19. Jahrhundert entwickelte sich Požega zum literarischen Zentrum Slawoniens. Kaiserin Maria Theresia verlieh den Status einer freien Stadt, die Jesuiten gründeten Schulen, und Požega erlebte im 18. Jahrhundert nach dem Ende der osmanischen Besatzung einen wirtschaftlichen und kulturellen Aufschwung. Zu den schönsten Platzensembles Kroatiens gehört der arkadengesäumte Dreifaltigkeitsplatz. Er wird vom Rathaus, dem Franziskanerkloster und der weiß getünchten Heiliggeistkirche umgeben. In der Mitte ragt die barocke Pestsäule auf.

**** Kutjevo** Es waren französische Zisterziensermönche, die bereits im 13. Jahrhundert mit dem Weinbau rund um die hübsche Kleinstadt begannen und tiefe Kavernen in die Hänge gruben, um den Wein kühl zu lagern. Die osmanischen Besatzer lösten das Kloster auf und vertrieben die Mönche, doch nach der Befreiung holte Kaiser Leopold Jesuiten ins Land, die auf den Ruinen ein barockes Kloster errichteten und den Weinbau fortführten. Später von der Familie Turković zum Adelssitz umgebaut, fungiert Schloss Kutjevo nach wie vor als Weingut – der Keller kann besichtigt werden. Berühmtester Wein der Region ist der Welschriesling Graševina, es wird aber auch Traminer gekeltert. Zwei der bekanntesten Winzer Kroatiens, Krauthaker und Enjingi, residieren in der Nähe von Kutjevo. Ersterer ist berühmt für seinen Graševina, Letzterer arbeitet erfolgreich mit ökologischen Anbaumethoden. Nicht weit entfernt von dieser lieblichen Weinlandschaft bedecken dichte Buchenwälder die Hänge des Papuk-Gebirges. Die als Naturpark geschützte Region zählt wegen ihrer geologischen Beschaffenheit und ihres Artenreichtums zu den europäischen Geoparks.

Schloss Prandau-Normann

Das von weitläufigen Parkanlagen umgebene Barockschloss in Valpovo wirkt ungemein harmonisch. Auf den ersten Blick lässt nichts erkennen, dass es aus einer mittelalterlichen Burg entstanden ist. Im 14. Jahrhundert als eine von Wehrmauern und einem Wassergraben umgebene Feste erbaut, wechselte es im Lauf der Zeit mit seinen Besitzern Funktion und Architektur, bis es sich in der ersten Hälfte des 18. Jahrhunderts in ein barockes Herrenhaus verwandelte. Nur der viereckige Grundriss und ein runder Wehrturm im Innenhof blieben erhalten. Die Außenwand des Turms schmückt das Wappen der Familie Morović, um das sich ein fauchender Drache windet. Innen führt eine Spiraltreppe in den obersten Raum mit spätgotischen Schmuckelementen an den Bänken und Türeinrahmungen.

Požega

Das schöne Požega ist nicht nur für seine hervorragenden Weine bekannt, hier steht auch das erste, 1699 gegründete Gymnasium Slawoniens, das kurzzeitig sogar als Universität fungierte. Das Gebäude befindet sich zusammen mit dem Jesuitenkolleg am zentralen Dreifaltigkeitsplatz, dessen Bürgerhäuser im Erdgeschoss von großzügigen Laubengängen geprägt sind.

Zentralkroatien

Der nördlichste Teil Kroatiens ist das wirtschaftliche und politische Zentrum des Landes. Hier lädt nicht nur die Hauptstadt Zagreb zu einem Besuch, auch Kleinstädte wie Varaždin oder Samobor, Wassermühlen und Naturparks machen einen Abstecher lohnend – nicht zu vergessen die kulinarischen Spezialitäten der Region wie Fischgulasch oder Wildschweinschinken. Bild: Barockstadt Varaždin.

Unterwegs in Karlovac

Zahlreiche Schlösser, hübsche Ortschaften und Städte wie Ozalj, Karlovac, Slunj und Ogulin bilden das reiche kulturelle Erbe der Region. Historische Wassermühlen und Kaskaden prägen Rastoke, eine Miniaturausgabe der Plitvicer Seen.

Der Brunnen auf dem Hauptplatz von Karlovac symbolisiert die Lage der Stadt an vier Flüssen – Korana, Kupa, Mrežnica und Dobra.

**** Ozalj** Das Städtchen am Ufer der Kupa ist für die Kroaten von nationaler Bedeutung. Im 16./17. Jahrhundert bildete sich hier unter den Adelsgeschlechtern der Frankopanen und der Zrinski ein von den Fürsten geförderter Zirkel aus Literaten und Denkern, der die Einheit der kroatischen Regionen und der kroatischen Sprache anstrebte. Die Habsburger Herrscher verfolgten die Entwicklung mit Argwohn; 1670 ließen sie schließlich die Anführer der vermuteten Verschwörung in Wien hinrichten. Die im Mittelalter hoch über dem Fluss errichtete Burg wurde im 18. Jahrhundert im barocken Stil erneuert und umgebaut. Heute residiert darin ein Museum zur Geschichte der großen kroatischen Adelsfamilien. Der Aufstieg lohnt allein schon wegen des

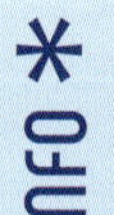

KARLOVAC
Fläche:
3626 km²
Bevölkerung:
128 899 Einwohner
Bevölkerungsdichte:
36 Einwohner/km²
Sprache:
Kroatisch
Verwaltungssitz:
Karlovac
Spezialität:
Slivovic (Obstbrand)

Von Schloss Ozalj blickt man auf das von üppigen Wäldern eingefasste Tal der Kupa.

Blicks über die grüne Hügellandschaft, durch die der Fluss Kupa seine Bahn zieht. Interessant ist in Ozalj auch das historische Wasserkraftwerk Munjara, das 1908 mit der Stromproduktion begann.

**** Karlovac** Der sternförmige Grundriss der einst mächtigen Befestigungsanlage um die Altstadt von Karlovac ist nur noch im Luftbild erkennbar. Heute vermitteln die begrünten Mauern und Wehrgräben ein friedliches Bild. Die Stadt samt Festungswerk wurde erst Ende des 16. Jahrhunderts auf Initiative Erzherzog Karls II. gegründet, denn die Lage zwischen Zagreb und dem Adria-Hafen Rijeka galt als verkehrstechnisch und militärstrategisch ideal. In den Türkenkriegen leistete Karlovac einen wichtigen Beitrag zur Verteidigung; danach verlor es zwar militärisch an Bedeutung, entwickelte sich aber zu einem wichtigen Verkehrsknotenpunkt. Ein Meilenstein im Zentrum der Altstadt erinnert daran: Hier begann die im 18. Jahrhundert ausgebaute Handelsstraße Josephina in Richtung Adria-Küste mit Ziel Senj. Weitere Verbindungen nach Bakar und Rijeka machten Karlovac zu einem bedeutenden Warenumschlagplatz des Habsburgerreichs. Während des Balkankriegs wurde Karlovac lange belagert und die historische Bausubstanz durch Granatbeschuss schwer in Mitleidenschaft gezogen. Heute sind die Schäden behoben: Die Altstadt breitet sich idyllisch am Ufer des Flüsschens Korana aus. Niedrige Häuser des 18. und 19. Jahrhunderts und die barocke Dreifaltigkeitskirche säumen den Hauptplatz. Die gut erhaltene Burg Dubovac etwas außerhalb war über 100 Jahre lang Hauptsitz der Frankopanen.

Die Altstadt von Ozalj liegt erhöht auf einem Berg, Zugang gewährt eine alte Holzbrücke.

Schloss Ozalj war Wohnsitz der Verschwörer Petar Zrinski und Fran Krsto Frankopan.

Die Dreifaltigkeitskirche aus dem 16. Jahrhundert ist das älteste Gebäude von Karlovac.

Einst Bollwerk gegen die Osmanen, heute nur noch eine Ruine: die Festung Slunj.

Die Wasserfälle von Rastoke sind eine Alternative zu den überlaufenen Plitvicer Seen.

Wassermühlen

Über 20 Wassermühlen soll es in der vom Karst geprägten Landschaft um Slunj an den Flüsschen Sljunčica und Korana einst gegeben haben; heute besteht nur noch eine Handvoll davon. Industriemühlen haben die althergebrachten Handwerksbetriebe verdrängt. Ein großes, vom Wasser angetriebenes Schöpfrad setzte Mühlsteine in Bewegung, deren Qualität über das zu mahlende Getreide entschied. Traditionell unterschied man zwischen »schwarzen« und »weißen« Mühlen: In den schwarzen wurden Mais, Hafer und Roggen gemahlen, in den weißen ausschließlich Weizen. Doch die Wasserkraft wurde nicht nur zum Mahlen, sondern auch zum Filzen von Wollkleidung genutzt. In den lokalen Trachten sind diese traditionellen Materialien noch heute lebendig.

**** Ogulin** Auch Ogulin, vom Hausberg Klek überragt, war einst Teil der Habsburger Militärgrenze gegen die Osmanen – die im 15. Jahrhundert errichtete Frankopanen-Burg zeigt von seiner einstigen strategischen Bedeutung. Das Stadtmuseum arbeitet die Geschichte des Ortes und des Frankopanen-Geschlechts anschaulich auf. Heute erfreut sich Ogulin vor allem wegen seiner Naturschönheiten großer Beliebtheit. Ein beliebtes Ausflugsziel ist die Đula-Schlucht, die der Fluss Dobra tief in das Gestein gegraben hat. Eine Legende erzählt von der schönen Đula, die einem alten Kaufmann versprochen war, sich aber in einen jungen kroatischen Offizier verliebte. Als dieser im Kampf gegen die Osmanen fiel, stürzte sie sich aus Verzweiflung in den Abgrund. An Milan, den Soldaten, erinnert eine Felsformation am Rande der Schlucht. Sie gleicht einem Menschen, der suchend in den Abgrund blickt.

***** Slunj** Slunj, das ehemalige Slovin, war eine der bedeutendsten Festungen der Frankopanen im Kampf gegen die Osmanen. Heute zeigt sich der Ort recht unspektakulär und würde unter den vielen ähnlichen Dörfern in der Umgebung kaum hervorstechen, gäbe es nicht den Ortsteil Rastoke und seine bezaubernde Wasserlandschaft: Sie gilt als kleine Version des berühmten, nicht weit entfernt gelegenen Nationalparks Plitvicer Seen. Die Slunjčica verzweigt sich hier in viele kleinere Flussarme und stürzt über Kaskaden und Wasserfälle in die Tiefe, um schließlich in die Korana zu münden. An den Ufern stehen zahlreiche Wassermühlen – einige bestehen bereits seit 300 Jahren, andere wurden in der kurzen Ära französischer Besatzung von 1809 bis 1813 errichtet. Rastoke wurde schon im 17. Jahrhundert wegen seiner reizvollen Landschaft von zeitgenössischen Historikern beschrieben, darunter Johannes Weikhard von Valvasor (1641–1693). Bis heute entführt es mit seinen Holzhäusern und den über die Flussarme führenden Stegen zurück in längst vergangene Zeiten. Urlauber können hier in romantischen Pensionen am Flussufer nächtigen und die lokalen Spezialitäten wie geräucherten Bären- und Wildschweinschinken oder Bachforelle verkosten.

Die wuchtige Burg von Ogulin beherbergt heute das Heimatmuseum.

In Rastoke nutzen zahlreiche Mühlen die Wasserkraft der Slunjčica.

Unterwegs in Sisak-Moslavina

Auf dem Areal des wasserreichen Naturparks Lonjsko Poje liegen auch das Storchendorf Čigoć und Krapje mit seinen schönen hölzernen Posavina-Häusern. In Sisak und Hrvatska Kostajnica zeugen eindrucksvolle Grenzfestungen von kriegerischen Zeiten.

Der Naturpark Lonjsko Polje ist ein Paradies für Vögel.

**** Sisak** Die Stadt mit keltischen Wurzeln war in der römischen Ära eine bedeutende Metropole, wovon noch einige antike Reste zeugen. Prägend war allerdings auch die Grenzlage von Sisak, das im Laufe seiner Geschichte immer wieder von feindlichen Armeen belagert, teils auch überrannt wurde. Berühmt ist insbesondere die »Schlacht von Sisak« (1593), in der die Habsburger Verteidiger erstmals den Osmanen eine empfindliche Niederlage beibrachten. In den Balkankriegen war Sisak wiederholt das Ziel serbischer Angriffe aus der benachbarten Krajina, wovon heute noch Schäden in der historischen Altstadt zeugen. Sehenswert ist die über dem Zusammenfluss von Save und Kupa thronende Festung aus dem 16. Jahrhundert, ein wehrhafter Bau auf dreieckigem Grundriss mit einem Rundturm an jeder Ecke. Sie ist heute Sitz des Stadtmuseums. Die fotogene Alte Brücke ist eine neuzeitliche Errungenschaft, sie stammt aus dem frühen 20. Jahrhundert.

*** Petrinja** Das nur wenige Kilometer von Sisak entfernte Petrinja ist eines von wenigen Städtchen an der ehemaligen Militärgrenze, dessen Festung nicht von kroatischen Fürsten, sondern von osmanischen Militärs errichtet wurde. 1592 nisteten sich

SISAK-MOSLAVINA
Fläche:
4468 km²
Bevölkerung:
172 439 Einwohner
Bevölkerungsdichte:
39 Einwohner/km²
Sprache:
Kroatisch
Verwaltungssitz:
Sisak
Spezialität:
Domaci Sir (Käse)

Eine fotogene Backsteinbrücke führt in Sisak über den Fluss Kupa.

die Osmanen in der historischen Siedlung ein, deren Wurzeln in die römische Ära zurückreichen, befestigten sie mit dem Kastell, konnten den Ort aber nur wenige Jahre halten. Durch die Grenzlage sah sich Petrinja auch in den Balkankriegen massiven Angriffen ausgesetzt – die Schäden an den einstöckigen Altstadthäusern sind bis heute nicht ganz behoben. Petrinja entwickelte sich im 18. Jahrhundert dank eines Edikts von Kaiserin Maria Theresia zu einem wohlhabenden Handwerkszentrum. 1792 wurde in dem Ort eine erste Manufaktur für Salami gegründet; ihr Nachfolger, das Gastronomieunternehmen Gavrilović, produziert bis heute im ganzen Land beliebte Würste und Schinken.

***** Naturpark Lonjsko Polje** Das verzweigte Netz von Wasserarmen, das Kupa, Save, Lonja, Una und Strug zwischen Ivanić-Grad und der bosnischen Grenze bilden, ist eines der wichtigsten Feuchtgebiete Europas und mit 50 000 Hektar auch eines der größten. Über 240 Vogelarten halten sich in dieser Sumpflandschaft ganzjährig oder auf dem Durchzug nach Süden auf, darunter Reiher, Löffler und Seeadler. Wappentier des Naturparks sind allerdings die Störche: Aus Afrika kommend, beziehen sie ihre Nester im April und brüten bis Ende August die Jungen aus. Neben dem reizvollen, durch die verschwimmenden Grenzen von Wasser und Land geprägten Landschaftsbild ist auch die traditionelle Architektur der Bauernhöfe bemerkenswert. Die einstöckigen Holzbauten besitzen eine Außentreppe, über die man die Wohnräume auch im Falle einer Überschwemmung erreichen konnte; das Erdgeschoss diente als Lagerraum. Schöne Fotomotive halten die beiden Dörfer Čigoć und Krapje bereit: Čigoć verdankt sein Prädikat »Europäisches Storchendorf« den vielen Störchen, die alljährlich auf seinen Kirchtürmen, Hausdächern und Strommasten nisten – auf drei Einwohner kommt angeblich ein Paar! In Krapje stehen noch zahlreiche gut erhaltene Holzhäuser mit der charakteristischen »Schwarzküche«. Der Rauch zieht hier nicht durch einen Kamin ab, sondern dringt durch Ritzen in den Holzbalken in den Trockenraum darüber, in dem Würste und Schinken geräuchert werden. Im nahen Wildgehege Krapje Đol bietet sich die Gelegenheit, heimische Haustierrassen wie die stämmigen Posavina-Pferde oder die wild in den Wäldern weidenden Turopolje-Schweine zu bestaunen, die gut schwimmen können. Außerdem leben Grau-, Nacht- und Purpurreiher sowie Zwergdommeln in dem Feuchtgebiet. Bei Radtouren durch den Naturpark lassen sich all diese Tiere aber auch in ihrem natürlichen Habitat beobachten.

Jasenovac

Ein monumentales, wie ein geöffneter Blütenkelch geformtes Mahnmal erinnert in der friedvollen Landschaft des südöstlichen Lonjsko Polje an ein grausames Kapitel der europäischen und kroatischen Geschichte: Zwischen 1941 und 1945 ermordeten Schergen des faschistischen kroatischen Ustascha-Regimes hier in einem Konzentrationslager schätzungsweise 80 000 bis 100 000 Menschen. Jasenovac war das einzige Konzentrationslager, in dem keine Deutschen an der Vernichtung von Juden und Andersdenkenden beteiligt waren – es stand unter kroatischer Kontrolle. Alten ethnischen Konfliktlinien entsprechend waren viele der Ermordeten serbischer Abstammung. Die Gedenkstätte erinnert mit einer Glaswand, in die die Namen der Opfer eingraviert sind, an die Gräueltaten.

**** Hrvatska Kostajnica** Wahrzeichen der Stadt am Grenzfluss Una, der Kroatien von Bosnien und Herzegowina trennt, ist die mittelalterliche Zrinski-Burg (Stari Grad Zrinski) auf einer Flussinsel. Sie wurde im 12. Jahrhundert zur Abwehr der Osmanen errichtet und widerstand mit anderen Festungsanlagen in der Umgebung den Attacken bis zum Ende des 16. Jahrhunderts, als die Region unter osmanische Herrschaft fiel. Erst 1688 gelang es, Kostajnica zu befreien. In den Auseinandersetzungen um den Zerfall Jugoslawiens in den 1990er-Jahren fiel Kostajnica an die Krajina-Serben. Zahlreiche historische Bauten wie das barocke Franziskanerkloster, die Pfarrkirche und eine noch aus dem Mittelalter stammende Apotheke wurden dabei schwer beschädigt. Nur die dreieckige Burganlage mit dem dominanten Rund- sowie einem fünf- und einem viereckigen Wehrturm blieb erhalten. Sie wurde zu Beginn des 21. Jahrhunderts grundlegend restauriert.

Wehrhafte Grenzfestung an der Una: die Zrinski-Burg in Hrvatska Kostajnica.

Unterwegs in der Region Zagreb

In Samobor erholen sich gestresste Großstädter bei Kremšnita und einem Spaziergang entlang des Flüsschens Gradna. Auch der grüne Naturpark Medvednica mit ausgezeichneten Wandermöglichkeiten ermöglicht den Zagrebern kleine Fluchten.

Dichte Wälder mit Eichen und Hainbuchen prägen den Naturpark Medvednica.

***** Samobor** Ein tiefgrün bewaldeter Gebirgszug, Weinberge und an deren Fuß ein romantisches Städtchen: Samobor liegt so schön, dass seine Karriere als Lieblings-Ausflugsziel der Zagreber vorherbestimmt war. Spaziergänge durch die idyllische Altstadt und entlang der ruhig dahinplätschernden Gradna enden fast zwangsläufig auf dem von barocken Fassaden in Pastellfarben eingerahmten König-Tomislav-Platz. Straßencafés laden hier zum Genuss einer zuckersüßen »Kremšnita« mit Blick auf die barocke Kirche St. Anastasia. Kremšnite, also Cremeschnitten, haben die Kroaten aus der Ära der Doppelmonarchie über das Königreich und die Kommunistische Republik Jugoslawien in das heute unabhängige Kroatien gerettet. Die Namensgebung haben sie dabei der heimischen Schreibweise angepasst. Nach der Kaffeepause lohnt eine Würdigung des Kircheninneren, denn St. Anastasia zählt zu den eindrucksvollsten barocken Gotteshäusern des Landes. Ein kurzer Fußweg führt auf den Tepec-Hügel mit der Ruine der ehemaligen Burg (Stari Grad Samobor). Viel besucht wird Samobor vor allem zur Zeit der Weinlese, wenn zahlreiche Buschenschänken den jungen Wein ausschenken und dazu Deftiges wie Würste und Speck reichen. Auch wenn »Prinz Faš« (Karneval) die Stadt regiert, platzt Samobor aus allen Nähten.

**** Naturpark Medvednica** Die Medvednica, der »Bärenberg«, ist der Hausberg der Zagreber und wird an den Wochenenden regelrecht gestürmt. Zahlreiche Wanderwege und Mountainbike-Trails führen durch die dicht mit Eichen, Hainbuchen und Kas-

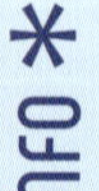

ZAGREB
Fläche:
3060 km²
Bevölkerung:
317 606 Einwohner
Bevölkerungsdichte:
104 Einwohner/km²
Sprache:
Kroatisch
Verwaltungssitz:
Zagreb
Spezialität:
Zlevanka (Maiskuchen)

Die Altstadt von Samobor wird vom Flüsschen Gradna durchflossen.

Samobor ist von viel Grün umgeben und besitzt einen hübschen Stadtpark.

tanien bewaldete Region, die als Naturpark geschützt ist. Die 1963 in Betrieb genommene Seilbahn liegt leider seit Jahren brach, doch kann man auch bequem mit dem Bus zur Hütte Tomislavov Dom unterhalb des Gipfels Sljeme (1032 m) gelangen. Im Winter werden an den Hängen des Bärenbergs sogar internationale Skirennen ausgetragen. Das kroatische Skirennläufer-Geschwisterpaar Ivica und Janica Kostelić übte hier als Kinder seine ersten Schwünge. Dem Berg sieht man nicht an, dass hier im 16. und 17. Jahrhundert Silber geschürft wurde. Die Mine gehörte der Adelsfamilie Zrinski, wurde aber ein knappes Jahrhundert nach den ersten Silberfunden wieder aufgegeben, da die Erträge nicht ergiebig waren. Fast 300 Jahre lang verfielen die Stollen und Schächte, bis man das Bergwerk wieder für Besucher zugänglich machte. Bären leben hier übrigens längst nicht mehr, doch die seltenen Wildkatzen gehen in den Wäldern nach wie vor auf Jagd. Kulturelle Attraktion des Naturparks ist die Burg Medvedgrad, eine Festung aus dem 13. Jahrhundert. Ein Erdbeben zerstörte die mächtige Anlage im Jahr 1590, doch die teilweise restaurierten Mauern sind noch immer beeindruckend. Von der Burg wie auch vom Gipfel Sljeme eröffnen sich spektakuläre Panoramablicke.

***Vrbovec** Wahrzeichen der nordkroatischen Kleinstadt ist der barocke Petar-Zrinski-Turm (Kula Petra Zrinskog). Der Fürst, Schriftsteller, General und spätere kroatische Nationalheld wurde 1621 in Vrbovec geboren, das damals zur Grafschaft der Zrinski-Familie gehörte. In den Türkenkriegen zeichneten sich Zrinski und sein Mitstreiter Fran Krsto Frankopan aus. Umso heftiger traf das 1664 geschlossene Friedensabkommen von Eisenburg, in dem Habsburg große Gebiete an die Osmanen abtrat, die jungen kroatischen Adeligen. Als Dank für die Rückeroberung einst an die Osmanen verlorener Gebiete hatten sie sich mehr Macht und Einfluss erhofft. Sie verschworen sich zur Ermordung des Kaisers Leopold I., flogen auf und wurden 1671 wegen Hochverrat zum Tode verurteilt. Zrinski und Frankopan werden seitdem in Kroatien als frühe Freiheitskämpfer und Nationalhelden verehrt. Das ehemalige Grafenschloss erlitt bei einem Bauernaufstand 1755 schwere Schäden. Nur noch einer der beiden Rundtürme, eben der Petar-Zrinski-Turm, prägt heute das Stadtbild.

Vor dem Stadtmuseum von Samobor ehrt eine Statue Ivica Sudnik, dessen Gründer.

Samobor: Burg

Die Ruinen der Burg Samobor, einer imposanten Wehranlage aus dem 13. Jahrhundert, thronen auf dem Tepec-Hügel hoch über der Stadt. Von oben bieten sich fantastische Ausblicke über die Stadt und die umliegende Landschaft. Unterhalb der Burganlage erstreckt sich der historische Stadtteil Taborec, in dem zahlreiche historische Holzhäuser erhalten blieben.

Unterwegs in der Stadt Zagreb

Zagreb ist eine gemütliche Metropole, die vor allem in der Oberstadt sorgsam ihr historisches Erbe pflegt. Die Unterstadt punktet mit dem Botanischen Garten und interessanten Museen. Eine wichtige Rolle im urbanen Alltag spielt die Kaffeekultur.

Die Silhouette von Zagrebs Oberstadt wird von den Türmen der Kathedrale und der Marienkirche geprägt.

***** Zagreb** Mit ca. 820 000 Einwohnern ist Zagreb die größte Stadt Kroatiens, zugleich die wichtigste Industriestadt und das wirtschaftliche und kulturelle Zentrum des Landes. Es ist seit der kroatischen Unabhängigkeitserklärung 1991 Regierungssitz und Sitz des katholischen sowie des orthodoxen Erzbischofs. Als König Ladislaus I. die Zagreber Diözese 1094 gründet, wurde der Name Zagreb erstmals erwähnt. Prächtige Paläste, Barockkirchen und bunte Dächer prägen neben Parks und Grünflächen das Bild. Ein Großteil der Stadt verteilt sich über die zwei Hügel Gradec und Kaptol. Kaptol war der Sitz des Klerus, in Gradec siedelten sich Handwerker und Kaufleute an, was bald zu Konflikten führte. 1850 schloss man die einst selbstständigen Siedlungen zur

STADT ZAGREB
Fläche:
641 km²
Bevölkerung:
820 678 Einwohner
Bevölkerungsdichte:
1280 Einwohner/km²
Sprache:
Kroatisch
Spezialität:
Pfefferkuchen

Zwei riesige bunte Wappen schmücken das Dach der St.-Markus-Kirche.

Oberstadt (Gornji Grad) zusammen. Hier findet man neben Zagrebs höchstem Gebäude, der Kathedrale, unter anderem das Museum für Naive Kunst und den romantischen Friedhof Mirogoj. Zu ihren Füßen erstreckt sich die Unterstadt (Donji Grad), Zagrebs modernes Zentrum mit großen Hotels und repräsentativen Stadthäusern. Eine schnelle Verbindung zwischen Ober- und Unterstadt schafft die pittoreske alte Standseilbahn, die 1893 in Betrieb genommen wurde und keineswegs nur von Besuchern gerne benutzt wird.

Dolac-Markt

Der Dolac-Markt am Ban-Jelačić-Platz verteilt sich über zwei Ebenen: Oben bieten offene Marktstände Obst und Gemüse an und darunter die Markthalle Fleisch, Käse und Brot. Als der Markt im Jahr 1926 gegründet wurde, mussten dafür etliche historische Häuser und sogar Straßen weichen. Für die Zagreber ist der Besuch ihres Marktes ein vergnügliches wöchentliches Muss. Zum Wochenendeinkauf am Samstag trifft sich hier alle Welt, prüft kritisch die angebotenen Waren und diskutiert die Qualität. Man gibt sich Tipps für begehrte Lebensmittel wie frisch eingetroffene Trüffel aus Istrien oder Scampi aus der Kvarner Bucht. Nach getaner Arbeit setzt man sich zusammen in eines der umliegenden Cafés, um den erfolgreichen Einkauf mit einem Glas Weißwein zu feiern.

1 *** **Gornji Grad** In der Oberstadt (Kaptol und Gradec) zeigt sich Zagreb von seiner schönsten Seite. Ein Rundgang führt zu den Überresten des Befestigungswalls, den man nach dem Tatarensturm im 13. Jahrhundert zum Schutz vor weiteren Angriffen errichtete. Auf dem St.-Markus-Platz im Zentrum von Gornji Grad steht die gleichnamige Pfarrkirche. Das ursprünglich romanische Gotteshaus wurde im 14. Jahrhundert im gotischen Stil umgebaut. Sein viel fotografiertes Ziegeldach mit den großen Wappen der Stadt und des ehemaligen Königreichs stammt aus dem Jahr 1880. Zagrebs Wahrzeichen, die Kathedrale mit ihren weithin sichtbaren Zwillingstürmen, steht in Kaptol, dem ältesten Teil der Altstadt. Nicht weit entfernt ragt der Prislin-Turm auf, ein Relikt der alten Befestigungslage.

2 ** **St.-Markus-Kirche** Die St.-Markus-Kirche besticht nicht nur durch ihre farbenfrohe Dacheindeckung, sondern auch durch ihren reichen Bauschmuck. Das mit 15 Statuen verzierte Südportal schufen Prager Künstler im 14. Jahrhundert. Der Heilig-Kreuz-Altar der Kirche wird seit Generationen besonders verehrt; alle Fürsten Kroatiens beteten hier, bevor sie zu Feldzügen aufbrachen. Im Inneren fällt außerdem das monumentale Kruzifix im Chor ins Auge, ein Werk des kroatischen Bildhauers Ivan Meštrović (1883–1962). Links und rechts rahmte es der Künstler mit einer Pietà und einer Jungfrau mit Kind. Von April bis Oktober findet vor der Kirche die sehenswerte Zeremonie der Wachablösung statt.

3 *** **Kathedrale Mariä Himmelfahrt** Der frühere Stephansdom heißt heute Mariä-Himmelfahrts-Kathedrale. Entsprechend ziert den Platz vor der Kirche ein großer Brunnen mit Mariensäule und vier goldenen Engeln. Die auffälligen, 104 und 105 Meter hohen Doppeltürme, die die gesamte Oberstadt überragen, wie auch große Teile der Fassadengestaltung verdankt die Kathedrale dem Architekten Hermann Bollé (1845–1926). Er baute das bei einem Erdbeben 1880 stark beschädigte Gotteshaus im neugotischen Stil wieder auf. Bei dieser Umgestaltung verbannte er zahlreiche Kostbarkeiten in die Schatzkammer. Im Inneren ziehen goldene Leuchter, mehrere Marmoraltäre und die barocke Kanzel die Blicke auf sich.

In der Kathedrale von Zagreb schlägt das Herz des Landes, heißt es.

Kruzifix im Chor der St.-Markus-Kirche.

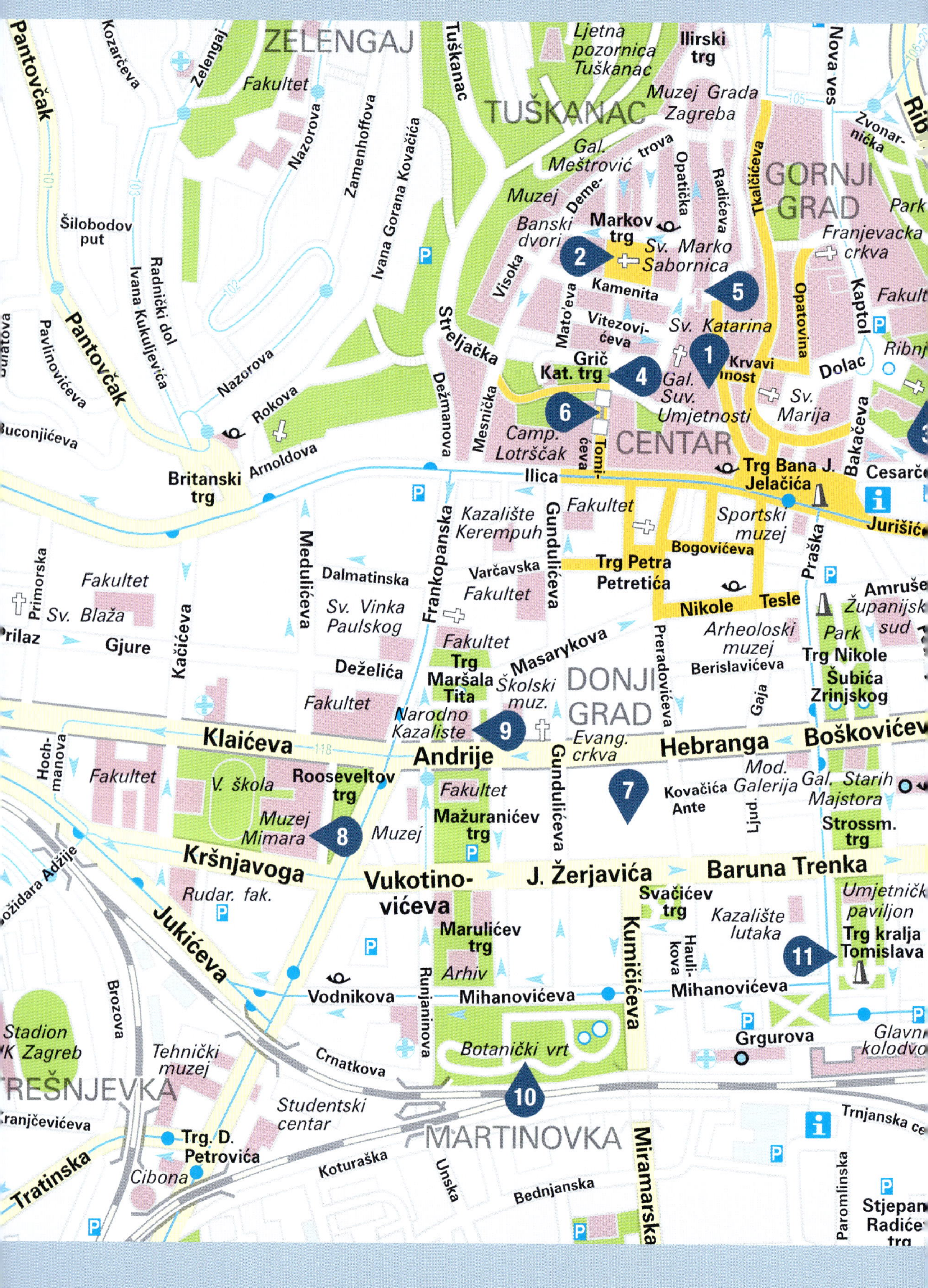
ZELENGAJ
TUŠKANAC
GORNJI GRAD
CENTAR
DONJI GRAD
MARTINOVKA
TREŠNJEVKA
Pantovčak
Kozarčeva
Zelengaj
Fakultet
Nazorova
Zamenhoffova
Ivana Gorana Kovačića
Tuškanac
Ljetna pozornica Tuškanac
Ilirski trg
Muzej Grada Zagreba
Nova ves
Zvonar-nička
Šilobodov put
Radnički dol
Ivana Kukuljevića
Pavlinovićeva
Buconjićeva
Gal. Meštrović
Demetrova
Opatička
Radićeva
Tkalčićeva
Muzej
Banski dvori
Markov trg
Sv. Marko
Sabornica
Franjevacka crkva
Park
Visoka
Kamenita
Opatovina
Kaptol
Fakult
Mato'eva
Vitezovićeva
Sv. Katarina
Streljačka
Grič
Kat. trg
Gal. Suv. Umjetnosti
Krvavi most
Sv. Marija
Dolac
Ribnj
Nazorova
Rokova
Dežmanova
Mesnička
Camp. Lotrščak
Tomićeva
Bakačeva
Britanski trg
Arnoldova
Ilica
Trg Bana J. Jelačića
Cesarč
Jurišić
Kazalište Kerempuh
Gundulićeva
Fakultet
Sportski muzej
Bogovićeva
Frankopanska
Medulićeva
Dalmatinska
Varčavska
Trg Petra Petretića
Praška
Amruše
Županijsk sud
Primorska
Fakultet
Sv. Blaža
Prilaz
Gjure
Kačićeva
Sv. Vinka Paulskog
Nikole Tesle
Arheoloski muzej
Park
Trg Nikole Šubića Zrinjskog
Berislavićeva
Dežlića
Trg Maršala Tita
Masarykova
Školski muz.
Preradovićeva
Gaja
Fakultet
Narodno Kazaliste
Evang. crkva
Klaićeva
Andrije
Hebranga
Boškovićev
Hochmanova
Fakultet
V. škola
Rooseveltov trg
Fakultet
Mod. Galerija
Gal. Starih Majstora
Kovačića Ante
Muzej Mimara
Muzej
Mažuranićev trg
Ljud.
Strossm. trg
Kršnjavoga
Vukotinovićeva
J. Žerjavića
Baruna Trenka
Božidara Adžije
Rudar. fak.
Svačićev trg
Umjetnički paviljon
Kazalište lutaka
Jukićeva
Marulićev trg
Haulikova
Trg kralja Tomislava
Arhiv
Kumičićeva
Brozova
Vodnikova
Runjaninova
Mihanovićeva
Mihanovićeva
Stadion NK Zagreb
Tehnički muzej
Crnatkova
Botanički vrt
Grgurova
Glavni kolodvo
Studentski centar
Trnjanska ce
Kranjčevićeva
Trg. D. Petrovića
Tratinska
Cibona
Koturaška
Unska
Bednjanska
Miramarska
Paromlinska
Stjepan Radićev trg
1
2
3
4
5
6
7
8
9
10
11

4 ** Lotrščak-Turm Als einer der wenigen erhaltenen Teile der mittelalterlichen Stadtmauer, die die Oberstadt Gradec schützte, blickt der wehrhafte Lotrščak-Turm über Donji Grad, die Unterstadt. Früher signalisierte die im Turm angebrachte Glocke mit ihrem Geläute, dass in Kürze die Stadttore geschlossen werden. Heute feuert man jeden Tag um 12 Uhr einen Kanonenschuss ab, um an ein Ereignis während der osmanischen Belagerung zu erinnern: Gerade als der Haushofmeister seinem Pascha das Mittagsmahl, einen fetten Puter, servieren wollte, schossen die Belagerten den Braten vom Tablett. Das soll die Osmanen derart eingeschüchtert haben, dass sie unverrichteter Dinge abzogen. Der tägliche Kanonenschuss dient auch zur Synchronisierung der Kirchenuhren.

5 ** Steinernes Tor Das Steinerne Tor (Kamenita Vrata) am Ostrand von Gradec ist das einzige erhaltene Stadttor der Oberstadt. Als große Teile von Gradec bei einer Feuersbrunst 1731 zerstört wurden, blieben der mittelalterliche Stadteingang ebenso wie ein darin aufbewahrtes Marienbild wie durch ein Wunder nahezu unversehrt. Der Muttergottes errichteten die Gläubigen eine Andachtsstätte im Tor, die bis heute von Pilgern aufgesucht wird – die Votivgaben und Kerzen darin sind Zeugnisse der tiefen Volksfrömmigkeit. Die elegante Skulptur in einer Nische rechts des Tores stellt Dora Krupić dar, eine berühmte literarische Figur des Schriftstellers August Šenoa. Im Roman lebte sie mit ihrem Vater neben dem Steinernen Tor. Eine schmale Gasse führt von hier steil bergab zu einer der lebhaftesten Straßen des historischen Zagreb, der Tkalčićeva ulica. Sie verläuft entlang der Senke zwischen Gradec und Kaptol hinunter in die Unterstadt.

6 ** Standseilbahn Seit 1893 erleichtert die Uspinjača, die Standseilbahn, den steilen Weg von der Unter- in die Oberstadt. Auf einer Schienenstrecke von nur 66 Metern Länge überwindet sie zwischen der Tomić-Straße und der Strossmayer-Promenade 33 Höhenmeter und zählt damit zu den kürzesten und steilsten Standseilbahnen der Welt. Bereits ab 1934 lief die Bahn, die ursprünglich von einer Dampfmaschine angetrieben wurde, mit einem Elektromotor. Seit der Einweihung Ende des 19. Jahrhunderts hat sich an Waggons und Streckenführung kaum etwas geändert.

Die historische Standseilbahn ist eines der Wahrzeichen von Zagreb.

Auf dem Weg zum Steinernen Tor kommt man an einer Statue des heiligen Georg vorbei.

Die Marien-Kapelle im Steinernen Tor zieht noch immer viele Gläubige an.

7 ** Donji Grad Die Unterstadt oder das Zentrum, wie die Einheimischen sagen, ist das moderne Geschäftsviertel Zagrebs. Hier gibt es nicht nur Bürogebäude und Banken, sondern auch Museen, Cafés und Restaurants sowie die Einkaufsstraßen, die jede Metropole besitzt. Die großzügig angelegten Alleen säumen klassizistische Palais und andere bedeutende Bauwerke. Am Marschall-Tito-Platz steht das Kroatische Nationaltheater von 1895, auf dem Platz davor der bronzene »Lebensbrunnen« von Ivan Meštrović (1883–1962). Der prachtvoll gestaltete Strossmayer-Platz wartet mit dem 1891 im Secessionsstil errichteten Hotel »Palace« auf, und am parkähnlichen König-Tomislav-Platz findet man den im Jahr 1898 eröffneten Kunstpavillon. Letzterer war eines der weltweit ersten in Fertigbauweise hergestellten Gebäude. An der Grenze zur Oberstadt liegt der von stattlichen Gebäuden im Stil des Neoklassizismus und der Wiener Secession umgebene Ban-Jelačić-Platz, Zagrebs großer zentraler Platz. Die heutige Unterstadt geht auf eine städtebauliche Umgestaltung Ende des 19. Jahrhunderts zurück. Unter Federführung von Milan Lenucci erhielt Donji Grad einen neuen, halbkreisförmigen Grundriss, der die großen Plätze und Parkanlagen verbindet und als »Grünes Hufeisen« der Stadt bezeichnet wird. Viele Gebäude und Details gehen auf den Architekten Hermann Bollé (1845–1926) zurück. In dieser Zeit wurden auch die zahlreichen Prachtbauten im Geist der Belle Époque errichtet.

8 * Mimara-Museum** Am Rande des »Grünen Hufeisens« gelegen, beherbergt der prächtige Bau im Stil der Neorenaissance die Sammlung des kroatischen Malers und Kunsthändlers Ante Topić Mimara (1898–1987). Über dessen Leben und Wirken ist kaum etwas bekannt; umso überraschender ist die hohe Qualität der Sammlung, die er der Stadt Zagreb vermachte. Sie umfasst Werke von Rembrandt, Diego Velázquez, William Turner und Eugène Delacroix oder zumindest Arbeiten aus deren Werkstätten. Kunstkenner vermuten, dass Mimara nach dem Zweiten Weltkrieg günstig in den Besitz von Kunstwerken gelangte, die von den Nationalsozialisten beschlagnahmt und enteignet worden waren.

9 * Nationaltheater** Das Schauspielhaus errichtete das Wiener Architekturbüro von Ferdinand Fellner und Hermann Helmer

Das Mimara-Museum am grünen Roosevelt-Platz ist so etwas wie der kroatische Louvre.

Der prächtige Kunstpavillon am König-Tomislav-Platz stand einst in Budapest.

1895 in bewährter neoklassizistischer Bauweise. Ähnliche Theater des gleichen Architektenteams stehen in vielen anderen Städten des ehemaligen Habsburgerreiches. Sehenswert ist das üppig im Stil des Neobarock dekorierte Innere mit seinen Stuckgirlanden und dem imposanten Bühnenvorhang. Namhafte Künstler, die hier auftraten, waren Sarah Bernhardt, Franz Liszt und Richard Strauss. Den Platz vor dem Theater gestaltete Ivan Meštrović mit dem »Brunnen des Lebens«, der an die Vergänglichkeit allen Daseins erinnern soll.

10 **** Botanischer Garten** Die Ende des 19. Jahrhunderts gepflanzte Anlage am »Grünen Hufeisen« untersteht dem Fachbereich Biologie der Zagreber Universität. Sie umfasst Blumenrabatten, Themengärten, ein Arboretum, Gewächshäuser, künstlich angelegte Teiche und einen Ausstellungspavillon. Neben vielen europäischen gedeihen hier auch zahlreiche exotische Pflanzenarten von anderen Kontinenten, insbesondere aus Asien. Nach einem Besichtigungstag in der Stadt bietet sich die ruhige Oase mit ihren lauschigen Plätzchen für eine Pause im Grünen an.

11 **** König-Tomislav-Platz** Mehr Park als Platz, ist der von neoklassizistischen Bauten eingerahmte Trg Kralja Tomislava ein beliebter Treffpunkt der Zagreber Jugend, die hier im Schatten alter Bäume ihre Mittagspause oder den schulfreien Nachmittag vertrödelt. Benannt ist der Platz nach Kroatiens erstem König, der im 10. Jahrhundert das kroatische Territorium gegen die Ungarn verteidigte, die kleinen Fürstentümer zu einem Königreich einte und dafür 925 auch vom Papst als rechtmäßiger Herrscher anerkannt wurde. Sein monumentales Reiterdenkmal schuf Robert Frangeš Mihanović 1938. Die zweite Attraktion am Platz, der Kunstpavillon, ist ein Werk Zagreber Secessions-Architekten, die den Pavillon für die Budapester Weltausstellung 1896 konzipierten. Heute beherbergt er wechselnde Kunstausstellungen. Ab 1892 machte der neoklassizistische Hauptbahnhof am König-Tomislav-Platz Eisenbahnverbindungen von Zagreb in die Welt möglich, u.a. mit dem Orient-Express nach Istanbul. Direkt daneben entstand 1925 das elegante Hotel »Esplanade«: Zahlreiche Prominente zählten zu seinen Gästen. Josephine Baker soll hier im Jahr 1929 einen ihrer skandalösen Auftritte hingelegt haben.

Ein Lottogewinn ermöglichte den Bau des Kroatischen Nationaltheaters.

Stille Plätzchen für eine Pause im Grünen finden sich im Botanischen Garten.

Strossmayer-Promenade

Am Rand des Stadthügels Gradec folgt die Strossmayer-Promenade dem Verlauf des früheren südlichen Befestigungsrings, der Anfang des 18. Jahrhunderts abgetragen wurde. Der Weg bietet einen hinreißenden Blick über die Dächer und die verschlungenen Gassen der Unterstadt und führt dabei an schmucken bunten Häusern vorbei. Die Promenade wurde im Jahr 1812 angelegt und später nach dem Bischof, Politiker und Kunstförderer Josip Juraj Strossmayer (1815–1905) benannt. Auf einer der Parkbänke zwischen den Kastanien der malerischen Allee sitzt der kroatische Schriftsteller Antun Gustav Matoš (1873–1914) und lädt dazu ein, an seiner Seite Platz zu nehmen. Geschaffen wurde die Bronzestatue 1978 von dem renommierten kroatischen Künstler Ivan Kožarić.

Zagreb: Mirogoj-Friedhof

Der überkonfessionelle Parkfriedhof entstand 1876 nach Plänen von Hermann Bollé. Der Architekt, der in Zagreb zahlreiche Bauprojekte plante, war erst zwei Jahre zuvor in die kroatische Hauptstadt gezogen und erwarb sich unter anderem mit Mirogoj eine hervorragende Reputation. Mit dem Bau des imposanten Haupt-

gebäudes und der Arkaden, für die der Friedhof berühmt ist, begann Bollé allerdings erst 1879. Berühmte kroatische Bildhauer wie Ivan Rendić und Ivan Meštrović steuerten Werke bei, durch die sich die Wandelgänge im Laufe der Zeit in wahre Kunstgalerien verwandelten. Die Fertigstellung 1929 erlebte der drei Jahre zuvor verstorbene Architekt nicht mehr. Er ist auf dem Mirogoj-Friedhof beigesetzt, neben berühmten Zeitgenossen wie dem Schriftsteller August Šenoa, dem Komponisten Ivan Zajc und Ljudevit Gaj, Schriftsteller und Vordenker der »Illyrischen Bewegung«, die sich gegen die Herrschaft der Habsburger wandte.

Zagreb: Museen

Die Museumslandschaft der kroatischen Hauptstadt ist vielseitig, spannend und ständig in Bewegung. Neben berühmten Häusern lohnt es sich, auch kleineren und unkonventionelleren Ausstellungsstätten Aufmerksamkeit zu schenken. Ein Muss ist das Stadtmuseum (rechts unten). Es führt Besucher auf unterhaltsame Wei-

se durch die Stadtgeschichte und lässt auch schwierige Phasen nicht aus. Das Museum für Zeitgenössische Kunst (oben) zeigt Werke kroatischer und internationaler Künstler in einem spannenden Bau des Architekten Igor Franić. Ebenfalls einen Besuch wert ist das Museum für Kunstgewerbe (rechts oben), dessen Sammlung Möbel, Keramik, Glas, Textilien und Schmuck umfasst. Das originelle Museum der zerbrochenen Beziehungen (rechts Mitte) stellt aus, was von der Liebe übrig bleibt – Relikte aus den Trümmerlandschaften einstigen Glücks erzählen die realen Geschichten von getrennten Pärchen aus der ganzen Welt.

Unterwegs in Krapina-Zagorje

Die Provinzstadt Krapina überrascht mit dem modernen Neandertaler-Museum und der barocken Wallfahrtskirche der Muttergottes von Jerusalem. Veliki Tabor ist die schönste unter den vielen mittelalterlichen Burgen der Region.

Bei Desinić thront die Burg Veliki Tabor auf einem Hügel. Von oben genießt man herrliche Ausblicke über die ländliche Umgebung.

**** Burg Veliki Tabor** Die mächtige Burg ist auf ihrem Logenplatz auf einer Anhöhe des Zagorje-Berglandes schon kilometerweit zu sehen. Die im 15./16. Jahrhundert erbaute Wehranlage besitzt einen fünfeckigen gotischen Kern und wird durch vier halbkreisförmige, trutzige Türme verstärkt. Ursprünglich war Veliki Tabor im Besitz der Grafen von Celje, um deren Herrschaft sich eine unheimliche Legende rankt: Fridrik, Sohn des Grafen Hermann II., verliebte sich in das Dorfmädchen Veronika, doch sein Vater wollte nichts von einer nicht standesgemäßen Hochzeit wissen, klagte Veronika als Hexe an und ließ sie ertränken. Seither hört man – so erzählt man sich – in windstillen Nächten in den Sälen der Burg das Weinen der Unglücklichen. Nach den Gra-

KRAPINA-ZAGORJE
Fläche:
1229 km²
Bevölkerung:
132 892 Einwohner
Bevölkerungsdichte:
108 Einwohner/km²
Sprache:
Kroatisch
Verwaltungssitz:
Krapina
Spezialität:
Zagorski štrukli (Strudel)

Das barocke Schloss Oršić beherbergt heute das Museum der Bauernaufstände.

fen von Celje übernahm die ungarische Adelsfamilie Ráttkay die Feste und behielt sie bis Ende des 18. Jahrhunderts. Im 19. und 20. Jahrhundert folgten zahlreiche Besitzerwechsel und lange Phasen der Verwahrlosung. Veliki Tabor diente als Kriegsgefangenenlager im Ersten Weltkrieg, gehörte danach einige Zeit einem kroatischen Maler, der sich mit dem sanierungsbedürftigen Bau finanziell übernahm, wurde in der Folge von Nonnen als Waisenhaus betrieben und schließlich im sozialistischen Jugoslawien als Lager für landwirtschaftliche Produkte genutzt. Erst das unabhängige Kroatien nahm sich der Anlage an, restaurierte sie und betreibt sie heute als Museum und Erinnerungsstätte. Gelegentlich finden auch Mittelalterfeste in dem historischen Gemäuer statt. Dann beleben Ritter, Hofdamen, Marketenderinnen, Musikanten und Akrobaten die Höfe und Säle der Burg. Zum ambitionierten Kurzfilmfestival Tabor Film Festival Anfang Juli reisen auch internationale Kurzfilmregisseure an, um ihre Werke vorzuführen.

Die Pfarrkirche St. Nikolaus dominiert das Zentrum von Krapina.

***** Krapina** Nicht die Stadt, sondern die nach ihr benannte archäologische Fundstätte ist weit über die Grenzen Kroatiens bekannt. Zwischen 1899 und 1905 entdeckten Archäologen der Zagreber Universität in der Nähe von Krapina Knochen und Artefakte von mindestens 23 Neandertalern, die hier vor 130 000 Jahren lebten. Da mehrere Schädel Schnittspuren aufwiesen, verbreitete sich schon bald die These, dass unter den Neandertalern Kannibalismus geherrscht habe. Diese Annahme konnte bis heute nicht definitiv widerlegt werden, gilt aber inzwischen als unwahrscheinlich; die meisten Forscher führen die Beschädigungen an den Skeletten vielmehr auf rituelle Handlungen nach dem Tod zurück. Krapina sei demnach eine Begräbnisstätte gewesen. Ein modernes Museum erläutert die Vor- und Frühgeschichte der Region und zeigt auch den Fundort, an dem die Neandertalerknochen entdeckt wurden.

*** Gornja Stubica** Dem friedlichen, über mehrere Hügel ausgebreiteten Ort ist kaum anzusehen, dass er im 16. Jahrhundert Schauplatz einer grausamen Auseinandersetzung zwischen Feudalherren und rechtlosen Bauern war. Unter Führung des heute als Nationalheld verehrten Matja Gubec wagten die Bauern im heutigen Grenzgebiet von Slowenien und Kroatien 1573 den Aufstand. Ihr Ziel war ein selbstbestimmter Staat ohne weltliche oder kirchliche Feudalherren. Die Revolte wurde rasch niedergeschlagen, 6000 Bauern gehängt und Matja Gubec gefoltert und hingerichtet. Am Schloss der lokalen Herrscher, der Adelsfamilie Oršić, erinnert seit den 1970er-Jahren ein monumentales Denkmal von Antun Agostinčić an den gescheiterten Bauernaufstand und dessen Anführer. Das Museum der Bauernaufstände im 1756 erbauten Schloss blättert die blutige Geschichte des Widerstands auf. Doch Gornja Stubica ist auch ein beliebtes Ausflugsziel, bieten hier doch mehrere urige Restaurants typische Spezialitäten aus dem Zagorje an wie »Zagorski štrukli«, einen Strudel mit einer Füllung aus Frischkäse, Eiern und Schmand.

Neandertaler-Museum in Krapina: Originalgetreue Nachbildungen versetzen Besucher in die Lebenswelt der Höhlenbewohner.

Unterwegs in Varaždin

Die Gajeva Ulica in der barocken Altstadt von Varaždin wurde schon mehrfach zur schönsten Straße Kroatiens gekürt. Ein weitläufiger Landschaftspark mit altem Baumbestand und See umgibt das Märchenschloss Trakošćan.

Auf dem Rathausplatz in Varaždin marschiert jeden Samstag zwischen 11 und 12 Uhr die Bürgergarde auf.

***** Varaždin** Eine Reise in die Zeit des Barock unternimmt der Besucher in der bezaubernden Kleinstadt Varaždin, die in ihrer Geschichte zeitweise Kroatiens Hauptstadt und Wirtschaftszentrum war. Elegante Paläste, mit Rokokostuck dekorierte Fassaden und hier und da sogar einige Renaissance-Loggien zeugen vom früheren Wohlstand und der einstigen Bedeutung der nordkroatischen Stadt. Auch die im 17. Jahrhundert erbaute Kathedrale Mariä Himmelfahrt ist üppig mit barockem Dekor geschmückt. Dass sich unter den Skulpturen erstaunlich viele Engel befinden, hat seinen Grund: Varaždin bezeichnet sich selbst als »Stadt der Engel«, da sich das Motiv der Himmelsboten nicht nur in der Kirche, sondern auch an zahlreichen Hausfassaden und sogar in einigen Familienwappen findet. Folgerichtig gibt es eine Galerie »Goldener Engel«, die allerdings nicht geflügelte Wesen, sondern zeitgenössische Kunst ausstellt. Die gute alte Zeit wird auch wieder lebendig, wenn in Varaždin im Herbst Barockmusikabende mit Konzerten prominenter kroatischer Künstler gefeiert werden. Beim Špancirfest Ende August flaniert die ganze Bevölkerung in historischen Kostümen durch die Altstadt. Und jeden Samstag zwischen 11 und 12 Uhr tragen die Varaždiner Garden bei der feierlichen Wachablösung ihre nostalgischen Uniformen zur Schau.

**** Ludbreg** Ludbreg ist das Zentrum der Welt! So sehen es zumindest die Einwohner des Städtchens. Den Beweis liefern konzen-

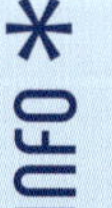

INFO

VARAŽDIN
Fläche:
1262 km²
Bevölkerung:
175 951 Einwohner
Bevölkerungsdichte:
139 Einwohner/km²
Sprache:
Kroatisch
Verwaltungssitz:
Varaždin
Spezialität:
Sauerkraut

Hauptplatz von Ludbreg, dem selbsternannten Zentrum der Welt.

trische Kreise um diesen angenommenen Mittelpunkt, auf denen zahlreiche Metropolen mit Namenstafeln verewigt sind. Athen, Wien … all diese Städte liegen auf Kreislinien, deren Zentrum das kleine Ludbreg bildet. Jedes Jahr kommen an einem Festtag ein Kreis und eine weitere Tafel hinzu. Berühmter als Ludbregs Rolle als Weltmittelpunkt ist allerdings sein Wunder des Heiligen Blutes Christi. 1411 soll sich während eines Gottesdienstes in der Kapelle der damaligen Burg, dem heutigen Schloss Batthyány, der Messwein in Blut verwandelt haben. Papst Leo X. erkannte dieses Mirakel 1513 an. Der Bau einer Kirche für den als »kostbarsten Schatz Kroatiens« bezeichneten Becher, in dem sich die Umwandlung vollzogen hatte, dauerte mehrere hundert Jahre – erst 1994 wurde das Gotteshaus geweiht. In der Umgebung von Ludbreg gedeihen hervorragende Weißweine, darunter der beliebte Graševina, der nach der Weinlese in rustikalen Buschenschänken auf dem Land ausgeschenkt wird. Anfang März treffen sich Winzer aus ganz Kroatien in der Stadt, um hier ihre jungen Weine zu präsentieren.

Špancirfest

Das auffälligste Merkmal des Varaždiner Stadtfestes sind die historischen Kostüme. Viele Teilnehmer bummeln in Biedermeierkostümen durch die Altstadt, lassen sich bewundern und von den Besuchern fotografieren. Doch dies ist nur ein Aspekt, denn zum Špancirfest in der zweiten Augusthälfte stellt das Kulturamt noch viel mehr Veranstaltungen auf die Beine. Gemeinsames Motto aller Events ist Street Art, die hier allerdings weit gefasst wird: Auf vier Bühnen treten Orchester und Bands auf, die Musik unterschiedlicher Stile – von Folklore über Klassik bis Pop – darbieten. Vor der nostalgischen Kulisse der barocken Altstadt zeigen internationale Künstler Performances und Installationen, während eine Gasse weiter Straßentheater und Akrobatik die Zuschauer unterhalten.

**** Schloss Trakošćan** Die Wurzeln der märchenhaften Schlossanlage hoch über einem künstlich angelegten See reichen bis ins 13. Jahrhundert zurück. Damals war Trakošćan Teil eines Festungsgürtels im kroatischen Zagorje und gehörte den Grafen von Celje. Als das Geschlecht ausstarb, wechselte die Burg mehrfach den Besitzer, bis sie schließlich im 16. Jahrhundert der Familie Drašković übergeben wurde, zum Dank für ihren Einsatz gegen die Osmanen. Im 18. Jahrhundert verlassen und in Ruinen gefallen, hauchte ein Nachkomme der Drašković dem Schloss im 19. Jahrhundert neues Leben ein. Er ließ Anlage und Park wiederherstellen, allerdings im verspielten, neoromanischen Stil. So entstand ein etwas unübersichtliches Konglomerat von Bauten in sämtlichen Stilen, von der gotischen Wehrburg bis hin zum romantisierenden Herrenhaus. Ein Museum zeigt heute darin Mobiliar und Kunstwerke aus der langen Geschichte des Schlosses. Interessant sind auch die umfangreiche Waffensammlung und die noch original erhaltene Küche aus dem 19. Jahrhundert im Untergeschoss des Herrenhauses. Ihren Mittelpunkt bildet ein großer weißer Kachelofen.

*** Ivanec** Ivanec ist eines der vielen charakteristischen Straßendörfer Nordkroatiens, doch hinter seinem unscheinbaren Ortsbild verbirgt sich eine lange und wechselvolle Geschichte. Gegründet wurde es bereits im 12. Jahrhundert durch den Johanniterorden, der im Kroatischen »Ivanovci« heißt und der Siedlung ihren Namen gab. Der Orden errichtete die Kapelle St. Johannes der Täufer, die auch nach dem Abzug der Johanniter 1438 noch bis weit ins 17. Jahrhundert bestand. Auf die frommen Ritter folgten verschiedene Herren teils ungarischer, teils kroatischer Herkunft, die die im 16. Jahrhundert erbaute Burg von Ivanec bewohnten und ausbauten. Im Zweiten Weltkrieg wurde die Feste bombardiert und so stark beschädigt, dass man sie abriss und an ihrer Stelle einen Park anlegte. Seit den 1980er-Jahren werden die Fundamente der Burg systematisch archäologisch erforscht.

Das märchenhafte Trakošćan ist das meistbesuchte Schloss Kroatiens.

Kirche St. Maria Magdalena in Ivanec.

Unterwegs in Međimurje

Die fruchtbare, von der Mur durchflossene Gegend mit ihren Feldern, kleinen Dörfern und Weinbergen wird bislang noch wenig von Reisenden besucht. Im Schloss von Čakovec informiert das Međimurje-Museum über die Geschichte und Kultur der Region.

»Schwimmende Mühle« am Ufer der Mur bei Mursko Središče.

**** Štrigova** Die beiden barocken Turmhauben der Hieronymuskirche überragen als Wahrzeichen die idyllische, im Hügelland des slowenisch-kroatischen Grenzgebietes gelegene Siedlung. Eine Legende behauptet, der heilige Hieronymus sei hier in Štrigova geboren. Tatsache ist, dass das barocke Gotteshaus mit seinem freskierten Rundgiebel im 18. Jahrhundert auf den Fundamenten einer romanischen Basilika errichtet wurde. Sein herausragendes Merkmal ist die reiche Freskenzier von Ivan Ranger (1700–1753). Der aus Tirol stammende Maler trat schon früh in den Paulinerorden ein, der auch in Štrigova ein Kloster unterhielt, und schmückte mit seinen Fresken viele Kirchen im nördlichen Kroatien. Ein Charakteristikum seiner Werke ist illusionistische Architektur, die in Kuppeln und Wölbungen den Blick über den Kirchenraum hinaus in höhere Sphären schweifen lassen. Sehenswert ist im Ortszentrum auch die Kirche St. Maria Magdalena aus dem 17. Jahrhundert.

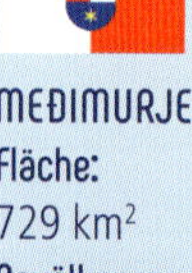

MEĐIMURJE
Fläche:
729 km²
Bevölkerung:
113 804 Einwohner
Bevölkerungsdichte:
156 Einwohner/km²
Sprache:
Kroatisch
Verwaltungssitz:
Čakovec
Spezialität:
Honig, Kürbiskernöl

Blühende Sonnenblumenfelder prägen im Sommer das Bild der Region Međimurje.

**** Čakovec** Der Verwaltungssitz der Region Međimurje bestand bereits in römischer Zeit, wechselte häufig zwischen kroatischer und ungarischer Herrschaft und wurde nach dem Zweiten Weltkrieg endgültig kroatisch. Die vielfach umkämpfte Burg bildet bis heute den Ortsmittelpunkt: Ein schattiger Park mit altem Baumbestand umgibt das Schloss, das im 18. Jahrhundert auf den Fundamenten der spätgotischen Zrinski-Festung erbaut wurde. Es beherbergt heute das Museum der Region Međimurje. Barocke Häuser prägen auch die hübsche Altstadt von Čakovec, an deren Hauptplatz ein ungewöhnliches Gebäude ins Auge fällt: Wie eine turmlose Kathedrale wirkt das Handelskasino, das 1903 im Stil der Ungarischen Secession erbaut wurde. Mit Spiel- und Tanzsälen, Bibliothek und Versammlungsräumen diente es der wohlhabenden Kaufmannschaft von Čakovec als städtischer Treffpunkt.

*** Mursko Središće** Kroatiens nördlichstes Dorf wurde von Anbeginn an von der Mur geprägt. Bereits in vorchristlicher Zeit sollen die Menschen am Fluss »schwimmende Mühlen« betrieben haben; in römischer Zeit verlief an dieser Stelle eine wichtige Militär- und Handelsstraße. Noch im 20. Jahrhundert gab es an der Mur zahlreiche Mühlen, die Getreide zu Mehl verarbeiteten. Die letzte stellte in den 1970er-Jahren ihren Dienst ein. Die Lage am Fluss wurde Mursko Središće wiederholt zum Verhängnis, denn Überschwemmungen zerstörten den Ort mehrmals. Die gotische Pfarrkirche St. Ladislaus erlitt bei einer Überschwemmung 1716 so schwere Schäden, dass sie im Stil des Barock neu errichtet werden musste.

*** Prelog** Die hübsche, an der Drau gelegene Kleinstadt verdankte ihren wirtschaftlichen Aufstieg im Mittelalter den sogenannten Hospites. So wurden Zuwanderer genannt, die sich um das 13. Jahrhundert in der Region Međimurje und rund um das heutige Prelog niederließen. Die meisten stammten aus Deutschland und erhofften sich in ihrer neuen Heimat eine bessere Zukunft. Viele dieser Immigranten besaßen besondere handwerkliche Fähigkeiten, sodass Prelog, das 1264 erstmals in den Chroniken Erwähnung findet, schon bald einen guten Ruf als Handwerkszentrum genoss. Im 18. Jahrhundert wurde die für die Siedlung erstaunlich reich ausgestattete Pfarrkirche erbaut und dem heiligen Jakob geweiht. Ihr Altar stellt ein ungewöhnliches Ensemble dar: Er besteht aus dem dreigeteilten Hauptaltar, den ein Gemälde des heiligen Jakob sowie links und rechts Skulpturen von Petrus und Paulus schmücken. Diesem Mittelpunkt sind zwei Seitenaltäre für den heiligen Josef und den heiligen Johann Nepomuk beigestellt.

Barocke Turmhauben prägen das Bild der Kleinstadt Štrigova.

Das Handelskasino von Čakovec war Treffpunkt der wohlhabenden Kaufmannschaft.

Unterwegs in Koprivnica-Križevci

Koprivnica besitzt einen hübschen historischen Stadtkern, das kleine Dorf Hlebine gilt als Wiege der naiven Malerei. Kunsthistorische Kostbarkeiten bergen die Kirchen von Križevci. Die Burg von Đurđevac wehrte 1552 einen Angriff der Osmanen ab.

**** Koprivnica** Koprivnica ist städtischer Mittelpunkt der Region Podravina, die mit ihren Feldern, Viehweiden und Bauernhöfen eine wichtige Agrarregion in Nordkroatien bildet. Namensgeber ist der Fluss Drava, auf Deutsch Drau, der die Podravina mit Wasser beschenkt, mit seinen Überschwemmungen aber auch viel Schaden anrichtet. Ein zierlicher Musikpavillon schmückt den großen Park im Zentrum von Koprivnica. Obwohl sich die Stadt eher modern und von Industrie geprägt präsentiert, besitzt sie einen hübschen Altstadtkern, dessen historische Stadthäuser sich um die grüne Oase gruppieren. Lebhaft geht es jeden Vormittag auf dem Markt zu, wo die Bauern aus der Umgebung Obst, Gemüse, Honig, Käse und Wurst verkaufen.

***** Hlebine** Warum ausgerechnet dieses Dorf unweit von Koprivnica zum Synonym für naive Kunst geworden ist, vermag wohl niemand zu erklären. Tatsächlich wirkt es mit seinen geduckten Häuschen wie ein Spiegel der Motive, die die beiden jungen Bauern Ivan Generalić (1914–1992) und Franjo Mraz (1910–1981) in ihren naiven Hinterglasbildern und Gemälden festhielten und die zahlreiche andere Autodidakten zur Nachahmung inspirierten. So wurde Hlebine zum Zentrum der kroatischen naiven Kunst bzw. der »Schule von Hlebine«. Eine Galerie und das ehemalige Atelier von Generalić zeigen die fantasievollen Werke

Blickfang der griechisch-katholischen Kathedrale von Križevci ist die Ikonostase.

INFO

KOPRIVNICA-KRIŽEVCI

Fläche:
1748 km^2

Bevölkerung:
115 584 Einwohner

Bevölkerungsdichte:
66 Einwohner/km^2

Sprache:
Kroatisch

Verwaltungssitz:
Koprivnica

Spezialität:
Fischgulasch

Im Zentrum von Koprivnica gruppieren sich historische Stadthäuser um den Park.

dieser Malergruppe; in einem Skulpturenpark sind Arbeiten von Hlebiner Holzbildhauern ausgestellt.

**** Križevci** Schon im 13. Jahrhundert besaß Križevci den Status einer freien Königsstadt und diente als Ort politischer Zusammenkünfte kroatischer Adelsvertreter. Die Ansiedlung bestand ursprünglich aus zwei Teilen – Ober- und Unterstadt wuchsen erst im 18. Jahrhundert zusammen, was bis heute alljährlich mit einem dreitägigen Volksfest gefeiert wird. Kunsthistorische Kostbarkeiten bergen die Gotteshäuser von Križevci: In der neugotischen Heiligkreuzkirche, die Stjepan Podhorsky zu Beginn des 20. Jahrhunderts errichtete, ist ein marmorner Barockaltar aus der Werkstatt Francesco Robbas von 1756 zu bewundern. Der italienische Bildhauer hatte das Stück ursprünglich für die Kathedrale von Zagreb angefertigt. Eine Besonderheit stellt die griechisch-katholische Kathedrale von Križevci dar. Unter Federführung von Hermann Bollé und Bartol Felbinger wurde das Gotteshaus Ende des 19. Jahrhunderts im neobyzantinischen Stil gestaltet und mit einer prächtigen Ikonostase geschmückt, an der sich die bekanntesten kroatischen Künstler jener Zeit verewigten.

**** Đurđevac** Im Jahr 1552 war die Burg von Đurđevac das letzte Hindernis, das den Osmanen den Weg nach Varaždin und weiter nach Wien versperrte. Sie belagerten die Feste und hofften, die Kroaten auszuhungern. Die aber besannen sich auf eine List, schnappten sich das letzte noch verbliebene essbare Tier – einen Hahn –, steckten ihn in die Kanone und schossen ihn zu den Osmanen hinüber. Die waren nun vollständig überzeugt, dass an Aushungern nicht zu denken war, und zogen ab. Und der arme Hahn, »picok«, avancierte zum Wappentier. So lautet jedenfalls die Legende, der man kaum glauben kann, wenn man die zierliche Feste Stari Grad betrachtet. Aber im 16. Jahrhundert war sie deutlich größer und wehrhafter. In den Burgräumen zeigt eine Galerie Werke zeitgenössischer kroatischer Künstler.

Šoderica

Eine Kiesgrube formte einst den künstlichen Šoderica-See, zu dem die Drau an dieser Stelle aufgestaut wird. Mit den Veränderungen des Wasserstands im Fluss steigt und sinkt auch der Wasserspiegel. Filteranlagen reinigen das Wasser der sonst stark durch Industrie belasteten Drau. Lichte Wälder und Schilf bilden den Rahmen für die hübsch angelegten Strände, die von den Bewohnern der umliegenden Orte im Sommer gern aufgesucht werden. Viele besitzen hier auch einfache Sommerhäuschen, in denen an den Wochenenden übernachtet wird. Der Baggersee gilt als hervorragendes Angelrevier. Beach Bars und Diskotheken unterhalten im Sommer das junge Publikum.

Die Burg von Đurđevac konnte von den Osmanen nie erobert werden.

Skulpturenpark von Hlebine.

Ein zierlicher Musikpavillon schmückt den Stadtpark von Koprivnica.

Unterwegs in Bjelovar-Bilogora

Das Zentrum von Bjelovar rund um den hübschen Trg Eugena Kvaternika strahlt heute noch das Flair einer Garnisonsstadt aus. Daruvars größter Besuchermagnet ist das Thermalbad Daruvarske Toplice im hübschen Julijev-Park.

Ursprünglich ein Exerzierplatz: der hübsche Stadtpark von Bjelovar.

**** Bjelovar** Dass Bjelovar als Militär- und Garnisonsstadt gegründet wurde, ist bereits im Grundriss deutlich. Um einen quadratischen Park im Zentrum – früher Aufmarschplatz – reihen sich ehemalige Kasernen und repräsentative Verwaltungsbauten entlang der wie mit dem Lineal gezogenen Straßen. In den Kämpfen um die kroatische Unabhängigkeit zu Beginn der 1990er-Jahre war Bjelovar Schauplatz heftiger Auseinandersetzungen zwischen Einheiten der jugoslawischen Armee, die in den Kasernen untergebracht waren, und kroatischen Soldaten. Kriegerisch mutet das Ortszentrum heute überhaupt nicht an; der Park mit seinem hübschen Musikpavillon, dahinter die barocke Kathedrale der hl. Teresa von Ávila, vermitteln ein friedliches, entspanntes Bild. Übrigens hatte Hermann Bollé auch bei dieser Kirche seine Hand im Spiel. Er renovierte das Gotteshaus im Jahr 1888.

BJELOVAR-BILOGORA
Fläche:
2652 km²
Bevölkerung:
119 764 Einwohner
Bevölkerungsdichte:
45 Einwohner/km²
Sprache:
Kroatisch
Verwaltungssitz:
Bjelovar
Spezialität:
Bier

Seit 2000 Jahren setzt man in Daruvar auf Gesundheitstourismus.

Ein Brunnen mit der Bronzefigur einer Badenden schmückt den Kurpark von Daruvar.

**** Daruvar** Die Stadt mit ihrem eleganten Thermalbad zählt zu den ältesten Siedlungen Nordkroatiens. Steinzeitliche Funde belegen die Besiedlung des Tals am Fuß des Papuk-Gebirges bereits vor 5000 Jahren; in der römischen Ära war Daruvar unter dem Namen Aqua Ballissae bereits ein beliebtes Heilbad. Nach einer kurzen Phase osmanischer Besatzung kamen Siedler aus umliegenden Regionen und Ländern in das fruchtbare Tal. Bis heute besitzt Daruvar mit über 20 Prozent einen hohen Anteil ursprünglich aus Tschechien stammender Einwohner, weshalb hier auch tschechisches Bier gebraut wird. Daruvars Heilbad (Daruvarske Toplice) zog nach seinem Ausbau im 19. Jahrhundert zahlreiche Kurgäste aus aller Herren Länder an. Heute gibt es auch ein modernes Bad mit Innen- und Außenbereich. Neben den Thermen spielt der Weinbau eine wichtige Rolle. Die Weinstraße von Daruvar führt durch sanfthügelige Weinberge zu Winzern und Gasthöfen, in denen der charakteristische Weißwein Graševina ausgeschenkt wird.

Bjelovars schönste Kirche: die barocke Kathedrale der heiligen Teresa von Ávila.

Die schönsten Reiserouten und Stadtrundgänge

Über 1000 Inseln und fast 6000 Küstenkilometer prägen Kroatien, zum Meer abfallende Gebirge, zahlreiche Nationalparks und ein reiches Kulturerbe. Die Touren führen durch Istrien, entlang der Kvarner Bucht und der dalmatinischen Küste, Stadtrundgänge machen mit Rijeka, Split und Dubrovnik bekannt. Eine Übersichtskarte zeigt den Verlauf aller Touren auf einen Blick, detaillierte Karten informieren über den jeweiligen Verlauf, bedeutende Sehenswürdigkeiten und wichtige Orte werden durch Bilder und Kurztexte hervorgehoben. Zur besseren Planung geben Routensteckbriefe Auskunft über die einzelnen Etappenlängen sowie einen ersten Anhaltspunkt, wie viel Zeit man für die jeweiligen Routen einplanen sollte. Und dann kann die Reise auch schon losgehen. Bild: Straßencafé bei St. Blasius in Dubrovnik.

Spittal
ÖSTERREICH
Siófok
Villach
Klagenfurt
Maribor
UNGARN
SLOWENIEN
Celje
Koprivnica
Pécs
LJUBLJANA
Barcs
Novo Mesto
ZAGREB
Virovitica
Trieste
KROATIEN
Savudrija
Kutina
Opatija
Rijeka
Karlovac
Petrinja
Poreč
Pazin
Crikvenica
Slavonski
Mošćenička Draga
Krk
Rovinj
Istrien
Krk
Senj
Lopar
Pula
Cres
Bihać
Rab
Banja Luka
Rab
Jablanac
BOSNIEN UND
Pag
Lošinj
Jajce
Zenica
Zadar
Ugljan
Knin
HERZEGOWINA
Biograd
SARAJE
Pašman
Šibenik
Sinj
Ancona
Omiš
Split
Makarska
Mostar
Brač
Hvar
Adriatisches
Vis
Opuzen
Meer
Korcula
Pelješac
Ston
Slano
Mljet
Dubrovnik
ITALIEN
Pescara
L'Aquila
0
50 Kilometer
1
2
3
4
5
6

Routenübersicht

Route 1: Rijeka zu Fuß

Route 2: Split zu Fuß

Route 3: Dubrovnik zu Fuß

Route 4: Istriens Sehenswürdigkeiten

Route 5: Rund um die Kvarner Bucht

Route 6: Von Zadar nach Dubrovnik

Drnis
Skradin
Vodice
Pirovac
Kaprije
Žirje
1
Sibenik
2
Primošten
56
Maljkovo
A1
Gornji Muć
Hrvace
Sinj
Brnaze
Dicmo
Jabuka
Prikula
Livno
16
Sŕševići
Kamensko
Kaštela
3
Split
Ugljane
Cista Provo
Šestanovac
Trogir
Katedrala
Sveti Lovre
Rogač
Šolta
Ancona (I)
Patra (GR)
Milna
Brač
Omiš
Lokva
Makarska

Essen mit Weitblick in Bol, Insel Brač.

Legende

- Gebirgslandschaft
- Felslandschaft
- Schlucht/Canyon
- Vulkan erloschen
- Höhle
- Gletscher
- Flusslandschaft
- Wasserfall/Stromschnelle
- Seenlandschaft
- Naturpark
- Nationalpark (Landschaft)
- Nationalpark (Flora)
- Nationalpark (Fauna)
- Biosphärenreservat
- Wildreservat
- Zoo/Safaripark
- Küstenlandschaft
- Strand
- Insel

- Vor- und Frühgeschichte
- Prähistorische Felsbilder
- Griechische Antike
- Römische Antike
- Christliche Kulturstätte
- Kulturlandschaft
- Historisches Stadtbild
- Burg/Festung/Wehranlage
- Burgruine
- Palast/Schloss
- Technisches/industr. Monument
- Staumauer
- Sehenswerter Leuchtturm
- Herausragende Brücke
- Grabmal
- Kriegsschauplatz/Schlachtfelder
- Denkmal
- Mahnmal
- Spiegel- und Radioteleskop
- Weinanbaugebiet
- Markt/Basar
- Feste und Festivals
- Museum
- Theater
- Weltausstellung
- Olympische Spiele

- Skigebiet
- Segeln
- Tauchen
- Windsurfen
- Kanu/Rafting
- Seehafen
- Badeort
- Mineralbad/Therme
- Freizeitpark
- Spielkasino

Das Kroatische Nationaltheater zählt zu den schönsten Schauspielhäusern aus der Zeit der Donaumonarchie.

Route 1: Rijeka zu Fuß

Trotz Hafen hat Rijeka keineswegs das Flair einer Industriemetropole. Das Stadtbild wird gleichermaßen von altehrwürdiger Architektur, wie von einer jungen Kunstszene geprägt. Man spaziert einmal durch die Stadt, zur Festung hinauf und zum Wasser zurück.

Im Museum für moderne und zeitgenössische Kunst zeigen Wechselausstellungen Werke des 19., 20. und 21. Jahrhunderts. Unbekannten, jungen Nachwuchskünstlern gibt das Museum zudem die Chance, hier ihre Werke einer größeren Öffentlichkeit zu präsentieren. Ihre auffällige weiß-braun gestreifte Fassade kennzeichnet die neogotische Kapuzinerkirche Maria von Lourdes. Das helle Innere birgt sehenswerte Malereien des kroatischen Künstlers Romulo Venucci. Den Eingang des Jadranpalastes schmücken vier Barockskulpturen, die die Hauptberufe der Seeleute darstellen. Heute ist der prächtige Bau Sitz der Reederei Jadrolinija, die den Fährverkehr von der kroatischen Küste zu den vorgelagerten Inseln sowie nach Italien betreibt. Der Jadranplatz davor mit seinen hübschen Springbrunnen geht direkt in die Haupteinkaufsstraße von Rijeka über, den Korzo. Der markante Stadtturm (Gradski Toranj), 1750 erbaut, ist ein Wahrzeichen der Stadt. Er zeigt das Wappen der Habsburger und die eingemeißelten Gesichter der österreichischen Kaiser Leopold I. und Karl VI.: Ihnen verdankt die Stadt ihre Freihafenrechte und eine freie Wirtschaftspolitik. Das Römische Tor in der Altstadtgasse Stara vrata stammt aus dem 4. Jahrhundert und ist Rijekas ältestes Gebäude. Auf den Überresten einer antiken Therme wurde die Kirche Mariä Himmelfahrt mit ihrem schiefen Glockenturm erbaut. Der Gouverneurspalast (1892), früher Sitz des Gesandten der Habsburgermonarchie, beherbergt heute neben der stadtgeschichtlichen Sammlung das Marinemuseum, das einen Überblick über die kroatische Seefahrtsgeschichte bietet. Im Naturkundlichen Museum lernt man die Pflanzen und Tierwelt des Landes kennen, Besucher haben auch Zugang zum Botanischen Garten und dem Aquarium. Über 500 Stufen führen am anderen Ufer des Flusses Rječina vom Zentrum zur Festung von Trsat hinauf, wo sich ein wunderbarer Blick über die Stadt bietet. Die Kirche der Muttergottes von Trsat ist Kroatiens ältester Marienwallfahrtsort. Das Kroatische Nationaltheater wurde nach dem in Rijeka geborenen Komponisten und Dirigenten Ivan Zajc (1832 bis 1914) benannt. Der Prachtbau entstand zu Zeiten der Donaumonarchie. Seine Außenfassade erstrahlt im Neorenaissancestil. Molo longo nennt der Volksmund den über 1700 Meter langen Wellenbrecher des Haupthafenbeckens. Von hier aus eröffnet sich ein wunderschöner Blick auf die Uferpromenade von Rijeka. Wer hier entlangflaniert, kann dabei unzählige Schiffe beim An- und Ablegen beobachten, denn Rijeka hat den größten Hafen Kroatiens.

Routensteckbrief:
Routenlänge: ca. 5,6 km | **Zeitbedarf:** ca. 1 Tag
Museum für moderne und zeitgenössische Kunst → 550 m **Kapuzinerkirche Maria von Lourdes** → 170 m **Jadranpalast** → 450 m **Stadtturm** → 88 m **Römisches Tor** → 450 m **Gouverneurspalast** → 200 m **Naturkundliches Museum** → 1,7 km **Festung von Trsat** → 1,6 km **Kroatisches Nationaltheater** → 600 m **Molo longo**

5 **Römisches Tor** Der steinerne Bogen bildete einst den Eingang zur antiken Siedlung Tarsatica, die sich aus einem römischen Militärlager heraus entwickelte und Rijekas Vorgängerin war.

2 **Kapuzinerkirche Maria von Lourdes** Das Gotteshaus wurde zum 50. Jahrestag der Erscheinung von Lourdes erbaut. Seine braun-weiß gestreifte Fassade ist lombardischen Kirchen nachempfunden.

8 **Festung von Trsat** Schon die Liburnier bewachten von hier aus die Zugänge zur Küste, die Römer taten es ihnen nach. Später spielte das Kastell bei der Abwehr von Osmaneneinfällen eine wichtige Rolle. 1826 ließ Laval Graf Nugent es zum Wohnsitz umbauen.

9 **Kroatisches Nationaltheater** Die renommierte Bühne wurde 1885 mit »Aida« von Verdi eröffnet. Startenor Enrico Caruso gastierte hier ebenso wie die Ausnahmeschauspielerin Sarah Bernhardt.

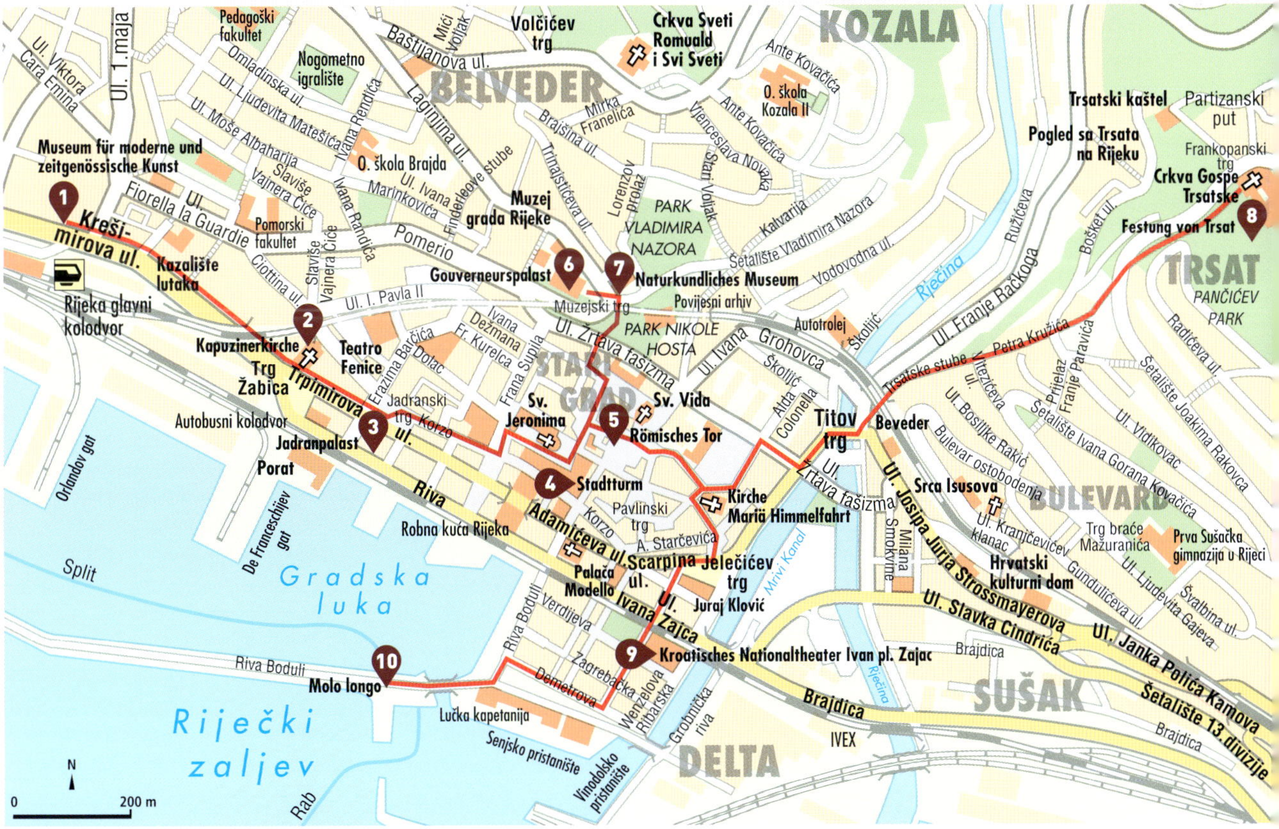

1 Museum für moderne und zeitgenössische Kunst
2 Kapuzinerkirche
3 Jadranpalast
4 Stadtturm
5 Römisches Tor
6 Gouverneurspalast
7 Naturkundliches Museum
8 Festung von Trsat
9 Kroatisches Nationaltheater Ivan pl. Zajc
10 Molo longo

BELVEDER
KOZALA
STARI GRAD
TRSAT
BULEVARD
SUŠAK
DELTA
Gradska luka
Riječki zaljev
Rijeka glavni kolodvor
Autobusni kolodvor
Kazalište lutaka
Teatro Fenice
Trg Žabica
Porat
Robna kuća Rijeka
Palača Modello
Muzej grada Rijeke
Crkva Sveti Romuald i Svi Sveti
Sv. Jeronima
Sv. Vida
Kirche Mariä Himmelfahrt
Titov trg
Beveder
Srca Isusova
Hrvatski kulturni dom
Trsatski kaštel
Pogled sa Trsata na Rijeku
Crkva Gospe Trsatske
Park Vladimira Nazora
Park Nikole Hosta
Pančićev park
Prva Sušačka gimnazija u Rijeci
Lučka kapetanija
Senjsko pristanište
Vinodolsko pristanište
Riva
Riva Boduli
Rječina
Mrtvi Kanal
Korzo
Jelečićev trg
Jadranski trg
Pavlinski trg
Trg braće Mažuranića
Ul. Janka Polića Kamova
Šetalište 13. divizije
Ul. Josipa Jurja Strossmayerova
Ul. Slavka Cindrića
Krešimirova ul.
Trpimirova ul.
Adamićeva ul.
Ul. Ivana Zajca
Ul. Žrtava fašizma
Ul. Franje Račkoga
Trsatske stube Petra Kružića
Brajdica
IVEX
Split
Rab
N
0 200 m

Splits Altstadt zählt zum UNESCO-Weltkulturerbe, ist aber kein Museum, sondern ein Ort voller Leben.

Route 2: Split zu Fuß

In Splits städtischer Struktur sind sämtliche historischen Epochen – von der Antike über das Mittelalter bis in die Gegenwart – deutlich erkennbar und erhalten. Und sie sind alle Teil des Alltags, der das geschichtliche Erbe mit modernem Leben füllt.

An der palmengesäumten Uferpromenade (Riva) fällt der Blick auf weiße Boote und Jachten. Auf der anderen Seite der Flaniermeile reihen sich in bunter Folge Cafés und Geschäfte aneinander – und dahinter erhebt sich der zum UNESCO-Weltkulturerbe zählende römische Diokletianpalast. Das eher unscheinbare Bronzetor, auch Seetor genannt, führt direkt in die Kellergewölbe. Durch das Goldtor im Norden, das Eisentor im Westen und das Silbertor im Osten gelangt man ebenerdig in die Palastmauern. Die wohltuend kühlen Kellergewölbe (Podrumi) erlauben einen einmaligen Blick in die Vergangenheit: Noch heute lässt sich dort die Aufteilung der Gemächer des römischen Kaisers im Obergeschoss erahnen. Archäologische Funde sind hier ausgestellt. Der Durchgang durch die Kellergewölbe endet direkt im Peristyl, dem Zentrum der Palastanlage. Von hier aus gelangte der Kaiser im 4. Jahrhundert über das Vestibül zu seinen Privatgemächern im Süden des Palastes. Den Eingang der Kathedrale des hl. Domnius (Sv. Duje) bewacht eine Sphinx, die Kaiser Diokletian von seinem Feldzug nach Ägypten mitgebracht hatte. Vor ihrer Umwidmung im 6. Jahrhundert diente die Kirche als Mausoleum des Kaisers und seiner Ehefrau. Vom Glockenturm aus eröffnet sich ein fantastischer Blick über die roten Dächer von Split. Am nördlichen Goldtor des Diokletianpalastes erhebt sich die monumentale Statue des Gregor von Nin. Angeblich soll es Glück bringen, den großen Zeh des Bischofs anzufassen. Weil ihn schon so viele Hände berührt haben, glänzt er nun wie blank poliert. Wer den Diokletianpalast durch das westliche Tor verlässt, kommt auf den Volksplatz (Narodni Trg), auch »Pjaca« genannt. Er wird von Gebäuden unterschiedlicher Stilepochen gesäumt. Ins Auge fallen das Gebäude des Ethnologischen Museums im gotischen Stil und der Renaissancepalast Karepic. In der Mitte des Obstplatzes (Vocni Trg) steht das Denkmal für den kroatischen Dichter Marko Marulić. Schöpfer der Statue war der Bildhauer Ivan Meštrović, dessen Werke dem Besucher überall in Dalmatien begegnen. Der barocke Milesi-Palast und mehrere Designerläden verleihen dem Platz eine elegante Note. Auf dem Fischmarkt gibt es nicht nur fangfrische Meerestiere in großer Auswahl. Er gilt auch als der »Bauchnabel« der Marmontova, der Haupteinkaufsstraße von Split. Blickfang am Platz der Republik (Trg Republike) sind die venezianischen Paläste aus dem 19. Jahrhundert mit ihren langen Arkaden. Sie waren Sitz der Statthalter von Split. Als Vorbild diente der Markusplatz in Venedig. Das Franziskanerkloster (Sv. Frane) aus dem 13. Jahrhundert besitzt einen schönen romanischen Kreuzgang.

Routensteckbrief:
Routenlänge: ca. 1,5 km | **Zeitbedarf:** ca. 1 Tag
Uferpromenade → 120 m **Bronzetor** → 30 m **Kellergewölbe** → 70 m **Peristyl** → 150 m **Kathedrale St. Domnius** → 250 m **Statue des Gregor von Nin** → 250 m **Volksplatz** → 130 m **Obstplatz** → 160 m **Fischmarkt** → 220 m **Platz der Republik** → 140 m **Franziskanerkloster**

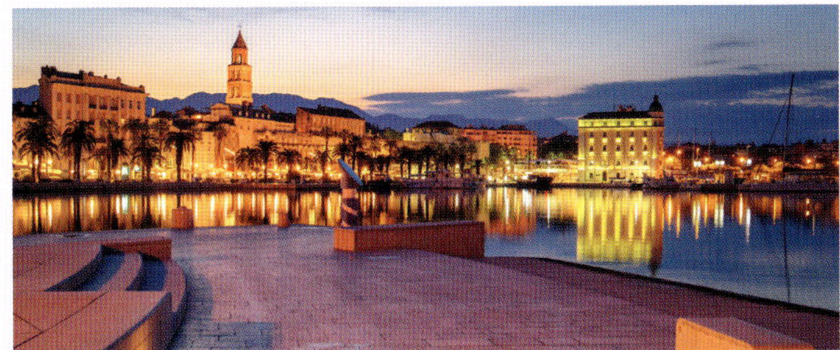

1 Uferpromenade Splits Uferpromenade bekam ihre heutige Form vor etwa zwei Jahrhunderten, als die Franzosen über die Region herrschten. Mit ihren vielen Cafés und Restaurants ist sie die Flaniermeile und das Wohnzimmer der Bürger.

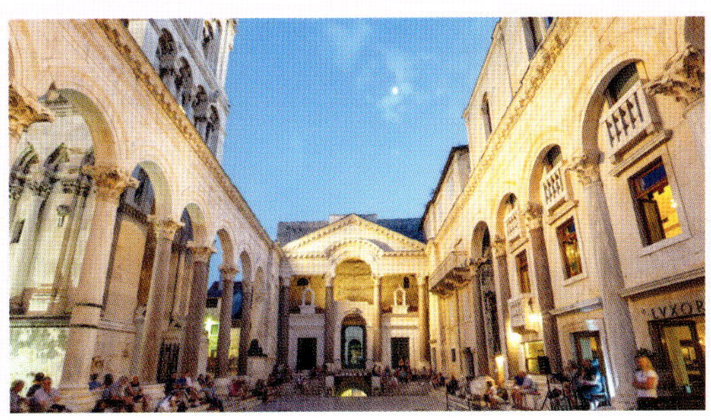

4 Peristyl Das von Kolonnaden eingefasste Peristyl bildete das Zentrum des Diokletianpalastes. Es diente dem Kaiser als Empfangssaal – heute bietet es dem Stadtalltag eine Bühne.

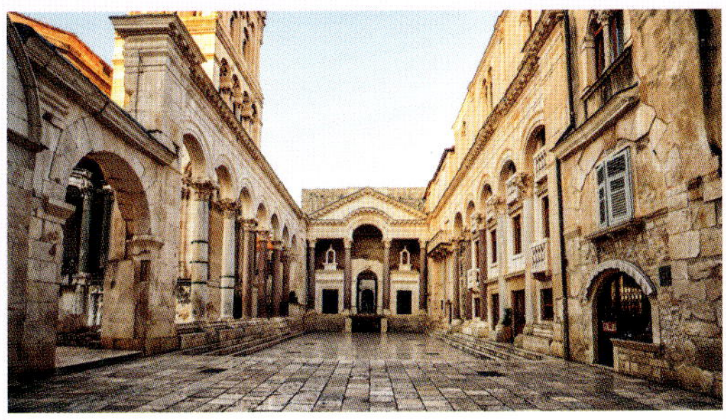

5 Kathedrale Sveti Duje Splits achteckige Kathedrale wurde ursprünglich als Mausoleum für Kaiser Diokletian erbaut; der hohe romanische Glockentturm kam viel später hinzu.

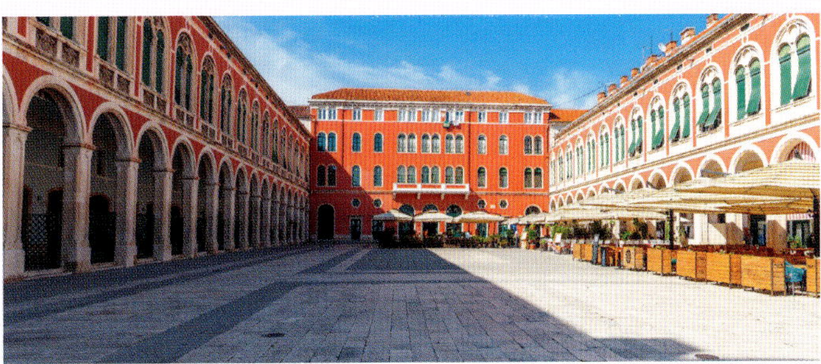

7 Volksplatz Wie der Markusplatz in Venedig ist der Platz der Republik auf drei Seiten von Gebäuden im Stil der Neorenaissance mit Arkaden umgeben. Regelmäßig fungiert der Trg Republike als Kulisse für Kulturveranstaltungen.

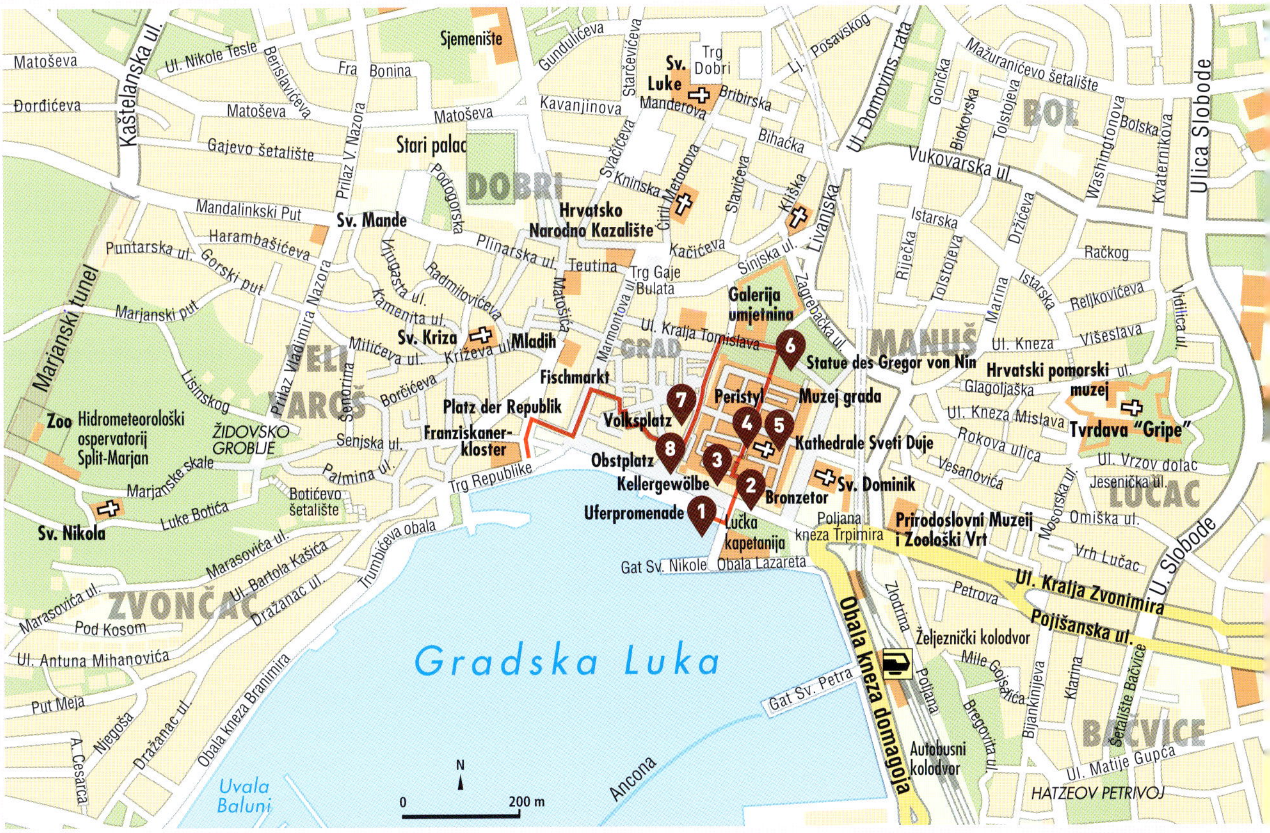
Matoševa
Đorđićeva
Kaštelanska ul.
Ul. Nikole Tesle
Sjemenište
Fra Bonina
Gundulićeva
Starčevićeva
Sv. Luke
Trg Dobri
Manderova
Bribirska
Posavskog
Ul. Domovins. rata
Gorička
Mažuranićevo šetalište
Gajevo šetalište
Stari palac
Kavanjinova
Biokovska
Tolstojeva
BOL
Bolska
Washingtonova
Kvaternikova
Ulica Slobode
DOBRI
Svačićeva
Kninska
Ćirila Metodova
Slavićeva
Bihaćka
Vukovarska ul.
Mandalinkski Put
Prilaz V. Nazora
Podogorska
Hrvatsko Narodno Kazalište
Kliška
Livanjska
Istarska
Držićeva
Sv. Mande
Harambašićeva
Plinarska ul.
Kačićeva
Riječka
Račkog
Puntarska ul.
Gorski put
Teutina
Trg Gaje Bulata
Sinjska ul.
Galerija umjetnina
Zagrebačka ul.
Marina
Relkovićeva
Marjanski tunel
Marjanski put
Kamenita ul.
Radmilovićeva
Matošića
Marmontova ul.
Ul. Kralja Tomislava
MANUŠ
Ul. Kneza
Višeslava
Vidilica ul.
Prilaz Vladimira Nazora
VELI VAROŠ
Sv. Kriza
Križeva ul.
Mladih
GRAD
6
Statue des Gregor von Nin
Hrvatski pomorski muzej
Glagoljaška
Miličeva ul.
Senjorina
Borčićeva
Fischmarkt
7
Peristyl
Muzej grada
Ul. Kneza Mislava
Tvrdava "Gripe"
Zoo
Hidrometeorološki ospervatorij Split-Marjan
Lisinskog
ŽIDOVSKO GROBLJE
Platz der Republik
Volksplatz
4
5
Kathedrale Sveti Duje
Rokova ulica
Ul. Vrzov dolac
Senjska ul.
Franziskaner-kloster
8
3
Vesanovića
Jesenička ul.
LUČAC
Marjanske skale
Palmina ul.
Trg Republike
Obstplatz
Kellergewölbe
2
Sv. Dominik
Bročevo šetalište
Bronzetor
Mosorska ul.
Omiška ul.
Sv. Nikola
Luke Botića
Uferpromenade
1
Lučka kapetanija
Poljana kneza Trpimira
Prirodoslovni Muzej i Zoološki Vrt
Vrh Lučac
U. Slobode
Marasovića ul.
Ul. Bartola Kašića
Trumbićeva obala
Gat Sv. Nikole
Obala Lazareta
Zlodrina
Petrova
Ul. Kralja Zvonimira
ZVONČAC
Dražanac ul.
Pojišanska ul.
Pod Kosom
Željeznički kolodvor
Ul. Antuna Mihanovića
Obala kneza domagoja
Mile Gojsalića
Gradska Luka
Bijankinijeva
Klarina
Šetalište Bačvice
Put Meja
Njegoša
Dražanac ul.
Obala Kneza Branimira
Gat Sv. Petra
Poljana
Bregovita ul.
BAČVICE
A. Cesarca
Uvala Baluni
N
0
200 m
Ancona
Autobusni kolodvor
Ul. Matije Gupca
HATZEOV PETRIVOJ

»Kroatisches Athen« oder »Perle der Adria« – Dubrovnik hat viele schmückende Beinamen.

Route 3: Dubrovnik zu Fuß

Dubrovnik ist auf drei Seiten vom Meer und auf vier Seiten von historischen Stadtmauern umgeben. Die mittelalterliche Altstadt mit ihren Klöstern, Kirchen, Palästen und dem marmorgepflasterten Stradun gehört zum Weltkulturerbe der UNESCO.

Bis zu zwölf Meter dick sind die Mauern der Festung Lovrjenac aus dem 14. Jahrhundert. Von hier aus kann man wunderbar die Altstadt und den Hafen überblicken. Das Pile-Tor ist Teil der Stadtmauer, die Ragusa im 15. Jahrhundert als Bollwerk gegen die vorrückenden Osmanen errichtete. Bei einem Rundgang auf der Mauerkrone bietet sich hinter jeder Biegung ein neues Panorama. Südlich des Pile-Tors wurde um 1400 das Kloster der heiligen Klara erbaut. 1434 richtete man dort eines der ersten Waisenhäuser der Welt ein. Der Große Onofrio-Brunnen auf dem kleinen Platz am Pile-Tor ist ein Werk des neapolitanischen Baumeisters Onofrio della Cava. Vor dem großen Erdbeben im Jahr 1667 versorgte er die Bürger Dubrovniks mit Trinkwasser. Die nahe Erlöserkirche (Sv. Spas) ließ die Stadt 1520 errichten – zum Dank dafür, dass die Stadt vom Erdbeben in jenem Jahr verschont geblieben war. Auch beim großen Beben 1667 blieb die Kirche unversehrt. Große Teile des Franziskanerklosters aus dem Jahr 1317 waren hingegen eingestürzt, daher sind hier heute unterschiedliche Stilelemente vereint: Der prachtvolle Kreuzgang mischt Romanik und Gotik. Die Kirche erstrahlt im Barockstil und im großen Renaissancesaal des Klosters befindet sich heute die Museumssammlung. Der Stradun ist die breiteste Straße der Altstadt, Haupteinkaufsstraße und wichtigster Veranstaltungsort in einem. Früher trennte hier ein flacher Meereskanal die Insel Lave vom Festland. Diesen Kanal füllten die Bewohner im 12. Jahrhundert auf und fügten so zwei kleine Siedlungen zu einer Stadt zusammen. Am Luža-Platz befinden sich viele Sehenswürdigkeiten: die Rolandsäule, ein weiteres Symbol der Freiheitsliebe der Stadt, und der Sponza-Palast, das frühere Zentrum des Handels. Zudem stehen hier der Kleine Onofrio-Brunnen, die Kirche St. Blasius und der städtische Glockenturm. Der Rektorenpalast aus dem 15. Jahrhundert besticht durch die Schönheit seiner Architektur. Ursprünglich ein gotischer Palast, wurde er später im Stil der Renaissance und des Barock erweitert. Heute beherbergt er die kulturgeschichtliche Abteilung des Dubrovniker Museums und bietet einen Einblick in das Leben der Bürger in vergangenen Jahrhunderten. Eines der schönsten Bauwerke von Dubrovnik ist das Dominikanerkloster. Der Grundstein wurde im 13. Jahrhundert gelegt, die Einweihung erfolgte im 16. Jahrhundert. Meditative Stille liegt über dem Kreuzgang im Innenhof des Klosters. Die Seilbahn bringt Touristen und Einheimische hinauf auf den Srd, Dubrovniks Hausberg. Von oben bietet sich eine grandiose Aussicht auf die Stadt, das Meer und die vorgelagerten Inseln.

Routensteckbrief:
Routenlänge: ca. 1,3 km | **Zeitbedarf:** ca. 1 Tag
Festung Lovrjenac → 300 m **Stadtmauer** → 50 m **Kloster der heiligen Klara** → 10 m **Großer Onofrio-Brunnen** → 10 m **Erlöserkirche** → 10 m **Franziskanerkloster** → 10 m **Stradun** → 250 m **Luža-Platz** → 90 m **Rektorenpalast** → 210 m **Dominikanerkloster** → 400 m **Seilbahn**

2 Stadtmauer Knapp zwei Kilometer lang und bis zu 25 Meter hoch, verstärkt durch fünf Festungen, 16 Türme, Kasematten und Bastionen: Dubrovniks Stadtmauer zählt zu den besterhaltenen mittelalterlichen Befestigungsanlagen Europas.

9 Rektorenpalast Schon die Architektur ist sehenswert, einen Besuch lohnt aber auch das kulturgeschichtliche Museum im Inneren. Im Atrium finden in den Sommermonaten Konzerte statt.

4 Großer Onofrio-Brunnen 1438 eingeweiht, bildete der Brunnen den Endpunkt einer für die damalige Zeit hochmodernen Wasserleitung. Aus 16 steinernen Speiern plätschert das Wasser ins Becken.

Der fast 200 Jahre alte Leuchtturm von Savudrija ist der älteste an der östlichen Adriaküste.

Route 4: Istriens Sehenswürdigkeiten

Istrien punktet mit zauberhaften Stränden und mittelalterlichen Bergdörfen. Im hügeligen Hinterland können Gourmets die kulinarischen Erzeugnisse der Region testen: edle weiße Trüffel, preisgekrönte Weine und ausgezeichnete Olivenöle.

Wahrzeichen von Savudrija, dem westlichsten Ort Kroatiens, ist der 30 Meter hohe Leuchtturm, der älteste noch in Betrieb befindliche an der gesamten Adriaküste. Im Leuchtturmwärterhaus kann man übernachten. Die Altstadt von Umag war einst eine Insel und nur per Zugbrücke mit dem Festland verbunden. Teile der Festungsmauer sind erhalten geblieben, der alte Bischofsturm beherbergt das Stadtmuseum. Die Gässchen von Grožnjan mit ihren alten Steinhäusern säumen gemütliche Cafés, Galerien und Kunsthandwerkgeschäfte. Wer ein besonderes Souvenir sucht, wird hier garantiert fündig. Im istrischen Hügelstädtchen Motovun zeugt noch immer vieles von der langen Herrschaft Venedigs. Die umliegenden Wälder sind ein Mekka für Trüffelsucher. Von der begehbaren Stadtmauer aus eröffnen sich schöne Panoramablicke auf das Mirna-Tal. Das Dorf Beram ist bekannt für die Fresken in der Kirche Maria im Fels – vor allem für den sieben Meter langen »Totentanz«. Er macht deutlich, dass vor dem Tod alle gleich sind. Pazin besitzt eine Festung, die zu den größten und besterhaltenen Istriens zählt. Von oben überblickt man die Fojba-Schlucht mit ihren tosenden Wassern. Das Dörfchen Tinjan liegt etwas abseits der Touristenströme und hat gerade deshalb besonderen Reiz: Hier haben sich viele Steinhäuschen mit der charakteristisch istrischen Terrasse, der »Baladur«, erhalten. Berühmt ist die Gemeinde für den hier hergestellten Schinken (Pršut). In der Altstadt von Poreč sind Bauten aus sämtlichen Stilepochen zu bewundern – die Euphrasius-Basilika zählt zum UNESCO-Weltkulturerbe. Die ältesten Fragmente ihres Bodenmosaiks stammen noch aus dem 3. Jahrhundert. Lohnend ist auch ein Bummel über die Uferpromenade, die die Altstadt fast in Gänze umschließt. Dem kleinen Küstenort Vrsar ist es gelungen, den Charakter eines kleinen Fischerdorfs zu bewahren. Die engen Gassen, die Steinhäuschen mit den bunten Fensterläden, das Kastell Vergotini und die idyllischen Uferwege laden zum Entdecken ein. Und dann ist da noch der nahe gelegene Limski-Fjord, der bekannt ist für seine köstlichen Muscheln und Austern. Ein mystischer Ort ist die Geisterstadt Dvigrad. Sie war einst größer als Pula im Süden und besaß eine der bedeutendsten Festungen Kroatiens. Doch dann verließen die Menschen die Stadt, vertrieben durch Kriege, Pest, Cholera und eine Malaria-Epidemie. Die ehemalige Inselstadt Rovinj ist erst seit dem 18. Jahrhundert mit dem Festland verbunden. Die Stadt thront auf einem Fels, umgeben vom Meer, und der Turm der Kirche der heiligen Euphemia ragt aus dem roten Häusermeer wie sein Vorbild, der Campanile in Venedig. Von oben kann man die Stadt, das Meer und die vorgelagerten Inseln überblicken.

Routensteckbrief:
Routenlänge: ca. 161 km | **Zeitbedarf:** ca. 2 Wochen
Savudrija → 7 km **Umag** → 21 km **Grožnjan** → 18 km **Motovun** → 17 km **Beram** → 6 km **Pazin** → 12 km **Tinjan** → 21 km **Poreč** → 10 km **Vrsar** → 28 km **Dvigrad** → 21 km **Rovinj**

1 Grožnjan Der Verfall war bereits weit vorangeschritten, als Künstler in den 1960er-Jahren den kleinen Ort entdeckten und in den verlassenen Häusern Ateliers und Werkstätten einrichteten. Sie hauchten Grožnjan neues Leben ein.

2 Motovun Die von mächtigen Mauern umgebene Hügelstadt erhebt sich fotogen über einem bewaldeten Tal. In ihrer grünen Umgebung lassen sich die besten Trüffel Istriens finden.

3 Poreč In der kompakten Altstadt von Poreč ist die römische Stadtplanung bis heute im Straßenbild sichtbar. Decumanus und Cardo bilden die Hauptachsen, alle Nebenstraßen verlaufen im rechten Winkel.

4 Rovinj An der istrischen Küste ist Rovinj das absolute Highlight. Die Altstadt wird vom Glockenturm der St.-Euphemia-Kirche dominiert, der den Campanile des Markusdoms in Venedig zum Vorbild hat.

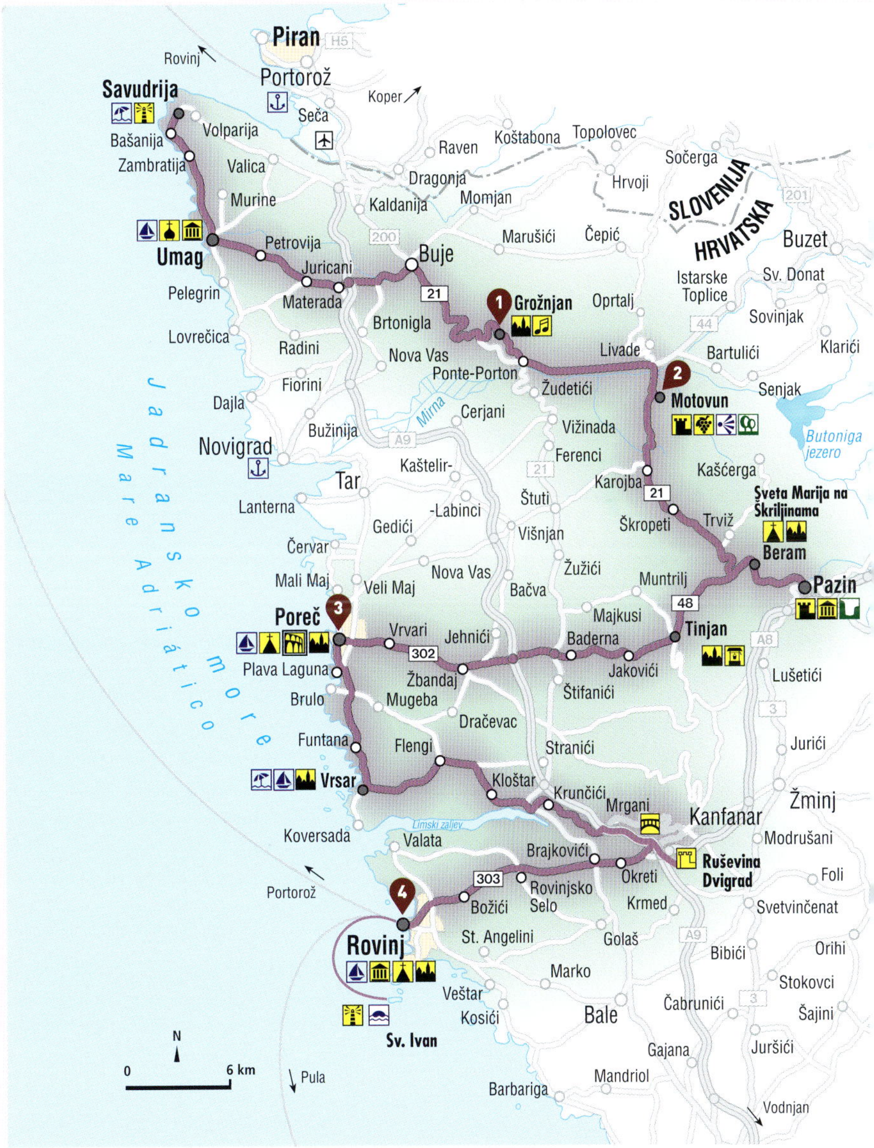

Der Hafen und die Uferpromenade Riva trennen das historische Krk vom modernen Teil der Stadt.

Route 5: Rund um die Kvarner Bucht

Charmante Ferienorte und erholsame Inseln prägen die Kvarner Bucht. Der Tag beginnt mit einem Bad im glasklaren Meer, am Nachmittag gefolgt von einem Stadtbummel. Den Abend lässt man in einer Konoba ausklingen, mit Blick aufs Wasser.

Das kleine Dorf Mošćenička Draga zieht mit dem schneeweißen Kieselstrand Sipar viele Besucher an. Es ist zudem ein Tor zum bewaldeten Naturpark Učka. Im schönen Seebad Lovran prägen Herrenhäuser das Bild der Uferpromenade, während die Altstadt mit engen Gassen und getünchten Steinhäuschen verzaubert. Der Lungomare ist eine der schönsten Strandpromenaden der Welt und führt von Lovran aus zwölf Kilometer lang über Opatija bis nach Volosko, vorbei an Stränden wie dem von Ičići, über dem die Blaue Flagge weht. Im 19. Jahrhundert war Opatija das Seebad des österreich-ungarischen Hochadels und das merkt man auch heute noch: An der Uferpromenade reiht sich eine prachtvolle Villa an die nächste, dazu kommen die kunstvoll angelegten Grünflächen. In Rijeka befindet sich der größte Hafen Kroatiens. Von hier aus brechen viele Reisende zu den Inseln auf. Wer länger verweilt, gönnt sich einen Einkaufsbummel auf der Prachtmeile, dem Korzo, oder klettert die Treppen zur Festung Trsat hinauf und genießt den spektakulären Ausblick. An der Bucht von Bakar haben die beiden berühmtesten kroatischen Adelsfamilien ihre Spuren hinterlassen, die Frankopanen ihr Kastell in Bakar und die Zrinski das Schloss im gegenüberliegenden Kraljevica. Bakar war früher ein Zentrum der Seefahrt. Viele reiche Kapitäne und Kaufleute ließen sich hier Häuser erbauen. Zusammen mit Cres teilt sich die Insel Krk die Ehre der »größten Insel Kroatiens«. Eine mautpflichtige Brücke verbindet die Insel mit dem Festland. Sie hat viel zu bieten, etwa das beeindruckende Frankopanen-Kastell oder die Stadt Krk mit ihrer mächtigen Wehrmauer und der Basilika. Erholung bietet Baška mit seinen schönen Stränden. Crikvenica kann mit einem langen Sandstrand aufwarten, eine Besonderheit in Kroatien. Schon Ende des 18. Jahrhunderts war Crikvenica Luftkurort und »Badeanstalt« der Habsburgermonarchie. An der Mündung des Flusses Suha ričina liegt Novi Vinodolski. In der Altstadt mit ihren Treppengassen sind die barocke Kirche und das Frankopanen-Kastell sehenswert. Senj, die älteste Küstenstadt der Kvarner Bucht, hat eine 3000-jährige Geschichte hinter sich: Sie wird bewacht von der Burg Nehaj, ihrem Wahrzeichen. Hinter den trutzigen, meterdicken Mauern lebten früher Uskoken, die der venezianischen Flotte das Fürchten lehrten. Das kleine Dorf Jablanac ist der perfekte Startpunkt, um die Insel Rab zu erkunden: Die Fähre legt im Sommer morgens im 30-Minuten-Takt und nachmittags im Stundentakt ab. Rab ist bekannt für seine paradiesischen Strände in kleinen, verschwiegenen Buchten, aber auch für die Stadt Rab, die mit ihrer pittoresken Altstadt zu den schönsten Hafenstädten der Kvarner Bucht gehört.

Routensteckbrief:
Routenlänge: ca. 212 km | **Zeitbedarf:** ca. 2-3 Wochen
Mošćenička Draga → 10 km **Lovran** → 7 km **Opatija** → 14 km **Rijeka** → 12 km **Bakar** → 36 km **Insel Krk** → 40 km **Crikvenica** → 11 km **Novi Vinodolski** → 24 km **Senj** → 58 km **Insel Rab**

1 Lovran In Lovran startet die schöne Franz-Josef-I.-Promenade, ein etwa zwölf Kilometer langer Uferweg, der über Opatija nach Volosko führt – immer direkt am Meer entlang.

2 Opatija Liebevoll restaurierte Jugendstilvillen zeugen von der Zeit, als Opatija das schickste Seebad der Donaumonarchie war. Wahrzeichen der Stadt ist das anmutige »Mädchen mit der Möwe«, das auf einem Felsen vor dem Lungomare steht.

3 Insel Krk Kroatiens größte Insel besitzt schöne Badebuchten wie diese bei Baška und ist in der Saison entsprechend gut besucht. Über eine mautpflichtige Brücke ist Krk zudem bequem zu erreichen.

4 Insel Rab Rab ist landschaftlich eine der schönsten Inseln der Kvarner Bucht. Vier Glockentürme prägen die Silhouette der Inselhauptstadt. Ein Traum ist der feinsandige Paradiesstrand bei Lopar.

Der versteckte Pasjača-Strand an der Riviera von Dubrovnik ist nur über lange und steile Treppen erreichbar.

Route 6: Von Zadar nach Dubrovnik

Diese sonnige Fahrt führt an der dalmatinischen Küste entlang und berührt dabei gleich vier UNESCO-Welterbestätten: die Kathedrale St. Jakob in Šibenik, die Altstadt von Trogir, den Diokletianpalast in Split und den historischen Kern von Dubrovnik.

Studenten prägen das Bild der alten Universitätsstadt Zadar. Für Kunstinteressierte hat die malerische Altstadt auf der schmalen Landzunge aus allen Epochen etwas zu bieten: das römische Forum, die byzantinische Kirche St. Donatus, venezianische Stadtmauern und Paläste sowie eine faszinierende Meeresorgel. Vor allem Bootsbesitzern ist Biograd na Moru ein Begriff, bietet der Hafen doch fast 1000 Anlegeplätze. Die palmengesäumte Strandpromenade mit ihren Cafés, Tavernen und Restaurants lädt genauso zum Verweilen ein wie die romantischen Buchten in der Umgebung. Den Vraner See (Vransko jezero), Kroatiens größten Binnensee, trennt nur ein schmaler Landstreifen vom Meer. Wegen seiner biologischen Vielfalt ist er heute ein geschützter Naturpark. Die Altstadt von Šibenik liegt an der Mündung der Krka und gilt als Meisterwerk der Städtebaukunst: Da sind die Stadtloggia, der Bischofspalast, das Franziskanerkloster, der Rektorenpalast, die Festung St. Michael und vor allem: die Kathedrale des hl. Jakob, von der UNESCO zum Weltkulturerbe deklariert. Primošten befand sich früher auf einer kleinen Insel, nur durch eine Zugbrücke mit dem Festland verbunden. Später baute man einen Damm, über den man noch heute bequem in das Städtchen gelangt. Dieser und die sieben vorgelagerten Inseln verleihen dem alten Fischerdorf ein besonderes Flair. Das historische Zentrum von Trogir gehört seit 1997 zum UNESCO-Weltkulturerbe. Ein Schmuckstück ist die Kathedrale St. Laurentius mit ihrem reich skulptierten Portal. Eine UNESCO-Welterbestätte besitzt auch Split: den Diokletianpalast, der die Keimzelle der Stadt bildete. Daneben gibt es Klöster und die Kathedrale, Museen, die Statuen des bekannten Bildhauers Ivan Meštrović und die palmengesäumte Promenade am Ufer der Adria. Beim früheren Piratennest Omiš hat die Cetina einen tiefen Canyon in die Berge geschnitten. Die Felsen sind ein Eldorado für Kletterer. Makarska ist der Hauptort der gleichnamigen Riviera mit ihren schönen Stränden. Sehenswert sind in der Stadt der Hauptplatz, das Franziskanerkloster und das interessante Muschelmuseum. Auf dem Zugang zur Halbinsel Peljesač liegt Ston, das aus den Ortsteilen Veliki Ston und Mali Ston besteht. Zwischen ihnen verläuft die längste Schutzmauer Europas, im 14. Jahrhundert erbaut. Gut fünf Kilometer ist sie lang; etwa 20 Türme sind heute noch erhalten. Dubrovnik, »die Perle der Adria«, hat sich zum Touristenmagnet entwickelt. Trotzdem lohnt sich der Besuch, denn die Altstadt mit ihren glänzenden Pflastersteinen, der trutzigen Mauer und den altertümlichen Gassen ist wirklich wunderschön.

Routensteckbrief:

Routenlänge: ca. 399 km | **Zeitbedarf:** ca. 2–3 Wochen

Zadar → 30 km **Biograd na Moru** → 9 km **Vraner See (Vransko jezero)** → 44 km **Šibenik** → 29 km **Primošten** → 33 km **Trogir** → 27 km **Split** → 25 km **Omiš** → 39 km **Makarska** → 109 km **Ston** → 54 km **Dubrovnik**

Šibenik Die Kathedrale des hl. Jakob in Šibenik mit ihrem ungewöhnlichen Fries aus 71 Köpfen, ein Meisterwerk der Architekten Juraj Dalmatinac und Nikola Firentinac, zählt zum UNESCO-Weltkulturerbe.

Primošten Das wunderschöne Primošten ist berühmt für seine auf einer Halbinsel gelegene Altstadt, deren höchsten Punkt die Kirche St. Georg markiert. Hinauf gelangt man durch enge, gewundene Gassen, vorbei an traditionellen, mit Blumen geschmückten Steinhäusern.

Split Splits größter Besuchermagnet ist das Altstadtviertel, dessen Keimzelle der antike Diokletianpalast bildete. Außerhalb der Palastmauern lädt die Riva, die palmengesäumte Uferpromenade, zum Flanieren bei Sonnenuntergang oder einem Cocktail am Wasser ein.

Dubrovnik Den schönsten Blick über Dubrovniks ziegelrotes Dächermeer genießt man bei einem Spaziergang auf den Stadtmauern. Unterwegs spickt man in verwunschene Gärten und historische Gassen.

Reiseatlas

Die Karten auf den folgenden Seiten zeigen Kroatien im Maßstab 1: 290.000. Die geografischen Details werden durch eine Vielzahl touristischer Informationen ergänzt – etwa durch das ausführlich dargestellte Verkehrsnetz oder Piktogramme, die Lage und Art aller wichtigen Sehenswürdigkeiten und Freizeitziele angeben; auch die UNESCO-Welterbestätten sind besonders gekennzeichnet. Ein Ortsnamensregister erleichtert das Auffinden des gesuchten Ortes. Bild: Weinberge rund um Buje.

Zeichenerklärung 1 : 290.000

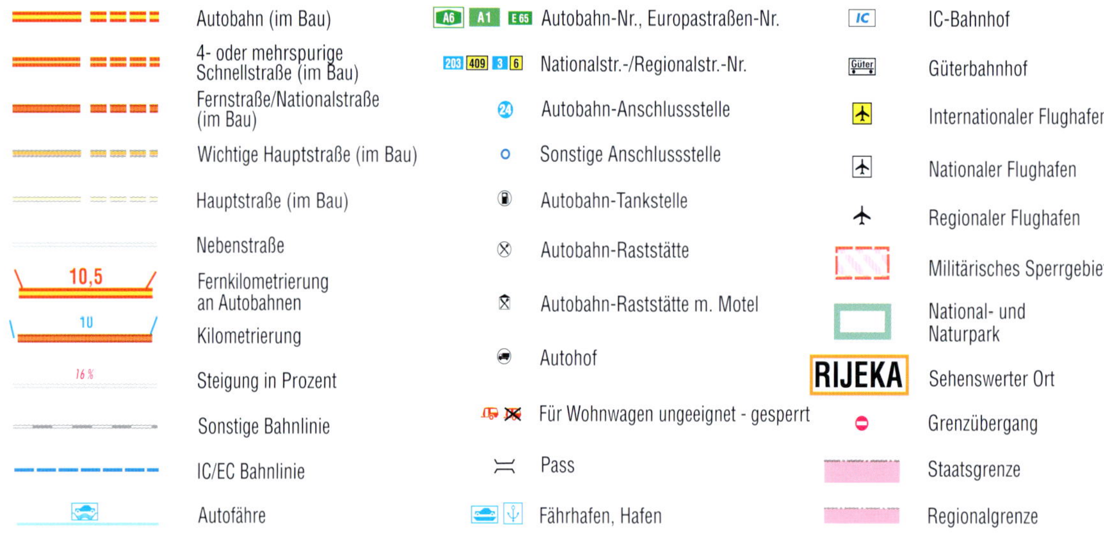

Besondere Sehenswürdigkeiten

Autoroute
Bahnstrecke
Schiffsroute
UNESCO-Weltnaturerbe
Gebirgslandschaft
Felslandschaft
Schlucht/Canyon
Höhle
Wasserfall/Stromschnelle
Flusslandschaft
Seenlandschaft
Nationalpark (Fauna)
Nationalpark (Flora)
Nationalpark (Landschaft)
Naturpark
Biosphärenreservat
Botanischer Garten
Vogelschutzgebiet
Zoo/Safaripark
Wildreservat
Küstenlandschaft

Insel
Strand
Unterwasserreservat
UNESCO-Weltkulturerbe
Vor- und Frühgeschichte
Griechische Antike
Römische Antike
Etruskische Kultur
Kirche allgemein
Kirchenruine
Romanische Kirche
Gotische Kirche
Renaissance
byzantinisch/orthodox
Barock
Christliches Kloster
Historisches Stadtbild
Burg/Festung/Wehranlage
Burgruine
Palast/Schloss

Kulturlandschaft
Technisches/ industrielles Monument
Sehenswerter Leuchtturm
Herausragende Brücke
Grabmal
Kriegsschauplatz/ Schlachtfeld
Denkmal
Mahnmal
Weltraumteleskop
Information
Feste und Festivals
Museum
Freilichtmuseum
Theater
Sehenswerter Turm
Herausragendes Gebäude
Windmühle
Wassermühle
Herausragender Brunnen

Freizeitpark
Mineralbad/Therme
Badeort
Freizeitbad
Tauchen
Schiffswrack
Kanu/Rafting
Segeln
Windsurfen
Wasserski
Seehafen
Campingplatz
Aussichtspunkt
Wandern/Wandergebiet
Klettergebiet
Bergbahn
Kanu/Rafting
Pferdesport
Rennstrecke
Spielcasino
Golf

Blattschnittübersicht

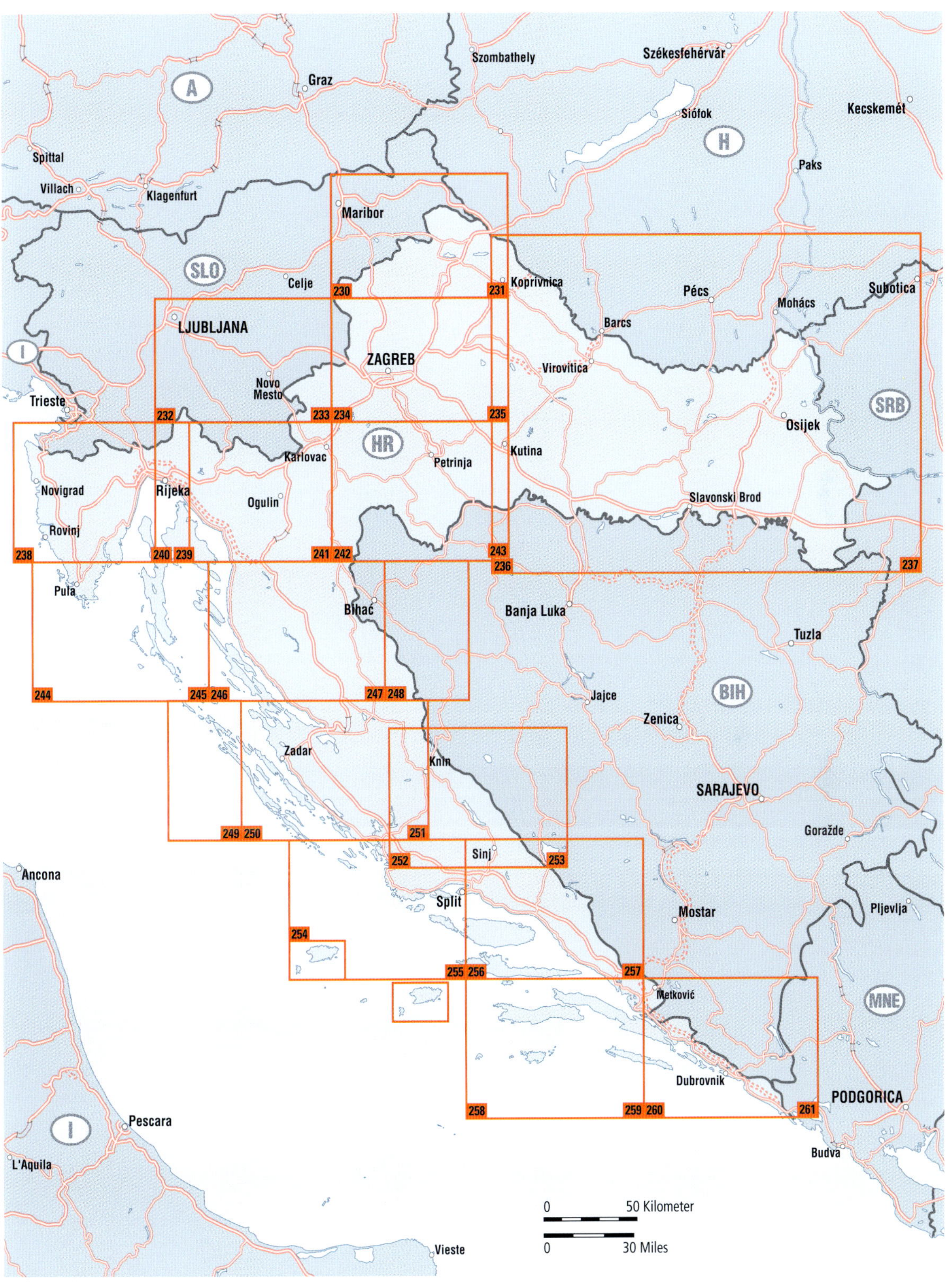

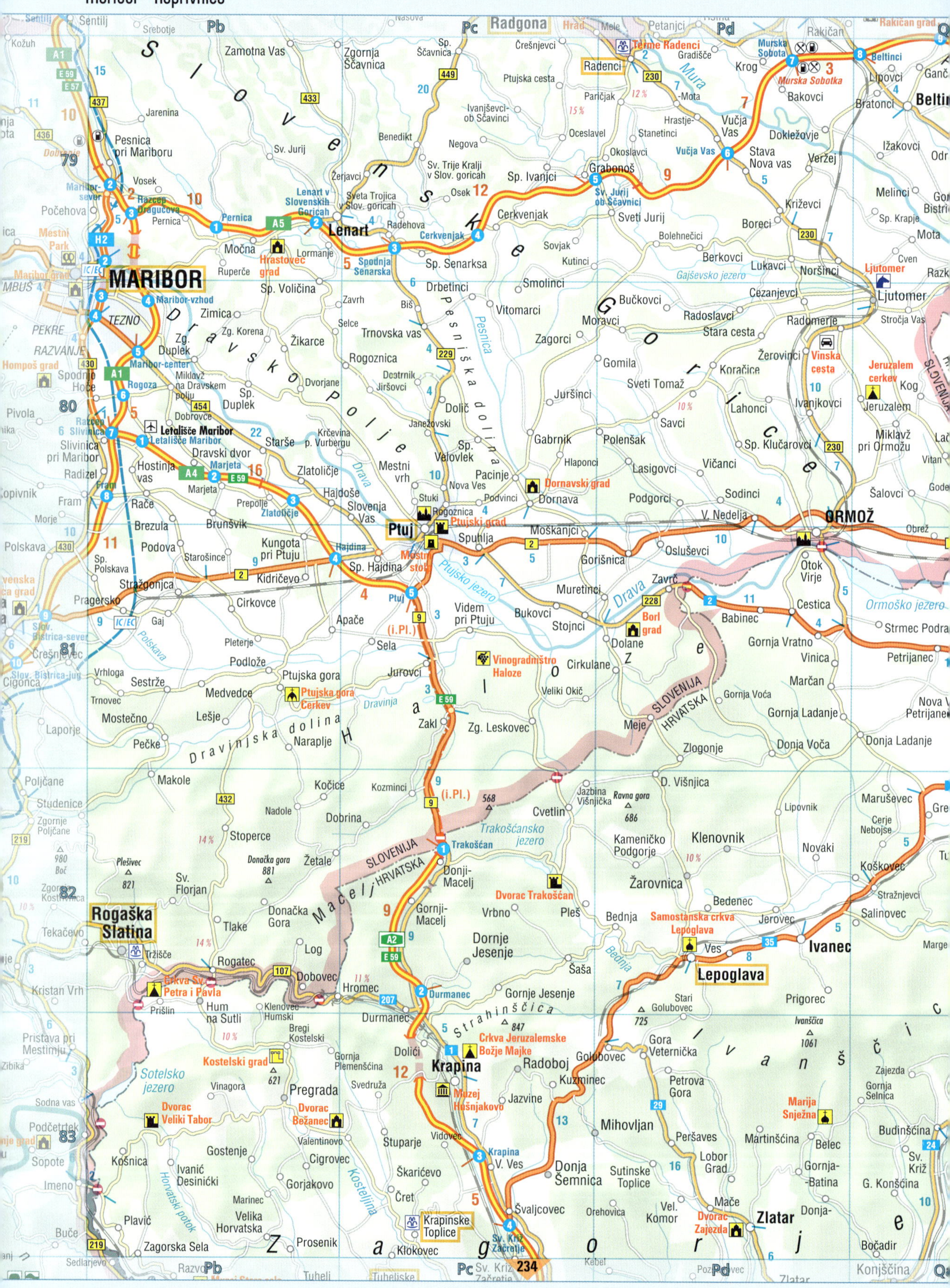

Maßstab 1:290 000

0 5 Kilometer
0 3 Miles

Qb
Qc
Qd
Lenti
Gáborjánháza
Külsősárd
szombathely
Csömödér
Puszta-magyaród
Turnišče
Genterovci
Rédics
Máhomfa
Iklódbördőce
Cserta
Páka
Dömefölde
Pördefölde
Szentiszló
Radmožanci
Dolga Vas
Mostje
Nedelica
Ledava
Gosztola
Szécsisziget
Kányavár
Bucsuta
Gomilica
Razcep Dolga Vas
Dolga Vas
Lendva-dedes
Kerkates-kánd
Bánok-szentgyörgy
Trnje
Mačkovci
Lendava
Terme Lendava
Lendvakecskes
Lispeszent-adorján
Kerka
Alsó-Válicka
Sv. Trojice
V. Polana
Gorja
Lakoš
Lovászi
Báza-kerettye
Oltárc
Žižki
Hotiza
Kapca
Tormafölde
Báza
Felsőborsfa
Dolina
Pince
Tornyi-szentmiklós
Dobri
Kiscsehi
Gyertyanos
Dol. Bistrica
Petišovci
Tornyiszentmiklós
Csörnyeföld
Borsfa
Valkonya
Mura
Kerkaszent-király
Kistolmács
Martin na Muri
Hlapičina
Mura-szemenye
Szent-margitfalva
Zajk
Mursko Središče
Selnica
Peklenica
Ledava
MAGYARORSZÁG
HRVATSKA
SLOVENIJA
Muraszemenye
Rigyác
Železna Gora
Vratišinec
Murarátka
Becsehely
Újmajor
Petrivente
Vente-puszta
Bukovec
Štrukovec
Gornji Kraljevec
Podturen
Novakovec
Letenye
Pleškovec
Dekanovec
Domašinec
Goričan
Tótszentmárton
Lopatinec
Gornji Mihaljevec
Novo Selo Rok
Turčišce
Goričan
Tózszerdahely
Belica
Palinovec
Hodošan
Molnári
Međimurje
Šenkovec
Goričan
Pribislavec
ČAKOVEC
Stari Dvor Zrinskih
Macinec
Kotoriba
Mala Subotica
Štefanec
Čehovec
Donji Kraljevec
Draškovec
Donji Vidovec
Gor. Hrašćan
Nedelišće
Ivanovec
Prelog
Donji Mihaljevec
Donja Dubrava
Strahoninec
Čakovec
Cirkovljan
Svibovec Podravski
Pušćina
Svetla Marija
Totovec
Orehovica
Podbrest
Drava
Drava
Sračinec
Kuršanec
Vularija
Veliki Bukovec
Selnica
Brigardirsko jezero
Hrženica
Struga
Mali Bukovec
Stari Grad
VARAŽDIN
Šemovec
Karlovec
Bartolovec
Djurdj
Kapela Podravska
Zablatje
Katedrala Marijina Uznesenja
Ludbreg
Zamlaka
Hrastovljan
Novo Selo
Trnovec Bartolovečki
Selnik
Imbriovec
Vrbanovec
Donji Kučan
Ludbreg
Jalkovec
Poljana Biškupečka
Jalžabet
Hrastovsko
Kuzminec
Mjesto hodočašća Ludbreg
Pustakovec
Kelemen
Gor. Donji-Kneginec
Varaždin
Globočec Ludbreški
Čukovec
Vojvodinec
Črešnjevo
Slanje
Vinogradi Ludbreški
Bolfan
Gorica
Grbaševec
Varaždin Breg
Grešćevina
G. Poljana
Beretinec
Varaždinsko-toplička gorje
338 Liepa Gorica
Segovina
Kunovec-Breg
Starigrad Kamengrad
Vrtlinovec T. 628 m
Varaždinske Toplice
Svibovec
Cvetkovec
Leskovec Toplički
Rasinja
Subotica
Lužan Biškupečki
Beletinec
Tuhovec
Vincekova humka 321
Hrastovec T. 523 m
Varaždinske Toplice
Belanovo Selo
KOPRIVNICA
Završje
Bednja
Duga Rijeka
Ribnjak
Drenovec
Oštrice
Kapela
Porutina 491
Ivanec Ludbreški
Prkos
Remetinec
Kalnik
Veliki Poganac
Sv. Petar 294
Ključ
Novi Marof
Starigrad
Madžarevo
Ljubešćica
Apatovac
Reka
Velika Mučna
Kamena Gorica
Novi Marof
Rijeka Koprivnička
V. Botinovac
Vrtari 248
Ruševina Kalnik
Jagnjedovec
Kalnik 643
Kalnik
Osijek
Mali Poganac
Sokolovac
Koprivnička
Podrute
Donje Makojišće
Kamešnica
Lepavina
Sokolovac
Vojnovec
Marinovac
St.-Bošnjani
Ščepanje
Gornja Rijeka
Potok Kalnički
N.-
G.-Velika
Srijem
Vukovec
Hudovljani
Brezničk. Hum
Drobkovec
Hrgovec
Sv. Helena
Vojakovac
Carevdar
Jarek
Ivanec
M.-Mučna
D.-
Butkovec
Visoko
Bočkovec
Ladislav
Viničmo
Orenovec
Velki Potočec
Gornji Križ
Pofuki
Gušćerovec
Večeslavec
Breznica
Vinograd Križevci
Donji Fodrovec
Miholec
Kloštar Vojakovački
Ruševac
Zrinski Topolovac
Tvrda Reka
Kula 273
Dijankovec
Križevci
Povelić
Jarek Bisaški
Drašković
Greгurovec
235
Lameš
Sv. Petar Čvrstec
79
80
81
82
83
A5
A4
A12
E65
E71
M70
M7
H7
IC/EC

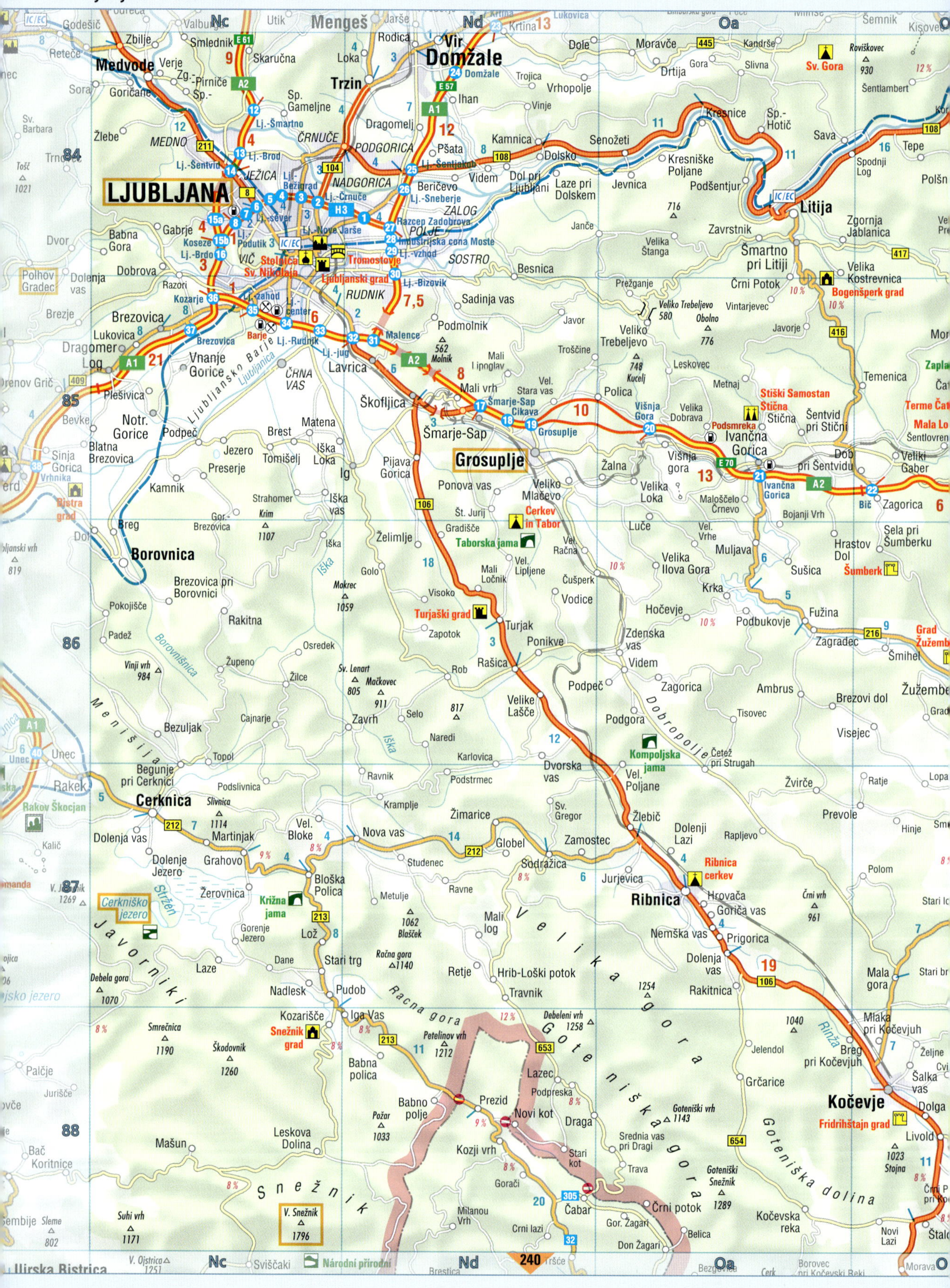

Maßstab 1:290 000

0 5 Kilometer

0 3 Miles

Novo Mesto
Krško
Brežice
Sevnica
Črnomelj
Metlika
Trebnje
Radeče
Senovo
Brestanica
Mirna
Gorjanci
Žumberak
Kočevski Rog
Bela krajina
Spominski Park Trebče
SLOVENIJA
HRVATSKA
Sava
Krka
Kolpa
Ozalj
Zamak Ozalj
Kostanjevica
Kostanjevica grad
Šmarješke Toplice
Dolenjske Toplice
Rimske Toplice
Mokronog
Svibno
Podsreda
Podsreda grad
Sevniški grad
Rajhenburg grad
Kartuzija Pleterje
Grad Otočec
Metlika grad
Dolenjski muzej
Zamak Slavetić
Baza 20
Jurkloster
Ajdovski gradec

Maßstab 1:290 000

0 5 Kilometer

0 3 Miles

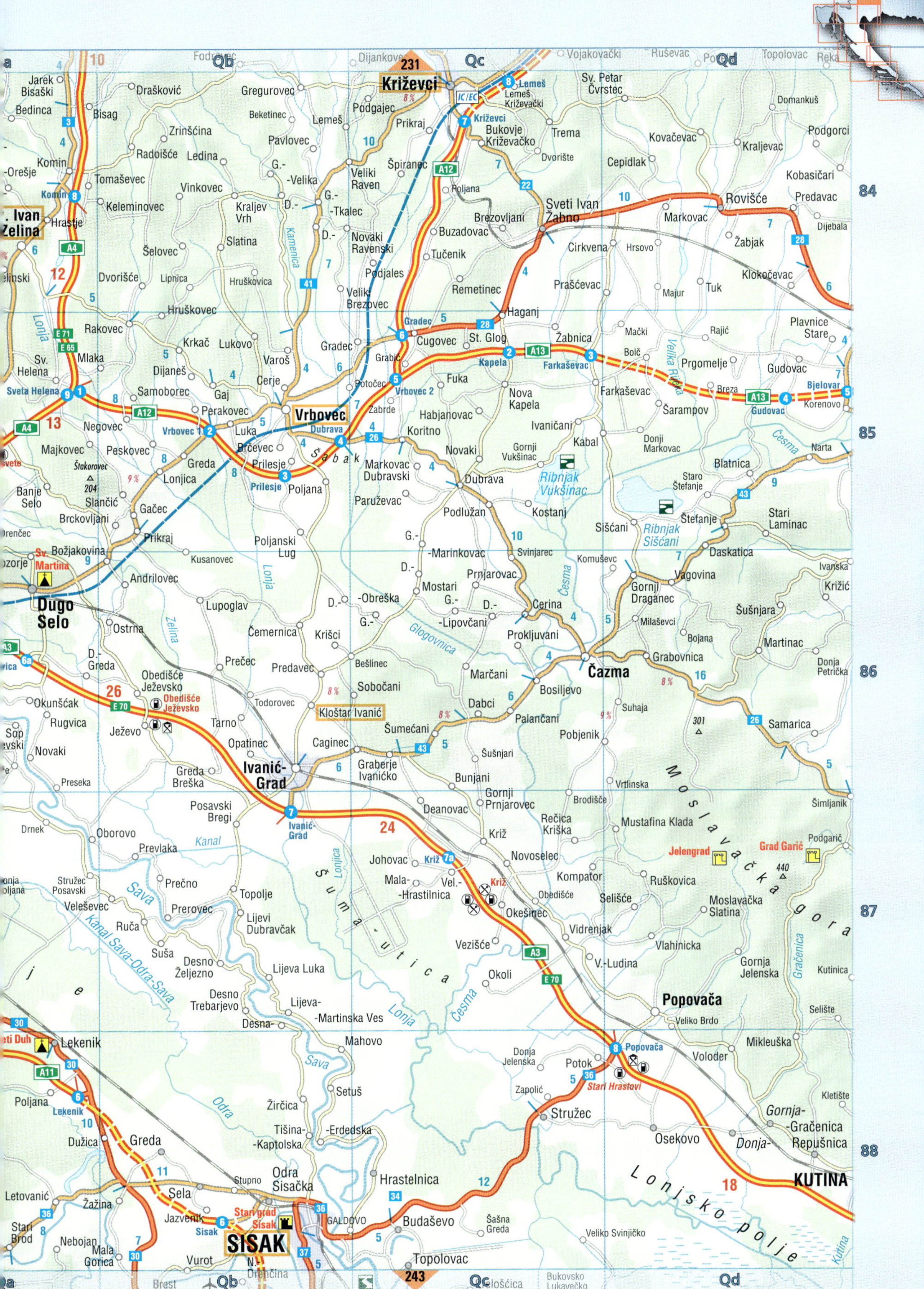

Qb
Qc
Qd
231
Križevci
Fodrovec
Dijankovec
Vojakovački
Ruševac
Topolovac
Jarek Bisaški
Bisaški
Bedinca
Drašković
Gregurovec
Beketinec
Lemeš
Podgajec
Prikraj
Lemeš Križevački
Bukovje Križevačko
Trema
Sv. Petar Čvrstec
Domankuš
Kovačevac
Kraljevac
Podgorci
Bisag
Zrinšćina
Radoišće
Ledina
Pavlovec
Komin
-Orešje
Tomaševec
Vinkovec
G.-
-Velika
Veliki Raven
Špiranec
Poljana
Dvorište
Cepidlak
Kobasičari
Predavac
84
Keleminovec
Kraljev Vrh
D.-
G.-
-Tkalec
Novaki Ravenski
Brezovljani
Sveti Ivan Žabno
Markovac
Rovišće
Dijebala
Ivan Zelina
Hrastje
Šelovec
Slatina
Kamenica
Buzadovac
Tučenik
Podjales
Cirkvena
Hrsovo
Žabjak
Klokočevac
Dvorišće
Lipnica
Hruškovica
Veliki Brezovec
Remetinec
Prašćevac
Majur
Tuk
Hruškovec
Gradec
Haganj
Lonja
Rakovec
Krkač
Lukovo
Varoš
Cugovec
St. Glog
Žabnica
Mački
Rajić
Plavnice Stare
Sv. Helena
Mlaka
Dijaneš
Gradec
Grabić
Kapela
Farkaševac
Bolč
Velika Rijeka
Prgomelje
Gudovac
Bjelovar
Sveta Helena
Samoborec
Gaj
Cerje
Potočec
Vrbovec 2
Fuka
Nova Kapela
Farkaševac
Šarampov
Breza
Korenovo
Negovec
Perakovec
Vrbovec
Zabrde
Habjanovec
Ivaničani
Gudovac
Vrbovec 1
Luka
Dubrava
Koritno
Kabal
85
Majkovec
Peskovec
Brčevec
Šabak
Markovac
Novaki
Gornji Vukšinac
Donji Markovac
Česma
Narta
Štakorovec
204
Greda
Prilesje
Dubravski
Dubrava
Ribnjak Vukšinac
Blatnica
Banje Selo
Lonjica
Prilesje
Poljana
Paruževac
Staro Štefanje
Slančić
Brckovljani
Gačec
Podlužan
Kostanj
Štefanje
Stari Laminac
Prikraj
Poljanski Lug
G.-
Sišćani
Ribnjak Sišćani
Božjakovina
-Marinkovac
Svinjarec
Komuševc
Daskatica
Sv. Martina
Kusanovec
D.-
Prnjarovac
Vagovina
Ivanska
Andrilovec
Mostari
Gornji Draganec
Križić
Dugo Selo
Lupoglav
Lonja
D.-
-Obreška
G.-
D.-
-Lipovčani
Cerina
Šušnjara
Ostrna
Zelina
Čemernica
Križci
G.-
Glogovnica
Prokljuvani
Milaševci
Bojana
Martinac
D.- Greda
Prečec
Bešlinec
Marčani
Čazma
Grabovnica
Donja Petrička
86
Obedišće Ježevsko
Predavec
Sobočani
Bosiljevo
Okunšćak
E 70
Obedišće Ježevsko
Todorovec
Kloštar Ivanić
Dabci
Suhaja
Rugvica
Tarno
Šumećani
Palančani
Pobjenik
301
Samarica
Sop
Novaki
Ježevo
Opatinec
Caginec
Šušnjari
Moslavačka gora
Greda Breška
Ivanić-Grad
Graberje Ivaničko
Bunjani
Preseka
Posavski Bregi
Deanovac
Gornji Prnjarovec
Brodišće
Vrtlinska
Šimljanik
Drnek
Oborovo
Kanal
Ivanić-Grad
Lonjica
Križ
Rečica Kriška
Mustafina Klada
Podgarić
Prevlaka
Johovac
Križ
Novoselec
Jelengrad
Grad Garić
Stružec Posavski
Prečno
Šuma
Mala-
Vel.-
-Hrastilnica
Kompator
Ruškovica
440
Sava
Topolje
Križ
Obedišće
Selišće
Moslavačka Slatina
Veleševec
Prerovec
Lijevi Dubravčak
Okešinec
Vidrenjak
Ruča
Kanal Sava-Odra-Sava
Žutica
Vezišće
Vlahinicka
87
Suša
Desno Željezno
Lijeva Luka
Česma
Okoli
V.-Ludina
Gornja Jelenska
Gračenica
Kutinica
Desno Trebarjevo
Lijeva-
-Martinska Ves
Lonja
Popovača
Selište
Desna-
Veliko Brdo
Lekenik
Mahovo
Mikleuška
Donja Jelenska
Potok
Popovača
Voloder
Poljana
Lekenik
Setuš
Zapolić
Stari Hrastovi
Kletište
Odra
Stružec
Gornja-
-Gračenica
Dužica
Greda
Žirčica
Tišina-
-Erdedska
Osekovo
Donja-
Repušnica
-Kaptolska
88
Letovanić
Sela
Stupno
Odra Sisačka
Hrastelnica
Lonjsko polje
KUTINA
Žažina
Stari grad Sisak
Budaševo
Šašna Greda
Veliko Svinjičko
Stari Brod
Jazvenik
Sisak
GALDOVO
Nebojan
Mala Gorica
SISAK
Vurot
N. Drenčina
Topolovac
Kutina
Brest
243
Gološčica
Bukovsko Lukavečko

Maßstab 1:800 000

0 10 20 Kilometer

0 10 Miles

Hc
Hd
Ja
SZEKSZÁRD
Bonyhád
Kakasd
Aparhant
Tófű
Bikal
Nagymányok
Szászvár
Kárász
Máza
Hidas
Mecseknádasd
Mőcsény
Várdomb
Kismórágy
Halászsárda
Keletmecsek TVT
Réka-vár
Komló
Pécsvárad
Lovászhetény
Véménd
Hosszúhetény
Hird
PÉCS
Sopianae/Okeresztény mauzóleum
Szellő
Himesháza
Szederkény
Babarc
Bóly
Mohács
Lánycsók
Buschogang
Újpetre
Szalánta
Villány
Szoborpark
Bormúzeum
Magyarbóly
Siklós
Nagyharsány
Vár
Drávaszabolcs
Beremend
Ócsény
Keselyűs
Decs
Duna-Dráva
Pörböly
Bátaszék
Báta
Dunaszekcső
Dunafalva
Bár
Nemzeti Park
Nagybaracska
Sárhát
Duna-Dráva Nemzeti Park
Várdomb
Nagynyárád
Udvar
Majs
Hercegszántó
Sükösd
Érsekcsanád
Nemesnádudvar
Jánoshalma
Baja
Csávoly
Tataháza
Mélykút
Bácsalmás
Bácsbokod
Bátamonostor
Madaras
Katymár
Gara
Csátalja
Bácsszentgyörgy
Ridica
Rastina
Bački Breg
Kolut
Gakovo
Bezdan
Batina
Kneževo
Popovac
Beli Manastir
Zmajevac
Kneževi Vinogradi
Zlatna Greda
Petlovac
Baranjsko Petrovo Selo
Bolman
Jagodnjak
Grabovac
Čeminac
Darda
Lug
Bilje
Nacionali park Kopački rit
Beli Manastir
Kupusina
Apatin
Sombor
Bukovac
Lugomerci
Veliki kanal
Stapar
Prigrevica
Conoplja
Kljajićevo
Telečka
Aleksa Šantić
Stanišić
Svetozar Miletić
Balota
Tompa
Ruzsa
Kelebija
MAGYARORSZÁG
SRBIJA
Palić
Palićko jezero
SUBOTICA
Ludoško jezero
Tavankut
Mala Bosna
Bikovo
Stara Žednik
Bajmok
Đurđin
Novi Žednik
Pačir
Stara Moravica
Bački Sokolac
Gornja Rogatica
Bačka Topola
Bajša
Mali Iđoš
Lovćenac
Feketić
Sivac
Crvenka
Lipar
Kula
Kruščić
Mali kanal
Vrbas
Ruski Krstur
Kucura
Savino Selo
Bačko Dobro Polje
Despotovo
Zmajevo
Ravno Selo
Mali Stapar
Bački Brestovac
Doroslovo
Srpski Miletić
Bogojevo
Odžaci
Karavukovo
Deronje
Ratkovo
Kanal Dunav-Tisa-Dunav
Lalić
Pivnice
Parage
Selenča
Tvrdjava Bač
Bač
Tovariševo
Gajdobra
Silbaš
Maglić
Bački Petrovac
Kisač
Mali kanal
Obrovac
Čelarevo
Gložan
NOVI SAD
Futog
Begeč
Bačka Palanka
Karađorđevo
Mladenovo
Bačko Novo Selo
Plavna
Bodani
Vajska
Labudnjača
Erdut
Dalj
Vera
Trpinja
Borovo Selo
Borovo
Vukovar
Vučedol
Sotin
Opatovac
Šarengrad
Lovas
Ilok
Dunav
Čakovci
Negoslavci
Petrovci
Bapska
Pajzoš
Šidski Banovci
Tovarnik
Nijemci
Šid
Vašica
Adaševci
Morović
Kukujevci
Sot
Privina Glava
Erdevik
Čalma
Fruška gora
Nacionalni park Fruška Gora
Neštin
Susek
Čerević
Beočin
Rakovac
Šišatovac
Ravanica
N.P. Fruška Gora
Grgurevci
Veliki Radinci
Lačarak
Martinci
Sremska Mitrovica
Zasavica
Mitrovica
Noćaj
Ravnje
Crna Bara
Glogovac
Bogatić
Belotić
Sava
Osijek
Tvrđa
Josipovac
Bizovac
Petrijevci
Valpovo
Nard
Belišće
Marjanci
Beničanci
Koška
Martinci Čepinski
Čepin
Poganovci
Budimci
Vuka
Sv. Ana Tenja
Klisa
Bobota
Pačetin
Ernestinovo
Široko Polje
Markušica
Semeljci
Jarmina
Ivankovo
Vinkovci
Cerić
Stari Jankovci
Orolik
Bosut
Privlaka
Otok
Andrijaševci
Cerna
Gradište
Županja
Bošnjaci
Spačva
Vrbanja
Zvezdangrad
Studva
Soljani
Podgajci Posavski
Drenovci
Račinovci
Strošinci
Jamena
Crnjelovo
Bosanska Rača
Srmska Rača
Brčko
Gunja
Đakovo
Katedrala
Stari Mikanovci
Retkovci
Kondrić
Strizivojna
Vrpolje
Donji Andrijevci
Garčin
Babina Greda
Šamac
Slavonski Šamac
Novi Grad
Bebrina
Odžak
Modriča
Obudovac
Slantrna
Orašje
Lončari
Krepšić
Pelagićevo
Gradačac
Zmaja od Bosne
Potnjani
Levanjska Varoš
Selci Đakovački
Đurađ
Rakitovica
Dráva
Bosna
Tolisa
Brijeznica
Tinja
Brezovo Polje
Brka
Batković
Medaši
Ruma
Irig
Hrtkovci
Jarak
Drenovac
Platičevo
Gomolava
Kisač
Tornjoš
Čantavir
Orahovo
Obornjača
Njegoševo
Milešovo
Bečej
Srbobran
Turija
Sirig
Temerin
Jegrička
Nadalj
Budisava
Sahat-kula
Kać
Dvorac Fantast
Hopovo
Male Pijace
Senčanski Trešnjevac
Kevi
Utrine
Mórahalom
Ásotthalom
Zákányszék
Kunfehértó
Kisvejke
Tabód
Gráb
Mekényes
Kökény
Váralja

Maßstab 1:290 000

0 5 Kilometer

0 3 Miles

Ilirska Bistrica
Opatija
RIJEKA
Matulji
Lovran
Kraljevica
Omišalj
Cres
Labin
Rabac
Krk
Riječki zaljev
Gorski Kotar
Nacionalni park Risnjak
SLOVENIJA
HRVATSKA
232
245
240
Nb
Nc
Nd
89
90
91
92
93

Maßstab 1:290 000

0 5 Kilometer
0 3 Miles

233
Od
Pa
Oc
Knežja Lipa
Čeplje
Spodnji Log
Zagozdac
Grgej
Spodnji Bilpa
Predgrad
Laze
Šimatovo
SLOVENIJA
HRVATSKA
Dol
Stari trg ob Kolpi
Moravička Sela
Razdrto
Blaževci
Vele Drage
866 Okrugljak
Plemenitaš
Sr. Radenci
Hrib
Speharji
od Moravice
Tomići
Moravice
Jakšići
Vučinići
Gorenci
Divjake
Donji Vučkovići
Bukov Vrh
Stara Sušica
Jablan
Ravna Gora
Debela kosa 1169
1117 Škrbi vrh
Bijela kosa 1285
Poljanska gora
Obrh
Dragatuš
Bela krajina
Belčji Vrh
Suhor
Stara Lipa
Nova Lipa
Sinji Vrh
Hrast pri Vinici
Sečje selo
Vinica
Pribanjci
Učakovci
Vukovci
Damelj
Bosanci
Veliko bukovje
Dolenjci
Adlešiči
Bojanci
Marindol
Izgornik 325
Žilje
Preloka
Mrzljaki
Kunić
Žiniči
Vukova Gorica
Donje Prilišće
HRVATSKA
SLOVENIJA
Barjakovo Brdo
Jakovci Netretićki
Netretić
KARLOVAC
Starigrad Dubovac
Novigrad
Kućevice
Gornje Polje
Mrzlo Mrežničko
Novigrad na Dobri
Duga Resa
Sv. Petar
Jarče Polje
Vukova Gorica (proj.)
Vrhova Gorica
Vodena Draga
Gornji Zvečaj
Belavci
Mrežnicke Poljice
Lukovdol
Nadvučnik
Severin na Kupi
Močile
Zdihovo
Bosiljevo 1
Bosiljevo 2
Bosiljevo
Hrsina
Kraljevo Selo
Lipa
Presika
902
959
Lipov vrh 583
Veliki Jadrč
Liplje
Osojnik
Podrebar
Medari
Tomašići
Erdelj
Bukovlje
Mihalić Selo
Hajdine
Vrbovsko
Stubica
Ponikve
Toplice Lesće
Podumol
Gornici
Donji Zvečaj
Veslati Mrežnica
Hambarište
750 Komarica
Kušići
Grabrk
Dobra
Generalski Stol
Matečko Selo
Malik
Otok na Dobri
Trošmarija
Gomirje
Kosanovići
Ljubošina
Okruglica
Popovo Selo
Gornje Dubrave
Vucelići
Donje Dubrave
Svojić
Mrežnica
D. Perjasica
Perjasica
632 Lumbarda
Hreljin Ogulinski
Gojak
Višnjić Brdo
Potok Tounjski
Ostrožica
1219 Smolnik
Konečka kosa 1124
1139 Crna kosa
Mrkopaljski
Kula 1533
Vitunj
Ogulin
Puškarići
Frankopanski kaštel
Rušina Zdenac
Zdenac
Gerovo Tounjsko
Kazalište Zdenac
Tounj
Rebrovici
Gradina 474
Stari grad Ključ
Gorni Poloj
Srednji Poloj
Klipinka 444
Miloševac
Točak
Vrelo
Klek 1182
Muslinski Potok
Kučinići
Jezero Sabjaki
Oštarije
Skradnik
Kukača
Kamenica Skradnička
Tounjčica
Tržić Tounjski
Bjelolasica
Velika Kapela
Jasenjak
Žnidovac
Desmerice
Čakovac
Bijele stijene
Debeli vrh 1049
Trojbukve 1188
Samarske stijene
V. Javornica 1375
Bibarić
Josipdol
Carevo Polje
465
Primišlje
Mošune
Zagorska kosa 834
Radošić 605
Krakar
Radulovići
Radojčići
Dimnjak
886
Salopeki Modruški
Munjava
Cerovnik
Radoševići
516 Srednja gora
Krč 422
Mikovići
Vojnovac
Hum 863
Tobolić
Nedrug 1046
Tomići
Crni vrh 1102
Modruš
Bijela greda 1105
Drežnica
Javornica
Vorkapići
Sabljaki Modruški
Latin
Vukelić
Zrnići
Kunić
Kolovratske Stijene
Podbitoraj
Nikolići
Tunel Mala Kapela 5780 m
Janja Gora
V. Tuk
Čubrin vrh 1146
Luka
Bilac 956
Makovnik 971
Plaški
Parohija Plaški
Mišljenovići
Bitoraj 1140
Crno bilo 1084
1096 Ml. Javornica
Vučjak 1033
Javorje
Škalići
Vrh Kapele 884
Rozvala
Biela kosa 998
Dretulja
Lapat
Jezero
Mala Kapela
Borić
Božeinć
Alan
Tuževič
Kameniti vrh 1164
822
Jama Balinka
Vršak 1120
Sušanj
Podbilo
Crni vrh 1133
Vodoteč
Kriz Kamenica
Jezerane
Stajnica
Jezero Begovac
Begovac Plascanski
Visoki vrh 1125
Lička Jasenica
Planina 940
Tominčeva Draga
Jelvica
Vratruša
Krivi Put
Mrzli Dol
Bukovlje
Brinje
Križpolje
Stajničko Polje
Grabova Lokva
Županjol
Lučane
Rušina Sokolac
Lipice
Vučetići
Veljun Primorski
Senj
Brinje T. 1560 m
Kita 1029
Glibodol
968
Francikovac
Veljun 889
(proj.)
Prokike
Zarin 828
Letinac
Mala Kapela
Nehaj
Vratnik
Žuta Lokva
Bobići
Veliki Javornik 1141
Senjska draga
Melnice
Rapain Dol
842
Dabar
Planikovac
Brlog
246
Sv. Petar
Kosijer
Žabljak
Dugi Dol
Donji Skrad
Crkvina
Čatrnja
Vetiljača 317
Donji Poloj
Hrvatski Blagaj
Veslati Korana
Šušnja 377
Šašina glava
352 Livade
Donji-Zečev Varoš
Gornji-
Mrzlo Polje
367
480 Popovića vrh
Saborsko
89
90
91
92
93
242
A1
A6
E 65
E 71
17
20
13
28,5
10

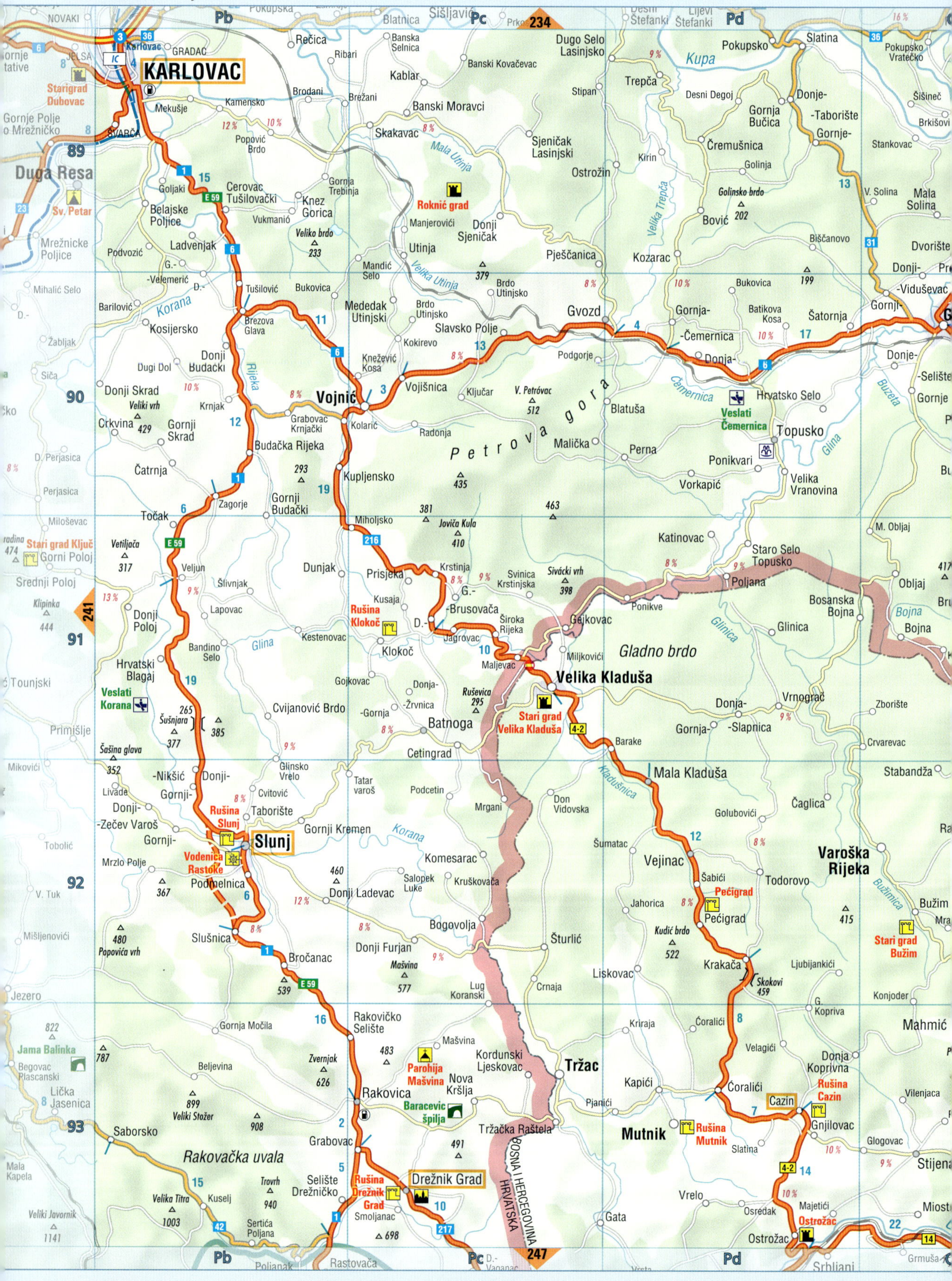

Maßstab 1:290 000

0 5 Kilometer

0 3 Miles

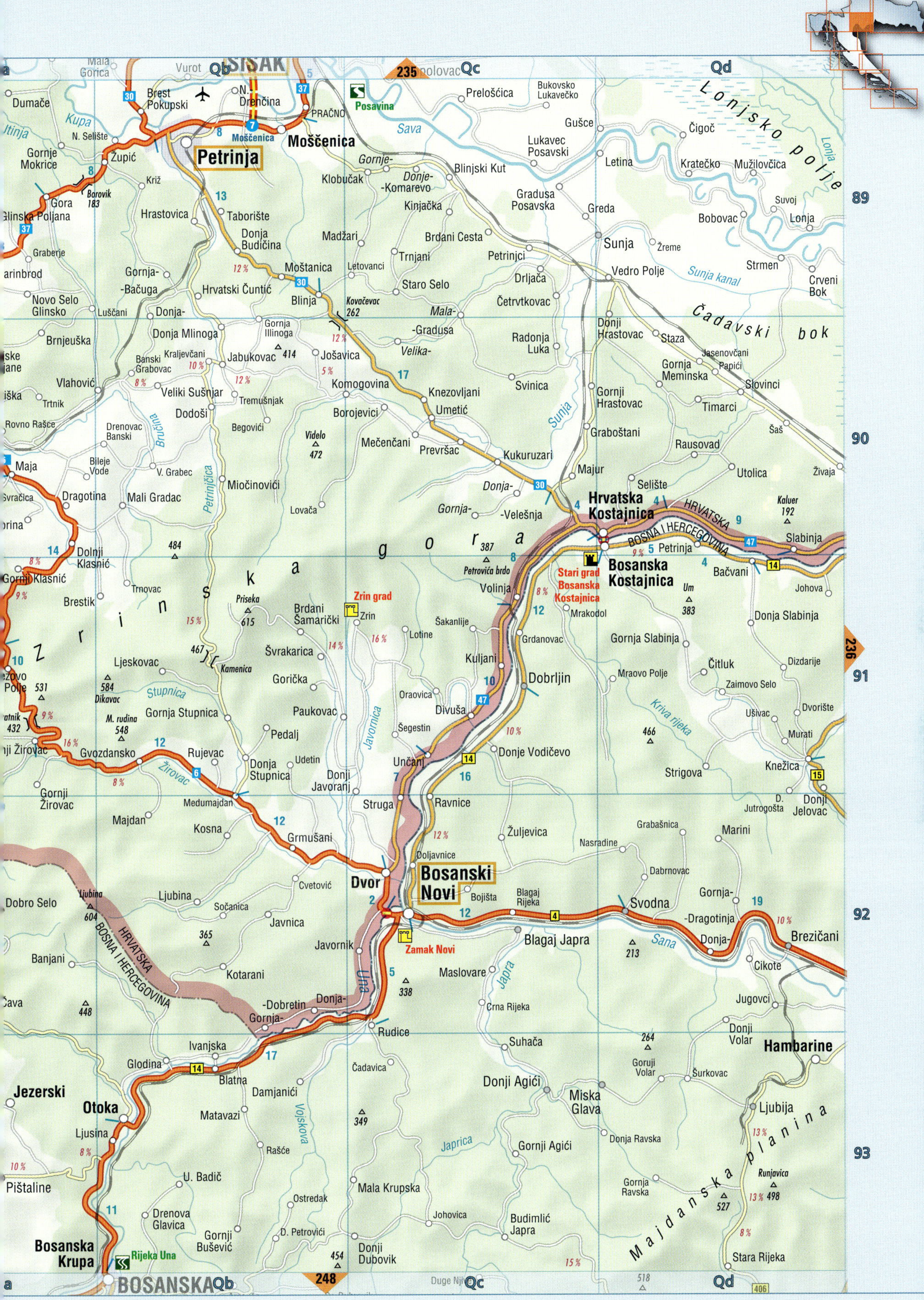

Petrinja
Moščenica
Sisak
Sava
Lonjsko polje
Sunja
Hrvatska Kostajnica
Bosanska Kostajnica
Stari grad Bosanska Kostajnica
Zrinska gora
Zrin grad
Dvor
Bosanski Novi
Zamak Novi
Una
Sana
Japra
Blagaj Japra
Dobrljin
Hambarine
Majdanska planina
Otoka
Bosanska Krupa
Rijeka Una
Jezerski
Glina
Posavina
Čadavski bok
Hrvatska
Bosna i Hercegovina
Brezičani
Donji Agići
Svodna

Maßstab 1:290 000

0 5 Kilometer

0 3 Miles

Cres
Mali Lošinj
Veli Lošinj
Lošinj
Krk
Rab
Pag
Susak
Unije
Ilovik
Silba
Plavnik
Osor
Nerezine
Martinšćica
Lubenice
Orlec
Valun
Merag
Punta Križa
Ćunski
Nova Lošinj
Lopar
Supetarska Draga
Kampor
Sv. Grgur
Vransko jezero
Kvarnerić
Osorski zaljev
Pelagosa
Pascoli
Nc
Nd
Oa
239
246
249
94
95
96
97
98

Maßstab 1:290 000 — 5 Kilometer — 3 Miles

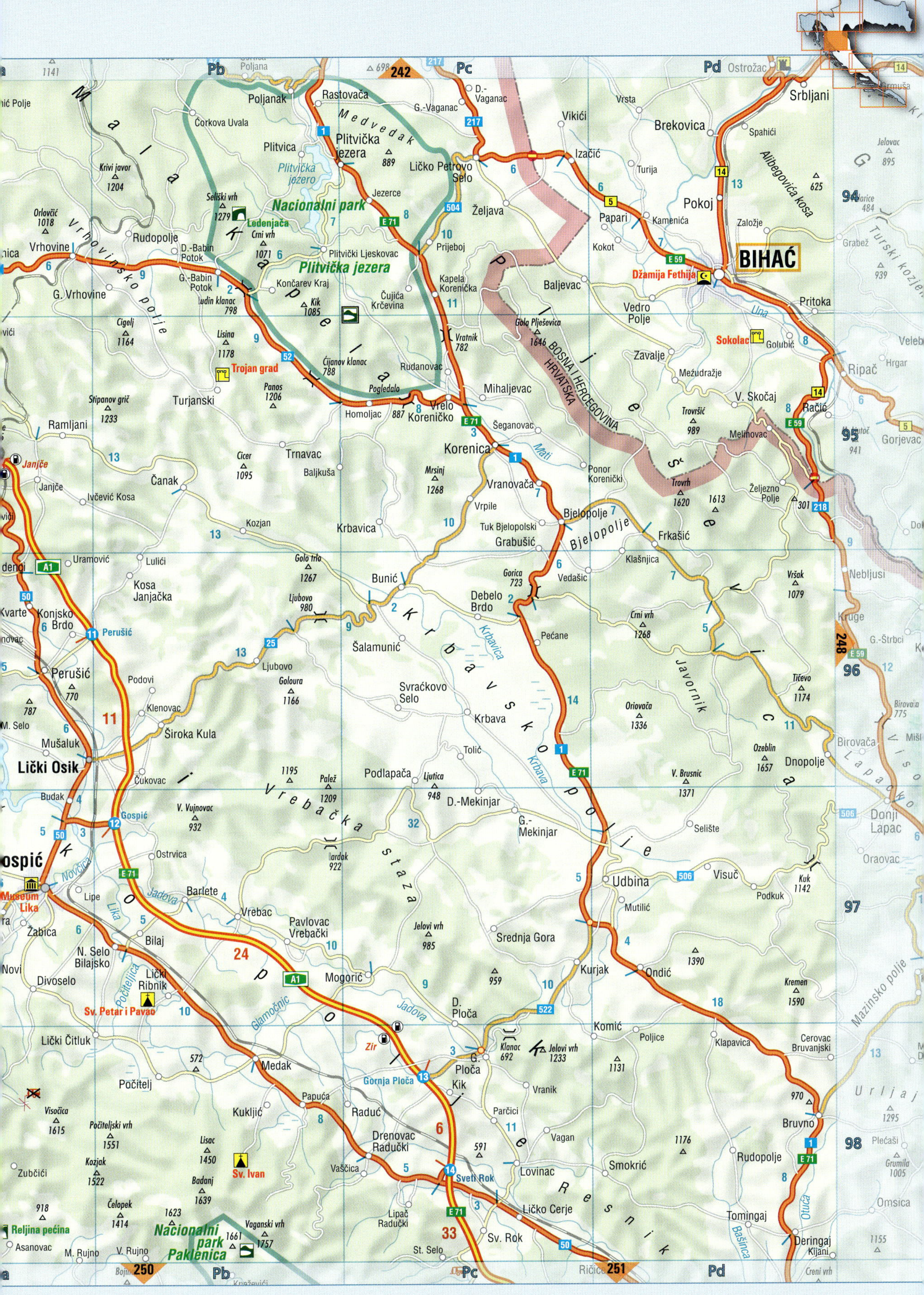

Pb
242
Pc
Pd
Ostrožac
Srbljani
Poljanak
Rastovača
Medvedak
Plitvička jezera
Plitvica
Čorkova Uvala
Ličko Petrovo Selo
G.-Vaganac
D.-Vaganac
Vikići
Brekovica
Izačić
Vrsta
Turija
Pokoj
Papari
Kamenica
Kokot
Nacionalni park
Plitvička jezera
Ledenjača
Jezerce
Željava
Prijeboj
Rudopolje
Vrhovine
G. Vrhovine
Vrhovinsko polje
Plitvički Ljeskovac
Končarev Kraj
Čujića Krčevina
Kapela Korenička
Baljevac
Džamija Fethija
BIHAĆ
Pritoka
Vedro Polje
Zavalje
Sokolac
Golubić
Ripač
Mala Kapela
Trojan grad
Turjanski
Rudanovac
Vrelo Koreničko
Homoljac
Mihaljevac
Šeganovac
BOSNA I HERCEGOVINA
HRVATSKA
Međudražje
V. Skočaj
Račić
Gorjevac
Melinovac
Ramljani
Janjče
Čanak
Trnavac
Baljkuša
Korenica
Vranovača
Vrpile
Ponor Korenički
Željezno Polje
Ivčević Kosa
Kozjan
Krbavica
Tuk Bjelopolski
Grabušić
Bjelopolje
Frkašić
Klašnjica
Plješevica
Uramović
Lulići
Kosa Janjačka
Konjsko Brdo
Perušić
Bunić
Debelo Brdo
Vedašić
Pećane
Nebljusi
Šalamunić
Krbavsko polje
Ljubovo
Podovi
Klenovac
Široka Kula
Svraćkovo Selo
Krbava
Javornik
Ličko Osik
Mušaluk
M. Selo
Čukovac
Tolić
Podlapača
D.-Mekinjar
G.-Mekinjar
Dnopolje
Birovača
Budak
Vrebačka staza
Selište
Donji Lapac
Oraovac
Gospić
Ostrvica
Museum Lika
Lipe
Barlete
Vrebac
Pavlovac Vrebački
Udbina
Mutilić
Visuč
Podkuk
Žabica
N. Selo Bilajsko
Bilaj
Divoselo
Lički Ribnik
Sv. Petar i Pavao
Mogorić
Srednja Gora
Kurjak
Ondić
Mazinsko polje
D. Ploča
G. Ploča
Komić
Poljice
Klapavica
Cerovac Bruvanjski
Lički Čitluk
Počitelj
Medak
Žir
Gornja Ploča
Kik
Vranik
Urljaj
Bruvno
Papuča
Kukljić
Raduč
Drenovac Radučki
Parčići
Vagan
Rudopolje
Plećaši
Zubčići
Sv. Ivan
Vaščica
Svetl Rok
Lovinac
Smokrić
Ličko Cerje
Tomingaj
Omsica
Reljina pećina
Asanovac
M. Rujno
V. Rujno
Nacionalni park Paklenica
Lipač Radučki
St. Selo
Sv. Rok
Deringaj Kijani
250
251
Resnik
Una
Krbavica
Otuča
Bašinca
94
95
96
97
98
248

Maßstab 1:290 000

0 5 Kilometer

0 3 Miles

Oa
Ob
Oc
Silba
Olib
Premuda
Ist
Molat
Sestrunj
Zverinac
Dugi Otok
Vir
Mare Adriático
Jadransko more
99
100
101
102
103
246
250

Maßstab 1:290 000
0 5 Kilometer
0 3 Miles

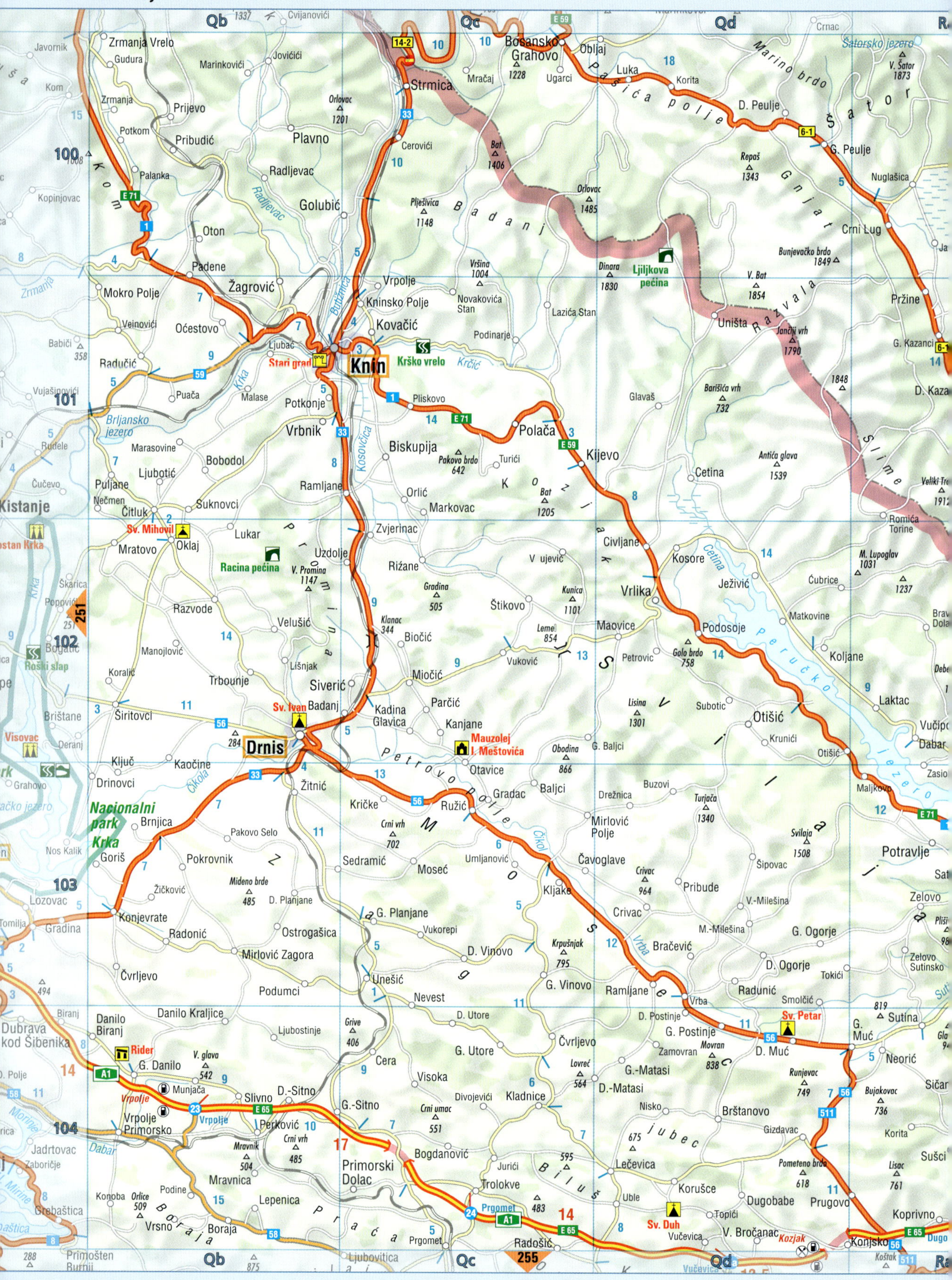

Maßstab 1:290 000

0 5 Kilometer

0 3 Miles

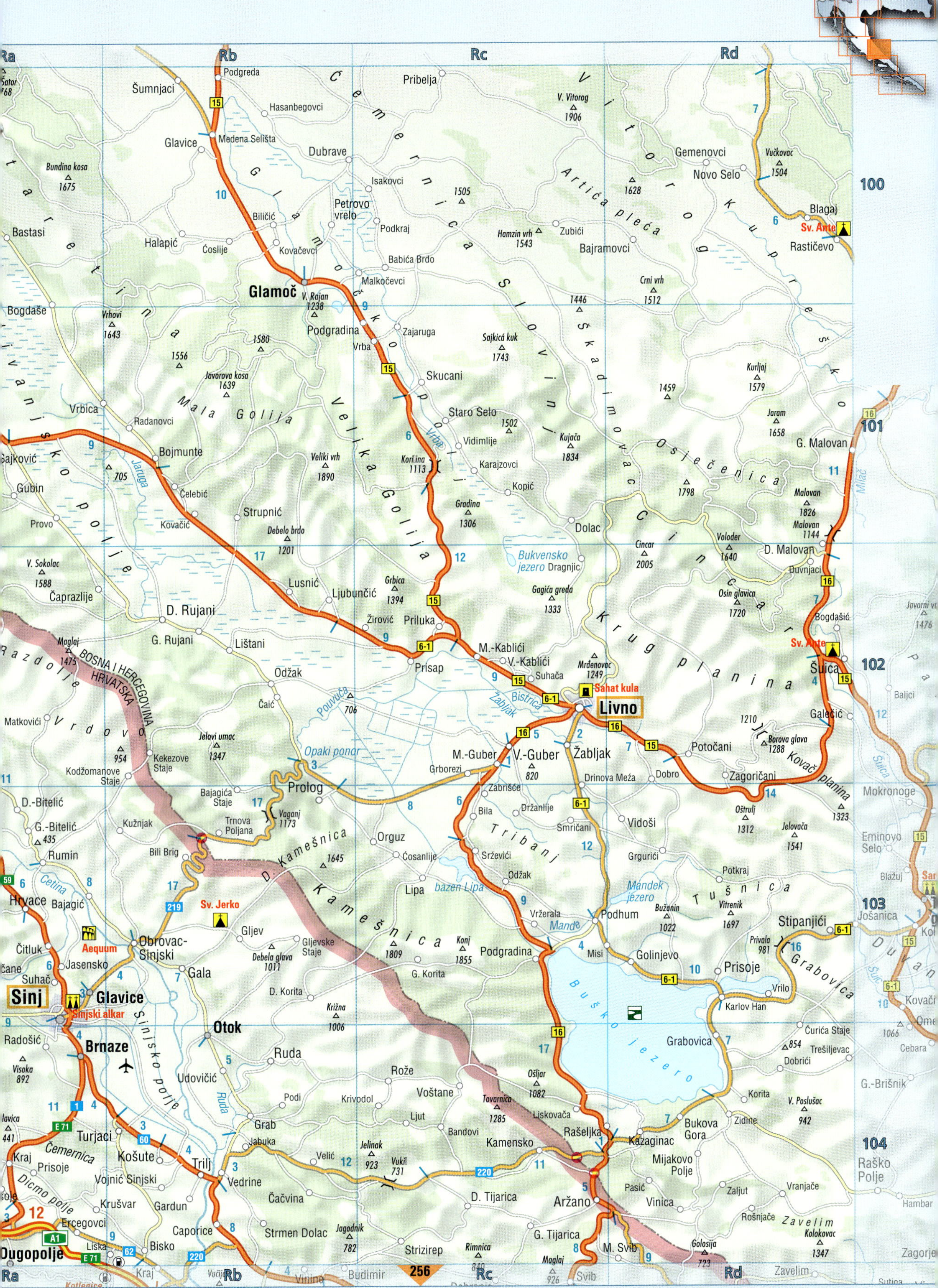
Ra
Rb
Rc
Rd
100
101
102
103
104
Šumnjaci
Podgreda
Hasanbegovci
Pribelja
V. Vitorog
1906
Glavice
Medena Selišta
Dubrave
Gemenovci
Novo Selo
Vučkovac
1504
Bundina kosa
1675
Isakovci
Petrovo vrelo
Podkraj
Biličić
Halapić
Ćoslije
Kovačevci
Babića Brdo
Malkočevci
Bastasi
Glamoč
V. Rajan
1238
Podgradina
Vrba
Zajaruga
Skucani
Staro Selo
Vidimlije
Karajzovci
Kopić
Blagaj
Sv. Ante
Rastičevo
Hamzin vrh
1543
Zubići
Bajramovci
Crni vrh
1512
Artića pleća
Vitorog
Kupreško
Bogdaše
Vrhovi
1643
1580
1556
Javorova kosa
1639
Sajkića kuk
1743
1446
Škadimovac
Kurljaj
1579
Jaram
1658
G. Malovan
Mala Golija
Velika Golija
Vrbica
Radanovci
Bojmunte
Jaruga
Gubin
Provo
Čelebić
Kovačić
Strupnić
Debelo brdo
1201
Veliki vrh
1890
Koričina
1113
Gradina
1306
Kujača
1834
Osječenica
Malovan
1826
1144
1798
Dolac
Bukovsko jezero
Dragnjic
Cincar
2005
Voloder
1640
D. Malovan
Duvnjaci
Osin glavica
1720
V. Sokolac
1588
Čaprazlije
Lusnić
Ljubunčić
Grbića
1394
Gagića greda
1333
D. Rujani
G. Rujani
Žirović
Priluka
Bogdašić
Lištani
Odžak
Prisap
M.-Kablići
V.-Kablići
Suhača
Mrdenovac
1249
Šuica
Krug planina
Maglaj
1475
BOSNA I HERCEGOVINA
HRVATSKA
Razdolje
Čaić
Pouvuča
706
Bistrica
Žabljak
Sahat kula
Livno
Baljci
Matkovići
Vrdovo
Jelovi umac
1347
Opaki ponor
954
Kekezove Staje
Kodžomanove Staje
M.-Guber
V.-Guber
820
Žabljak
Grborezi
Drinova Meža
Dobro
Potočani
Zagoričani
1210
Borova glava
1288
Kovač planina
Galečić
D.-Bitelić
G.-Bitelić
435
Bajagića Staje
Prolog
Vaganj
1173
Trnova Poljana
Zabrišće
Bila
Držanlije
Smrčani
Vidoši
Oštrulj
1312
Jelovača
1541
1323
Mokronoge
Kužnjak
Rumin
Bili Brig
Kamešnica
1645
Orguz
Ćosanlije
Srževići
Tribanj
Grgurići
Potkraj
Eminovo Selo
Cetina
Hrvace
Bajagić
Lipa
Odžak
bazen Lipa
Mandek jezero
Tušnica
Vitrenik
1697
Blažuj
Jošanica
Čitluk
Aequum
Obrovac-Sinjski
Sv. Jerko
Gljev
Gljevske Staje
Debela glava
1011
1809
Konj
1855
Podgradina
Vrželera
Mandek
Podhum
Buzanin
1022
Privala
981
Stipanjići
Grabovica
Dušan
Jasensko
Suhač
Gala
G. Korita
Misi
Golinjevo
Prisoje
Vrilo
Karlov Han
Sinj
Glavice
Sinjski alkar
D. Korita
Križna
1006
Buško jezero
Radošić
Brnaze
Otok
Sinjsko polje
Ruda
Grabovica
Čurića Staje
854
Trešiljevac
Dobrići
1066
Cebara
Visoka
892
Udovičić
Rože
Voštane
Ošljar
1082
G.-Brišnik
Podi
Krivodol
Korita
V. Poslušac
942
Ljut
Tovarnica
1285
Liskovača
Zidine
Bukova Gora
Turjaci
Grab
Jabuka
Bandovi
Kamensko
Rašeljka
Kazaginac
Čemernica
Košute
Velić
Jelinak
923
Vukić
731
Mijakovo Polje
Kraj
Prisoje
Trilj
Vedrine
Pasić
Zaljut
Vranjače
Vojnić Sinjski
Dicmo polje
Kruševac
Gardun
Čačvina
D. Tijarica
Aržano
Vinica
Hambar
Ercegovci
Caporice
Strmen Dolac
Jagodnik
782
G. Tijarica
Rošnjače
Zavelim
Kolokovac
1347
Dugopolje
Liska
Bisko
Strizirep
Rimnica
840
M. Svib
Golosija
723
Zagorje
Kraj
Vučipolje
Budimir
256
Maglaj
926
Svib
Zavelim
Sutina
Glavice

Pb
250
Pc
Pd
251
104
105
106
109
110
Nacionalni park Kornati
Kornatski kanal
Opatska vrata
Jadra
Lavsa
Gustac
Klobučar
Vodenjak
Gominjak
Lunga
Kameni Žakan
V.-Garmenjak
Purara
Oključ
Lucmarinjak
Vela Smokvica
Škulj
Mrtovnjak
Kubra Vela
Veli Skržanj
Vrtlic
Samograd
Vodeni Puh
Kukuljari
Čavlin
V.-Tetovišnjak
M.-Tetovišnjak
Dužac
Rt Kakan
Kakan
Mikavica
Rt Žirje
Žirje
Samogradska vrata
Sedlo
Kosmerka
Blitvenica
V.-Dražemanski
Logorun
Logorunska vrata
Rt Kaprije
Prčevac
Kaprije
Kakanski kanal
Žirjanski kanal
Kaprijski kanal
M.-Kamešnjak
Škrovada
Bakul
Rt Rasohe
Mažirina
U. Stupica vela
Prvić-Sepurina
Prvić
Prvić-Luka
Tijat
Zmajanski kanal
Rt Tijašćica
Zmajan
V.-Mišnjak
M.-Mišnjak
Ravan
Hrbošnjak
Obonjan
V.-Sestrica
M.-Sestrica
Dugo
Šibenska vrata
Srima
Katedrala Sv. Jakova
Šibenik
Jadrija
Sv. Barbara
Lupac
ŠIBENI
Zablać
Zlarin
Klepac
Borovica
Zlarinski kanal
Drvenik
Komorica
Lukovnjak
Grbava
Mare Adriático
Jadransko more
Viški kanal
Rt N. Pošta
Volići
U. Gradac
Host
Rt Stračine
Rt Stončica
Stončica
Oključna
Vis
Sv. Kuzma
Greben
Milna
Podstražje
Veli-Barjak
M.-Barjak
Komiža
Bačvica
Titova špilja
Žena Glava
Podselje
Plisko Polje
M.-Paržan
Hum
Samostan St. Nikola
Zaljev Komiža
Podšpilje
Podhumlje
Marinje Zemlje
Rukavac
Veli-Budikovac
Ravnik
Zelena špilja
Rt Stupišće
Vassillios
Biševski kanal
Salbunara
Porat
Modra špilja
Sv. Silvestra
Polje
Biševo
Stražbenica
Rt Galiola
Qb
Qc
Qd
Qa
Maßstab 1:290 000
5 Kilometer
3 Miles

Dubrava kod Šibenika
Primošten
Trogir
D. Seget
KAŠTELA
Solin
SPLIT
Čiovo
Šolta
Drvenik Veli
Drvenik Mali
Splitski kanal
Drvenički kanal
Šoltanski kanal
Pakleni kanal
Pakleni Otoci
Hvar
Klis
Primorski Dolac
Rogoznica
Marina
G. Okrug
D. Okrug
Grohote
Stobreč
Milna

Maßstab 1:290 000

0 5 Kilometer
0 3 Miles

Rd
Sa
Sb
Sc
Ćurića Staje
Trešiljevac
Dobrići
V. Poslušac
942
Omerovići
Cebara
D.-Brišnik
Duvanjsko polje
Drina
Kongora
Borčani
Vrlokuk
1392
G.-Brišnik
Mrkodol
Omolje
Seonica
Bukovica
Lib planina
1429
Crvenice
Podkose
Svinjar
1481
Svinjača
Stećci
1294
Podborje
Blidinje jezero
Čvrsnica
Pločno
2225
V. Vilinac
2118
Pesti brdo
2039
Mala Čvrsnica
Strmoglavnica
1872
Zeleno
104
Diva Gabrovica
Mideno
Raško Polje
Petrovići
1222
Vranjače
Hambar
Vojkovići
Mesihovina
Zavelim
Kolokovac
1347
Crtlanice
Zagorje
Gvozdac
Oštrac
1304
Vrpolje
Rakitno
Šitar
1426
Šitar planina
Poklečani
Ugrovača
1579
1530
G. Drežnica
Drežanka
Striževo
D. Jasenjani
D. Drežnica
Perutac
Čabulja
Vučipolje
Sutina
Vir
Koštija glava
863
Marića Doci
Tribistovo
Bile stine
1661
Ošljar
1683
V. Vlajna
1776
Podbila
Volijak
V. Galići
Čitluk
Ričice
Jezero Ričice
G. Proložac
715
G. Vinjani
1133
1148
Mratnjača
1227
Sutina
Oruga
1138
G. Britvica
Oštra kosa
1209
Dobrinjska draga
Crnačka-Ladina
Bogodolska-Ladina
105
Bogodol
Postranje
G. Glavina
Posušje
Rastovača
Posuško polje
Cerovi Doci
Šurića Brijeg
Prološko blato
D. Proložac
Plavo jezero
628
Osoje
Kladinuša
732
G. Crnač
Crne Lokve
D. Britvica
Lokvičić
D. Glavina
Imotski
D. Vinjani
Batin
611
Gradac
Roćanac
Vrani
715
Kušanovac
1117
Rujan
Ljubotići
D. Crnač
G. Gradac
Krivodol
Grubine
Imotsko polje
901
Podvranić
Široki Brijeg
Kamenmost
Gorica
Sovići
Bobanova Draga
Cere
Kočerin
Privalj
Dobrkovići
Samostan
Poljica
Drum
Zmijavci
G. Mamići
Grude
Čerigaj
Duboko Mokro
Uzarići
Lištica
Rakić
Piljevača
868
Podbablje
Krstatice
Runović
254
Dubrava
Badulovići
Bekija
Bostan
Dragičina
Dužice
Turčinovići
Mostar
Biokovsko Selo
Grab
Blaževići
642
Sebišina
Podosoje
Drinovci
M. Ploča
V. Malić
622
Ružići
Pajike
D. Mamići
Rasno
Trtla
106
Biograci
Župa Srednja
Nogata pećina
Velim
Mlini
Gariště
Cerov Dolac
Buhovo
690
Ozren
Turija
715
Platnica
761
Slivno
Vrdoljaci
Tihaljin
Munjaš
Tihaljina
Borajna
G. Raščane
Talaji
Vranješ
Putaševica
Poljane
Borajina
Kosmaj
Biokovo
Poljica
Mijaca
822
Ljubeč
Klobuk
Grljevići
455
Hamzići
Čerin
Dragičina
M.-Ogradenik
Župa
D. Raščane
35
887
953
Dole
Vojnići
Klobuk
478
Kapetanovića dom
Lipno
Kotišina
Kimet
1536
V. Šibenik
1324
Kozica
Opački
Kruševica
Kašće
Šipovača
Vitina
Vlake
V.-Ogradenik
G. Tučepi
Sv. Ilija
897
Vuletići
Grljušići
Stilja
Veljaci
Gradska
Služanj
Kozica
730
Biokovo
Zavojane
Debelo brdo
635
Proboj
Radišići
107
Cerno
Vlaka
Dragljane
Orah
Banja
Grab
Otok
Humac
Ljubuški
Sutin
1033
G. Igrane
V. Vidovica
910
Prapatnica
Matokit
1062
Vrgorac
Orahovlje
Rastoka
Vašarovići
Miletina
Podgora
Ravča
Čačkova pećina
Duge Njive
316
Ravča
Kokorić
Kotezi
Vrgorac
Potprolog
Prolog
Teskera
Studenci
Rt Tekla
U. Klokun
Drašnice
Rt Komoljača
Igrane
Hrastovac
601
Brikva
Višnjica
Vina
Dusina
Prolog
Crveni Grm
Vitaljina
Zvirovići
Susvid
1158
Sokolić
789
Selo
Umčani
762
Draževitići
Ezero
Ploče
M. Prolog
Rilić (proj.)
Otrić
Hardomilje
Vodopad Kravica
Pozla Gora
Biljača
Zvirići
Stubica
465
Živogošće
Duba
Blato
Rt Matijaševica
Kosovići
Sapašnik
920
Križ
682
Pasičina
Straševica
Dubrave
Matica
Metković
Kula Norinska
Bršlkanuša
Drvenik
Zaostrog
Franjevački samostan
Crvene stine
Baranovac
Struge
Borovci
Nova Sela
Prud
Marušića greda
373
Narona
Vid
U. Moševčica
Rt Bad
Sv. Antum
Rt Sućuraj
Sućuraj
Udbina
246
Selca
Zaglav
Kozja u.
L. Mrtinovik
U. Rasovatica
Podaca
Brist
Kamena kula
Gradac
Sv. Mihovil
Sv. Ilija
773
Baćina
Rt Kokuljica
Tanki rt
Jerkovići
Rićevica
Bacinska jezera
Rudine
Peračko Blato
404
Rujnica
734
Metković
Podrujnica
Momići
Istočna Plina
Desne
Komin
Ploče
244
Stablina
Sarić Struga
BOSNA I HERCEGOVINA
HRVATSKA
259

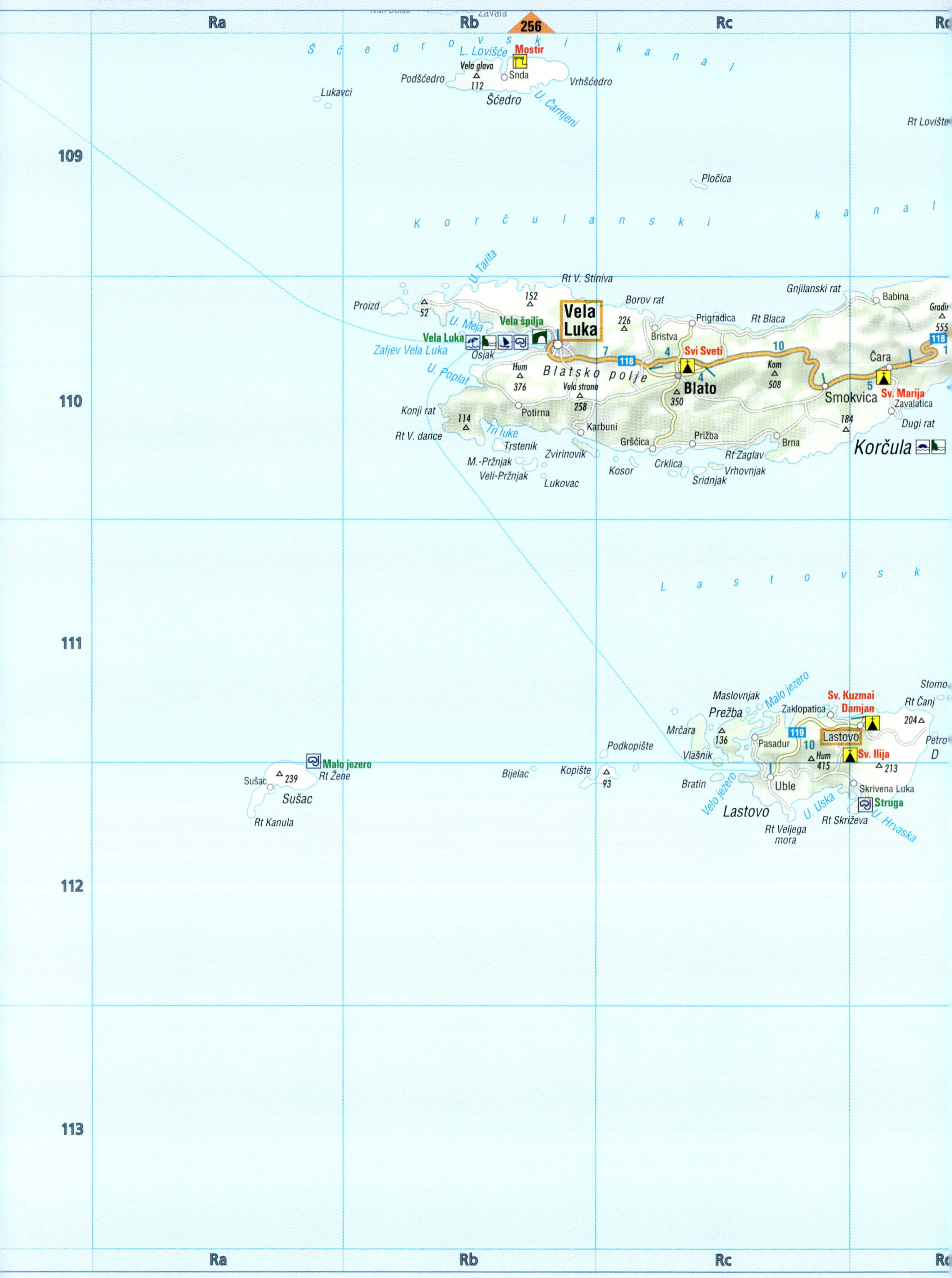

Maßstab 1:290 000

0 5 Kilometer

0 3 Miles

Rd
Sa
Sb
Sc
257
260
Ploče
Opuzen
Neretvanski kanal
Pelješac
Korčula
Orebić
Trpanj
Lumbarda
Janjina
Žuljana
Dingač
Sv. Juraj
Klek
Neum
Mljet
Nacionalni park Mljet
Polače
Pomena
Goveđari
Veliko Jezero
Benediktinski samostan
Babino Polje
Blato
Kozarica
Sobra
Ostaševića špilja
Odisejeva špilja
Mljetski kanal
Vrhovnjaci
Lastovci
Korčulanski kanal
Glavat
Badija
Vrnik
Žrnovo
Pupnat
Kuna Pelješka
Trstenik
Potomje
Ston
Brijesta
Dubrava
Putniković
Zagorje
414
415
120
A1
E 73
E 65
109
110
111
112
113

Maßstab 1:290 000

0 5 Kilometer

0 3 Miles

Tc
Td
Ua
Ub
109
110
111
112
113
Trebinje
Bileća
Bilećko jezero
Cavtat
Čilipi
Herceg-Novi
Igalo
Zelenika
Dubrovnik
Neum kula
Predojevića džamija
Dobrićevo
Bečka pećina
Blažene djevice Marije
Velika pećina
Mauzolej Račić
Sv. Nicola
Monastir Savina
Rimsko kazalište
Molunat
Mala Gospa
Lokrum
Bobara
Mrkanjac
Župski zaljev
Hercegnovski zaliv
Boka kotorska
Trebišnjica
Ljubomir
Rogošina
Snježnica
Dobraštica
Zupci
Luštica
BOSNA I HERCEGOVINA
CRNA GORA
HRVATSKA

A

B

C

Č

Ć

D

E

F

G

L

M

R

S

Š

T

U

V

Z

Ž

Register

Bildnachweis · Impressum

A = Alamy; C = Corbis; G = Getty; M = Mauritius Images

Cover: Vorderseite: Maksim Mazur/Shutterstock.com (Blick auf die Insel Korcula), Ihor Pasternak/Shutterstock.com (Altstadt von Dubrovnik); Buchrücken: Marcelino Macone/Shutterstock.com (Rab-Stadt); Rückseite: Look/Andreas Strauß (Bucht auf der Insel Hvar), Look/Ingolf Pompe (Nationalpark Plitvicer Seen), Look/Konrad Wothe (Künstlerdorf Groznjan)

S. 2-3 Pawel Kazmierczak/Shutterstock.com, S. 4-5 Look/Andreas Strauß, S. 6-7 Look/age fotostock, S. 8-9 Look/Ingolf Pompe, S. 10-11 G/Douglas Pearson, S. 14-15 G/rusm, S. 16-17 Look/Konrad Wothe, S. 18 M/Ivica Jandrijevic, S. 18 footageclips/Shutterstock.com, S. 19, G/Kaycco, S. 19 M/Alamy, S. 19 M/Udo Siebig, S. 20 G/David Madison, S. 20 M/Alamy, S. 21 footageclips/Shutterstock.com, S. 21 G/Channed Images, S. 22-23, M/Alen Ferina, S. 24 M/Alamy, S. 24 G/xbrchx, S. 25 Eder/Shutterstock.com, S. 25 M/Emil Pozar, S. 25 xbrchx/Shutterstock.com, S. 26 M/Alamy, S. 26 M/Alamy, S. 27 M/Michael Robertson, S. 27 M/Alamy, S. 28-29 M/Emil Pozar, S. 28 M/Alex Ramsay, S. 29 M/Michael Robertson, S. 29 M/Petr Svarc, S. 30-31 M/Lumi Images, S. 30 Look/Travel Collection, S. 31 M/Günter Lenz, S. 32-33 G/Aldo Pavan, S. 34-35 John_Silver/Shutterstock.com, S. 34 G/flocu, S. 35 lero/Shutterstock.com, S. 36-37 U. Gernhoefer/Shutterstock.com, S. 37 xbrchx/Shutterstock.com, S. 37 M/Alamy, S. 37 Look/Thomas Stankiewicz, S. 38 Marcin Krzyzak/Shutterstock.com, S. 38 Suratwadee Rattanajarupak/Shutterstock.com, S. 39 M/Ivica Jandrijevic, S. 39 Look/Glasshouse Images, S. 40 M/Karl Thomas, S. 40 Karl Allen Lugmayer/Shutterstock.com, S. 40 goran_safarek/Shutterstock.com, S. 41 G/xbrchx, S. 42 M/Marco Secchi, S. 42 M/Sebastian Rothe, S. 43 Ilija Ascic/Shutterstock.com, S. 43 M/Sebastian Rothe, S. 44-45 G/Mlenny, S. 46-47 Andrew Mayovskyy/Shutterstock.com, S. 48 G/xbrchx, S. 48 G/xbrchx, S. 49 G/flocu, S. 49 G/xbrchx, S. 49 G/flocu, S. 50-51 M/Simone Wunderlich, S. 52 xbrchx/Shutterstock.com, S. 52-53 G/Alan Copson, S. 53 Yasonya/Shutterstock.com, S. 53 Phant/Shutterstock.com, S. 53 G/xbrchx, S. 54-55 M/Nino Marcutti, S. 56 M/Dalibor Brlek, S. 56 M/Dalibor Brlek, S. 56 M/Dalibor Brlek, S. 56 M/Dalibor Brlek, S. 57 M/Dalibor Brlek, S. 58-59 M/Emil Pozar, S. 59 M/Alamy , S. 59 M/Alamy , S. 60-61 iwciagr/Shutterstock.com, S. 62 xbrchx/Shutterstock.com, S. 62 xbrchx/Shutterstock.com, S. 63 Arkadij Schell/Shutterstock.com, S. 63 xbrchx/Shutterstock.com, S. 63 M/Daniel Kerek, S. 64 G/Westend61, S. 64 Matej Kastelic/Shutterstock.com, S. 64 G/Anna Gorin, S. 65 M/John Kiss, S. 65 G/flocu, S. 66-67 Alamy/WaterFrame, S. 67 G/Wolfgang Poelzer, S. 68-69 Marcelino Macone/Shutterstock.com, S. 68 Heiko Kueverling/Shutterstock.com, S. 69 M/Funkystock, S. 69 G/Otto Stadler, S. 69 M/Nino Marcutti, S. 70 G/sb-borg, S. 70 G/SimonSkafar, S. 70 Look/age fotostock, S. 71 Look/Jan Greune, S. 71 Pablo Debat/Shutterstock.com, S. 72 G/Ellen Rooney, S. 72 Look/Thomas Stankiewicz, S. 72-73 G/Slow Images, S. 73 M/Alamy, S. 74 M/Alamy, S. 74 M/Siegfried Kuttig, S. 75 M/Widstrand, S. 75 M/John Kiss, S. 75 M/Widstrand, S. 75 M/Bjanka Kadic, S. 76-77 Zysko Sergii/Shutterstock.com, S. 77 Look/Rainer Mirau, S. 77 Look/Rainer Mirau, S. 77 M/Rainer Mirau, S. 78 M/Alamy, S. 78-79 M/Dalibor Brlek, S. 79 M/Dalibor Brlek, S. 79 M/Nino Marcutti, S. 80-81 G/Anna Gorin, S. 82-83 M/R. Ian Lloyd, S. 84 xbrchx/Shutterstock.com, S. 84 DarioZg/Shutterstock.com, S. 85 xbrchx/Shutterstock.com, S. 85 Juergen Offer/Shutterstock.com, S. 86 M/Luka Tambaca, S. 86 M/Ivica Jandrijevic, S. 86 M/Ivan Batinic, S. 87 M/Ivan Coric, S. 87 M/Emil Pozar, S. 87 M/Dalibor Brlek, S. 88 G/Alf, S. 88 G/Holger Leue, S. 88 Look/Travel Collection, S. 89 G/Krzysztof Dydynski, S. 89 M/Peter Erik Forsberg, S. 90-91 M/Markus Lange, S. 92-93 G/Luis Davilla, S. 94-95 G/Danita Delimont, S. 94-95 M/Nino Marcutti, S. 94 M/Nino Marcutti, S. 95 M/Alamy, S. 96 M/Nino Marcutti, S. 96 M/Alamy, S. 96 M/Russ Bishop, S. 97 M/Dalibor Brlek, S. 98-99 G/PATSTOCK, S. 99 M/Romulic-Stojcic, S. 99 M/Dalibor Brlek, S. 99 G/PATSTOCK, S. 99 M/Dalibor Brlek, S. 100 G/Danijela Bolanca, S. 100 M/Nino Marcutti, S. 101 Viktoriya Krayn/Shutterstock.com, S. 101 G/Simone Simone, S. 102 M/Toni Spagone, S. 102 M/Alamy, S. 103 M/Alen Ferina, S. 103 M/Toni Spagone, S. 102-103 M/Dalibor Brlek, S. 104 M/Toni Spagone, S. 104 DaLiu/Shutterstock.com, S. 105 G/Richard Klune, S. 105 M/Toni Spagone, S. 105 M/Toni Spagone, S. 106-107 G/Tuul & Bruno Morandi, S. 108-109 Look/Photononstop, S. 110 M/Martin Moxter, S. 110 G/Doug Pearson, S. 111 G/Hans Georg Roth, S. 111 G/Matthew Williams-Ellis, S. 111 Look/Robert Harding, S. 112 Rudy Balasko/Shutterstock.com, S. 112 tichr/Shutterstock.com, S. 112 M/Nikreates, S. 114-115 G/Marco Cristofori, S. 114 G/Michele Westmorland, S. 115 Dave Z /Shutterstock.com , S. 114-115 G/Douglas Pearson, S. 116-117 Ivan Smuk/Shutterstock.com, S. 118-119 G/anshar73, S. 120 M/Ivan Batinic, S. 120 Pajor Pawel/Shutterstock.com, S. 121 M/Alamy, S. 121 G/anshar73, S. 121 M/Dalibor Brlek, S. 122 Look/age fotostock, S. 122 Helena001/Shutterstock.com, S. 123 G/Gonzalo Azumendi, S. 123 Uhryn Larysa/Shutterstock.com, S. 123 G/Jorg Greuel, S. 124-125 Alamy/WaterFrame, S. 125 G/Franco Banfi, S. 125 Angelo Giampiccolo/Shutterstock.com , S. 126 NickolayV/Shutterstock.com, S. 126 Viktoriya Krayn/Shutterstock.com, S. 126 Look/Ingolf Pompe, S. 127 Look/Ingolf Pompe, S. 127 Miroslav Posavec/Shutterstock.com, S. 128-129 M/Tuul and Bruno Morandi, S. 130 Look/Gerald Hänel, S. 131 Look/Ingolf Pompe, S. 131 Look/Konrad Wothe, S. 131 Look/Konrad Wothe, S. 132-133 Look/ClickAlps, S. 132 paul prescott/Shutterstock.com, S. 133 xbrchx/Shutterstock.com, S. 132-133 G/Matthew Baker, S. 134-135 Dani Vincek/Shutterstock.com, S. 135 Fanfo/Shutterstock.com, S. 135 Karl Allen Lugmayer/Shutterstock.com, S. 135 Anastasia Kamysheva/Shutterstock.com, S. 136 G/Marco Cristofori, S. 136 G/PATSTOCK, S. 137 Darios/Shutterstock.com, S. 137 M/Nino Marcutti, S. 137 G/Arnaud SPANI, S. 138 M/Bodo Müller, S. 138 M/PATSTOCK, S. 139 Nutfield Chase/Shutterstock.com, S. 140-141 G/Joel W. Rogers, S. 141 Tupungato/Shutterstock.com, S. 141 Pavel Nesvadba/Shutterstock.com, S. 141 Look/Frank van Groen , S. 142 G/Stuart Westmorland, S. 142 G/Jorg Greuel, S. 143 Look/robertharding, S. 143 Renata Sedmakova/Shutterstock.com, S. 144-145 nadtochiy/Shutterstock.com, S. 145 kubek_77/Shutterstock.com, S. 145 Muddymari/Shutterstock.com, S. 146 G/Paul Biris, S. 146 G/Alan Copson, S. 147 G/John and Tina Reid, S. 148 Look/Alois Radler-Wöss, S. 148-149 G/Romulic-Stojcic, S. 149 M/Martin Moxter, S. 149 M/Alamy, S. 150 nadtochiy/Shutterstock.com, S. 150 M/Martin Moxter, S. 151 ecstk22/Shutterstock.com , S. 151 G/Izzet Keribar, S. 152 Viliam.M/Shutterstock.com, S. 153 G/Ben Pipe, S. 153 Valery Rokhin/Shutterstock.com, S. 154-155 G/John Burke, S. 155 RudiErnst/Shutterstock.com, S. 155 M/Antony SOUTER, S. 156 G/Frank Fell, S. 156 Look/ClickAlps, S. 156 G/Alan Copson, S. 157 G/Doug Pearson, S. 158-159 G/Witold Skrypczak, S. 160 G/xbrchx, S. 160 G/xbrchx, S. 161 G/xbrchx, S. 161 M/Ivana Mogus, S. 162-163 M/Romulic-Stojcic, S. 162-163 G/Romulic-Stojcic, S. 163 M/Dalibor Brlek, S. 164-165 G/Witold Skrypczak, S. 166 M/Alamy, S. 166 G/Witold Skrypczak, S. 166 M/Alen Gurovic, S. 167 G/Feng Wei Photography, S. 168 G/suraark, S. 168 M/Goran Jakuš, S. 169 M/Igor Markov, S. 169 G/GoodLifeStudio, S. 169 G/GoodLifeStudio, S. 170 M/Alamy, S. 170-171 G/Riccardo_Mojana, S. 171 M/Alen Gurovic, S. 171 M/Alen Gurovic, S. 172 M/Zvonimir Atletic, S. 172 G/Zdravko Troha, S. 173 M/Nino Marcutti, S. 173 G/Zdravko Troha, S. 174-175 G/Zdravko Troha, S. 176-177 G/xbrchx, S. 178-179 M/Rajko Simunovic, S. 178 G/xbrchx, S. 179 G/xbrchx, S. 179 M/Emil Pozar, S. 179 M/Emil Pozar, S. 180 G/uhg1234, S. 180 G/xbrchx, S. 180 G/Massimo Mei, S. 181 G/Carlo Morucchio, S. 181 G/flocu, S. 182 Elenarts/Shutterstock.com, S. 182 G/Larissa Veronesi, S. 183 Hieronymus/Shutterstock.com, S. 183 G/Astrobobo, S. 184 G/xbrchx, S. 184 G/jasminam, S. 185 G/xbrchx, S. 185-187 M/Dalibor Brlek, S. 186 G/_twingomaniak, S. 188 G/Allan Baxter, S. 188 M/Nino Marcutti, S. 189 M/Paul Prescott, S. 189 M/Peter Ptschelinzew, S. 189 G/Anna Gorin, S. 192 G/xbrchx, S. 193 G/paulprescott72, S. 192-193 G/xbrchx, S. 194 M/Lana Rastro, S. 194 M/Nino Marcutti, S. 195 DarioZg/Shutterstock.com, S. 195 G/xbrchx, S. 195 G/NMelander, S. 196-197 Look/age fotostock, S. 198-199 M/Nino Marcutti, S. 199 paul prescott/Shutterstock.com, S. 199 Berni/Shutterstock.com, S. 199 G/flocu, S. 200 M/Dubravko Grakalic, S. 200 M/Nino Marcutti, S. 201 M/Dalibor Brlek, S. 201 M/Alamy, S. 202 M/Alamy, S. 202 G/xbrchx, S. 203 M/Alamy, S. 203 G/philippe giraud, S. 203 G/deymos, S. 204-205 G/xbrchx, S. 204 G/xbrchx, S. 205 M/Dalibor Brlek, S. 206 M/Dalibor Brlek, S. 206 M/Alamy, S. 207 M/Dalibor Brlek, S. 207 Ivan Nemet/Shutterstock.com, S. 207 M/Dalibor Brlek, S. 207 G/xbrchx, S. 208 M/Dalibor Brlek, S. 208 G/xbrchx, S. 209 M/Dalibor Brlek, S. 209 Danijel.H/Shutterstock.com, S. 210-211 Look/Ingolf Pompe, S. 213 Pawel Kazmierczak/Shutterstock.com, S. 214 M/Dalibor Brlek, S. 215 M/Dalibor Brlek, S. 215 Boerescu/Shutterstock.com, S. 215 M/Rainer Hackenberg, S. 215 BalkansCat/Shutterstock.com, S. 216 xbrchx/Shutterstock.com, S. 217 Blue Planet Studio/Shutterstock.com , S. 217 trabantos/Shutterstock.com, S. 217 tichr/Shutterstock.com, S. 217 G/Douglas Pearson, S. 218 G/phant, S. 219 InnaFelker/Shutterstock.com, S. 219 G/John and Tina Reid, S. 219 Viliam.M/Shutterstock.com, S. 220 xbrchx/Shutterstock.com, S. 221 Sodel Vladyslav/Shutterstock.com, S. 221 Look/TerraVista, S. 221 G/David Madison, S. 221 Yasonya/Shutterstock.com, S. 222 Valery Bareta/Shutterstock.com, S. 223 Natasa Kirin/Shutterstock.com, S. 223 xbrchx/Shutterstock.com, S. 223 Look/Heinz Wohner, S. 223 G/Alan Copson, S. 224 Simun Ascic/Shutterstock.com, S. 225 G/Alan Copson, S. 225 Rudy Balasko/Shutterstock.com, S. 225 Look/Photononstop, S. 225 M/Toni Spagone, S. 226-227 xbrchx/Shutterstock.com

– MAIRDUMONT GmbH & Co. KG, Ostfildern
Kistlerhofstraße 111
81379 München
Telefon +49.89.45 80 20-0
www.kunth-verlag.de
info@kunth-verlag.de

ISBN 978-3-96965-078-3
1. Auflage

MIX
Papier aus verantwortungsvollen Quellen
FSC
www.fsc.org
FSC® C015829

Printed in Italy

Verlagsleitung: Grit Müller
Redaktion: Stefanie Schuhmacher
Lektorat: Anja Lehner
Gestaltung: Ulrike Lang
Texte: Daniela Schetar, Daniela Kebel, Iris Schaper, Annika Voigt
Karten: © MAIRDUMONT GmbH & Co. KG, Marco-Polo-Straße 1, D-73751 Ostfildern

Lust auf noch mehr Reise?

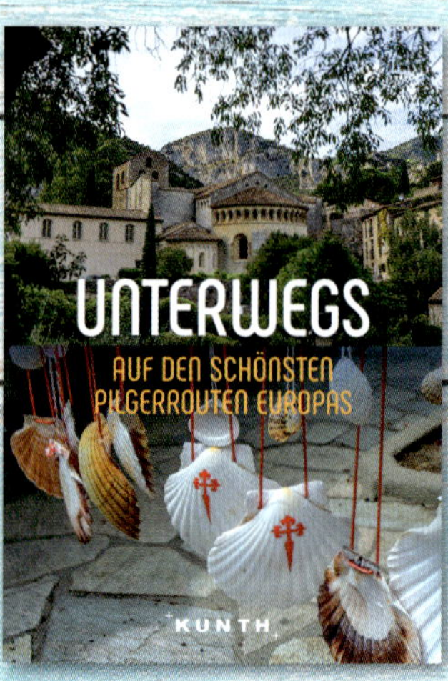